作为实践的实践理论是避免唯物主义和唯心主义交替的唯一方法。

——皮埃尔·布尔迪厄

布尔迪厄作品

实践理论大纲

ESQUISSE D'UNE THÉORIE DE LA PRATIQUE

précédé de trois études d'ethnologie kabyle

[法]皮埃尔·布尔迪厄（Pierre Bourdieu） 著

高振华 李思宇 译

中国人民大学出版社

·北京·

总 序

根植于马克思、韦伯和涂尔干所代表的欧洲社会学传统，以20世纪60年代法国学术圈为背景，布尔迪厄的作品既是一个延续，也是一个断裂，是对来自不同路径的既得知识的带有批判性的系统化。如果用涂尔干与“常识”决裂的经典视角来解读的话，其作品也可以被描述为社会科学领域的一次“象征革命”。这在很大程度上要归功于布尔迪厄在一系列经典对立关系中发现第三个立场的能力，如个人与社会、心理结构和社会结构、历史和结构、自由和决定论、相对历史主义和普世理性主义、主观主义和客观主义、积极投入和保持距离等对立关系。正是通过这一能力，布尔迪厄逐渐建立了一种范式，可以总结为“资本”“场域”“惯习”的概念三部曲。这一范式与反思的原则不可分割，而这一反思的原则可以被理解为使客观化主体科学地客观化的过程：对于自我的认知，事实上在这里被视作发表关于世界现实的言论的一个必要前提。基于经验研究，布尔迪厄的作品可以被描述成一部“象征资本的经济学”（其“资本”的概念可以拆分为“经济资本”

“文化资本”“社会资本”和“象征资本”，后又可依照各个相对独立的场域，被界定为相应的特定资本)；他的“再生产理论”对于资本分配的不平等的描述（包括其中的“失败者”和“奇迹般的成功者”）印证了这一点，其象征冲突和象征革命理论（在文学领域通过分析福楼拜来展示，在艺术领域通过分析马奈来进行）也体现了这一点；再如其“实践总体理论”（在分析中呈现为惯习和场域的碰撞)；又如他的“统治关系理论”以及形式繁多的象征暴力在不同社会空间中的体现（阶层统治、男权统治、殖民统治等)；最后，他未能完成的“场域总体理论”中也呈现了这一点。

今天，布尔迪厄的作品被当代知识界的不同领域使用、引用、讨论和批判，这些领域从教育社会学到语言哲学，再到认识论，还包括了民族学、政治学、制度主义经济学。如果说布尔迪厄可以被视作我们这一时代的主要思想家之一，其作品角度的多维性和形式的多样性则使得其无法被惯用的学科划分方法归类，无法判定其作品只属于某一学科。如果说布尔迪厄确实是一名社会学家的话，则同时也可以说他是一位哲学家：20 世纪 50 年代末他所着手解决的正是一组哲学问题，他所采用的方法使人想起涂尔干的研究路径，后者在 20 世纪刚刚来临时，尝试使康德的哲学“社会学化”。而布尔迪厄也是一个“社会科学家”：正如对于他的作品的不同形式的采纳和接受所印证的，他的作品涉及了大部分社会人文学科，如语言学、文学、政治学、经济学、人口学、历史学，乃至认知科学。

出于介绍其作品的目的，我想提几个在理解他的作品时，尤其是在其作品传播到遥远的国度时会产生的障碍。我坚信对这些问题的了解，可以帮助读者提高逾越这些障碍的可能性，虽然这可能只是一个幻想。

首先，我们不能否认布尔迪厄文字中固有的、在语义上和句法上的理解难度。即便是内行的读者，也无法避免在理解他的作品时出现困难（当然，对于翻译者也是如此）。这一困境与他论述过程的稠密度有关，与其举例的丰富度有关，还因其经常侧面指出其引用的例子可能具有的同源性（homologie），也因其总是考虑到界定他的论述的有效条件和范围，预见到可能出现的异议或者误读，还由于他经常使用为了切断与常识的联系而建构的概念上的习惯用语，更由于他的句子结构总是那么复杂，而这一复杂句式的建构一方面反映了社会过程相互联系的特点，另一方面也反映了一个自省的思想是如何进行的。

布尔迪厄的著作对于外行来说难以接近，对于知识分子来说，出于不同的原因，阅读起来也并不容易。除了属于知识分子们自己特有的经院环境以外，布尔迪厄的作品切断了知识分子和社会世界之间迷人的联系和知识分子与他们自身社会地位的联系，他摆脱了主体性哲学、存在主义者的人道主义、60 年代末以萨特为代表的激进主观主义，也摆脱了无主体性哲学、结构主义下的反人道主义和列维-斯特劳斯所代表的客观主义。与此同时，其著作与文学哲学传统下统治整个法国知识界的理论至上主义决裂，也与支配着全世界研究走向的美国社会学所推广的实证经验主义相抗衡。正因如此，布尔迪厄的著作被主观主义者视作“客观主义”，被结构主义者定义为“人道主义”，被经验主义者划分为“理论主义”，并被历史哲学家视作“实证主义”，其著作的接受过程曾经在很大程度上由不真实的边界和人为的分割所左右，正是这些边界划分着一个国家所有的领域，并一直被布尔迪厄质疑

(Brubaker, 1985)。

虽说布尔迪厄的著作具有让知识分子们感到为难的所有特质，但在理解过程中最容易出现的问题大概在于把其著作矮化为纯理论著作的阅读方式，以及通过这种方式来评论书中的概念，而不是使用它们。对其著作的误解一方面产生于对其研究路径的误读，另一方面来自对其研究意图的错误认识。布尔迪厄在知识生产上的实践不能被简单归类为“理论生产”：“我建构的理论工具不是为写评论或者写注释而设计的，而是为了在新的研究中使用的。”(Bourdieu, 1993：27) 如果布尔迪厄提醒人们不要拿他的著作来进行“哲学性”阅读或“理论性”阅读，这是因为他最想传递的是一种“科研惯习”，是一个普适的、对于社会学者这一职业必不可少的倾向性（disposition）系统。对理论至上主义的提防导致对经验主义的警惕：沉浸在经验现实中会使人自然而然地把观察到的案例建构为一种可能性，而这一可能性又被置于一个可能出现的形势是被限定的世界中。

除了这些困难，还要加上国际观念贸易自身形成的一些障碍(Bourdieu, 2002)。除了语言障碍、民族主义障碍、偏见和刻板印象这些在知识生活中大概不比其他社会领域要少的问题，还有根植于国际观念贸易逻辑的误解的结构性原因。借鉴了马克思的观念，布尔迪厄用“无上下文的文本流通”来分析这一结构性障碍。各国的知识领域的结构如同国际观念贸易中的一个文化中介；出口国的结构决定产品的形式，而接受国如同某种思维透镜一般挑选、曲解那些可以在它们自己的背景中找到共鸣的思想，并用地方上的理论方言把这些思想转译出来。然而，接受了这些进口观念的人们，在绝大多数情况下，忽视了生产这些观念的场域，忽略了构想它们的场域在科学层面的可能性以及这些观念原本的意义和作用。在此之上，它们自发地依据接受地的场域结构重新阐发了这些观念，并通过感知模式和阐释模式把它们与接受地的背景联系起来。一个来自外国的文本所持有的意义和作用正是这样被确定下来的，至少无论对于接受地还是对于来源地都是一样的。“错位误读”效应与观念的国际化流通密不可分，这一效应基本上表明了引进著作在来源地的含义和客观地位与其接受者在接受地的立场不可避免的相互影响。与来源地的知识界在距离上的遥远和熟悉感上的缺失使人倾向于把布尔迪厄作品的复杂性归咎于巴黎知识界的特殊性（“法国例外论”）。翻译所固有的碎片化（正如与此相反的使一部著作的不同阶段同步化）使人们无法理解一个著作的阐释逻辑：它中断的地方、它修正的地方、它重读和修改的地方。超越这些障碍意味着采用一种社会衍生学的角度来看待一部作品：超越关于一个国家内部生产场域的社会学和其中孕育的国家性的思维分类法。在这一视角下，人们应该把这一分类法解释清楚，通过研究教育制度史和文化生产的场域，使一个国家在文化上的潜意识结构浮出水面，而这正是思维体系的历史基石。这样，我们才可以把社会科学在超越各国内部知识生产场域界限而流通的过程中所产生的扭曲误解变得显而易见，而这一过程可能可以抵消或者减少这些曲解。

但是，正因为“所有的科学都藏在某处”，又因为斗争的输赢才是社会学的研究对象，我觉得理解布尔迪厄著作的主要困难不在于其复杂的句法和晦涩的措辞，不在于知识分子学究式的偏好，亦不在于国际观念市场的内在困难，而在于整个批判社会学事业所带来的困境。对其著作的理解消化首先碰触到的，是或多或少被牢牢内化的反对所有社会学尝试揭露内情时会遇到的阻力，这不仅仅是有时社会学质疑的一些关键利益，还有常识上的一些模式。社会学的工作很少使我们到达被称为清晰的境界，换句话说就是为情理之中的事情提供证据：主体性哲学和各种形式的主观主义幻觉都明显比社会学的客观化过程所带来的结果离常识想法更近，所以"理性选择理论"也明显比"惯习理论"离常识的距离更近。此外，作为除魅者，社会学的主张经常被（错误地）视作囚禁在一种命运里，而社会学家也经常被看成扫兴者。与其说社会学真的是一门除魅或者灭圣的科学，不如说它其实是一门"扰人的科学"（Bourdieu，1980）。因为它揭露出隐藏在背后的有时被抑制的东西，还因为它经常与统治者的利益相违背，部分由于这些利益隐匿于缄默的表面之下或于情理之后，而情理经常告诉人们事情就应该是这样的且无法是其他的样子。

热拉尔·莫热（Gérard Mauger）

2016 年 4 月于巴黎

参考文献

Bourdieu P.，1980，"Une science qui dérange"，*in* Bourdieu P.，*Questions de sociologie*，Paris，Les Éditions de Minuit，p. 19-36.

Bourdieu P.，1993，"Concluding Remarks：For a Sociogenetic Understanding of Intellectual Works"，*in* Calhoun C.，LiPuma E.，Postone M.，*Bourdieu*：*Critical Perspectives*，Cambridge，Polity Press.

Bourdieu P.，2002，"Les conditions sociales de la circulation internationale des idées"，*in Actes de la recherche en sciences sociales*，n° 145，p. 3-8.

Brubaker R.，1985，"Rethinking classical sociology：the sociological vision of Pierre Bourdieu", *Theory and Society*, 14, n° 6, p. 745-775.

热拉尔·莫热（Gérard Mauger）

社会学家，法国社会科学院荣誉研究员，欧洲社会学和政治学中心研究员，该中心为布尔迪厄联合索邦大学的政治科学中心共同创立的。莫热先生曾任教于巴黎高等社会科学院（EHESS）、巴黎高等师范学院（ENS），曾为"调查—田野理论"（Enquêtes terrains théories）团队和"跨学科实践"（Pratiques de l'Interdisciplinarité）硕士项目的成员。

莫热先生学术上的研究领域包括年龄和代际关系社会学、犯罪社会学、文化实践社会学和政治社会学，并有著述十多本，如《年龄和代际关系》（*Âges et générations*，Paris，Éditions La Découverte，coll. "Repères"，2015）、《青年犯罪社会学》（*La sociologie de la délinquance juvénile*，Paris，Éditions La Découverte，coll. "Repères"，2009）、《读者的历史》（*Histoires de lecteurs*，Paris，Éditions Nathan，coll. "Essais et Recherches"，1999）。此外，自20世纪80年代，他便作为布尔迪厄的合作者参与其团队的科研工作。在布尔迪厄逝世后，莫热先生撰写并组织出版了多部总结整理布尔迪厄学术遗产的论文集，如《遇见布尔迪厄》（*Rencontres avec Pierre Bourdieu*，Bellecombe en Bauges，Paris，Éditions du Croquant，2005）和《阅读布尔迪厄》（*Lectures de Bourdieu*，Paris，Ellipses，2012）。

致阿卜杜勒马利克·赛义德（Abdelmalek Sayad）

经常和品德高尚的人往来，你最终也会变得像他一样

（Addu dusa‘dhi，ataghedh disa‘dh-is）

序

于1972年出版的《实践理论大纲》（以下简称《大纲》）见证了布尔迪厄特有的理论结构，特别是早期出现在他的著作中的惯习概念。在布尔迪厄自己看来，这本书是“一部更加全面、更加完善的著作的前期草稿”。事实上，他十年后正式改写《大纲》，出版了《实践感》这本在他看来最能体现自己思想的著作（Bourdieu，2010：263）。其后，布尔迪厄再一次在《帕斯卡式的沉思》（1977）中更加清晰地阐释了《大纲》和《实践感》两部著作中已经初见端倪的一整套人类学理论。

这里不是重新建构整个实践理论社会起源的地方，不过我们可以在这个方向上指出两个可能的进路。卡特琳·科利诺-特莱纳（Catherine Colliot-Thélène，2006）曾努力证明了“布尔迪厄理论的德国起源（胡塞尔和海德格尔）”。在同一视角下，吉塞勒·萨皮罗（Gisèle Sapiro，2004）分析了惯习理论的形成过程，并展示了布尔迪厄如何在自己的论述中与萨特、列维-斯特劳斯（Claude Lévi-Strauss）和戈夫曼（Goffman）划清界限，而接受并融入了莫斯（Mauss）、帕诺夫斯基（Panofsky）、韦伯（Weber）、卡西尔（Cassirer）、乔姆斯基（Chomsky）等的理论。两位学者在她们的分析中都强调了源流和其他理论的影响。但正如路易·品托（Louis Pinto，1998：72）提到的："我们承认布尔迪厄的实践理论的重要成果之一便是使人们领悟到理论化工作中的实践层面的意义，此时为这一理论描绘一幅纯理论的图景"本身就是一个悖论。在《实践理论大纲》（以及与此书同时出版的卡比尔民族学三种）中，理论的构筑产生于对经济活动、婚配嫁娶和卡比尔农民的日常惯例的观察。有一种虽然有些夸张却也不失为事实的说法认为，布尔迪厄（2003：6）"曾习惯说，事实上，在这些调研中他已经搜集到了全部资料（tout trouvé）"。在强调调研在理论建构中的重要作用的层面上，阿兰·阿卡尔多（Alain Accardo，2011：62-71），作为布尔迪厄和萨亚德在阿尔及利亚调研工作的参与者，认为卡特琳·科利诺-特莱纳提出的"布尔迪厄理论的德国起源"这一论调没能抵御住"重回哲学老路"的诱惑（在这里他并非质疑布尔迪厄铸造的社会理论图景受到德国现象学的影响），此外他强调，在他看来，"对于布尔迪厄来说，为他的理论发现带来启示或起催化作用的，更多的是阿尔及利亚战争，而非制度哲学这一歧途"。与此同时，路易·品托（1998：38）强调在布尔迪厄的一生中阿尔及利亚这段经历作为一个节点的重要性。他写道，这段经历的重要性体现在"发现与哲学家不同的研究课题和不同的视角"，而且他重申布尔迪厄这一努力是有损哲学家的尊严的，因其"不仅当认定哲学的统治地位的哲学家们致力于阅读不同文本或以不同视角审视经典文本时，暗示了与'田野'（terrain）上的实际情况做对照的重要性，而且他无限期地推迟了使得贴着理论标签的生产活动可被接受的，证明其超越前者的哲学论述”。这场关于实践理论精神来源的争论可以到此为止，但我们要强调针对阿尔及利亚社会的调研和布尔迪厄在卡比尔实地调研中的操作方式（modus operandi）对于这一理论的影响，以及需要说明引导着这些调研工作的一系列问题来自布尔迪厄所接受的哲学训练。换句话说，如果说布尔迪厄的实践理论确实借鉴了现象学，并且它确实是社会学的欧洲传统——马克思、韦伯、涂尔干、莫斯——的继承者，同时还是列维-斯特劳斯用其著作辩证地反对以让-保罗·萨特所代表的“全能知识分子”形象（Bourdieu，1980：8）为标志的50年代法国学术圈的产物，那么这一理论也是一种根植于经验研究的“扎根理论”（grounded theory），而其最初的样子就是布尔迪厄（2002）在贝阿恩省（Béarn）和卡比利亚地区之间奔波所做的实地调研。如此说来，我们大概应该阐明这一关于社会世界“非理论化关系”的理论，得益于“对结构主义人类学暗含的伦理学立场和学者与其研究对象之间高高在上的、保持距离的研究关系的深刻拒斥”（Bourdieu，1987：31），而这一拒斥本身来自布尔迪厄融入社会世界的实践，来自他对各种形式的唯智论（intellectualisme）的批判，来自其在现实主义视角下对贝阿恩和卡比尔农民们生活条件的深入了解。

由此，我们可以理解，“在布尔迪厄（1980：n. 2，89）看来，惯习概念，加上习得的、永久的、可延展的倾向性体系组成的整体，是史上对这一概念的所有用法，而其最有价值的地方莫过于它通过移除错误的问题和错误的答案而产生更好的提问方式和更好的解答方案，以及揭示由此产生的学科上的困境”。实际上，他旨在对反复出现的、或多或少相互可重合的一些理论取舍做切割，如瓜分着社会学思考的客观主义和主观主义、决定论和唯智论、目的主义和机械论、个人主义和整体主义等。因此，大部分惯习概念所针对的旨在使得理论取舍的两方更加对立的批评，都通过不厌其烦地“回到”（其实更应该称作退化到）叙述、行动者和主体等，使得对于知识积累的期待落空。

为确定观点之便，我们可以记下布尔迪厄在《大纲》（Bourdieu，1972：256）中提出，并在《实践感》（Bourdieu，1980：88-89）中再次强调的惯习概念的定义。其中，他仅仅用一句话就贯穿了至少四个分析框架：作为结构的产物的惯习、作为传播理论框架的惯习、生成实践和策略的惯习和作为实践统筹的惯习。“建构了一种特殊类型的环境的结构（大致上就是作为一个阶层存在特性的环境的物质前提），以及可以通过规律性与社会性建构的环境之间的联结方式来理解的结构，两种结构一起生产的便是惯习，也就是一种可持续的倾向性组成的系统，结构化的结构作为具有结构生产特性的结构来发挥作用，也就是说一个衍生出实践和意象并使其结构化的原则，同时可以客观地使它们‘有规矩’（réglé）和‘有规律’（régulier），而不需要向规范屈服，这些结构客观适应其本身的意图而不需要有意识地以针对一个目标并为此迅速掌握必需的运作方式为前提，因此，它们在没有指挥组织的情况下整体协调起来”。

正如弗朗索瓦·埃朗（François Héran，1987）所说的，布尔迪厄给定的惯习的定义中，大部分以“双连画（diptyque）的形式把这一概念的被动和主动、之前和之后两方面相互重叠”。正是这样，通过“把被动转化为主动”，“惯习被视作把外在世界内化并使内在世界外化的场所”（Bourdieu，1972：256），“被视作生产了生产者的产品”（Bourdieu & Passeron，1970：248），“根据历史衍生出的模式，生产了个人和集体实践，也就是生产了历史的历史的产物”（Bourdieu，1972：277），“是一个被简化为它所拥有的、它曾经是的或者它使得其他事物拥有的存在”（Bourdieu，1980：282），“结构化的结构作为具有生产结构能力的结构来发挥作用”（Bourdieu，1980：88），“持续存在到当下，并将在未来中延续的过去”（Bourdieu，1980：91）等。在承认第一个部分（社会化）和第二个部分（实践）之间的关系并非时间顺序而是辩证关系的前提下，我们可以梳理作为传播模式的惯习的“外在的内在化”和“内在的外在化”两方面的特性。并不存在两个时段，一个用于倾向性的内在化，而另一个紧随其后，用来实践（虽然童年早期和最初的社会经验看起来像是原始积累，是“最初惯习”的内在化过程）。外在化经历的内在化和内在化经历的外在化是同时发生的。所有的经历都同时是外在的内在化，也是内在的外在化。

热拉尔·莫热（Gérard Mauger）

2016 年 4 月于巴黎

参考文献

Accardo A.，2011，“Les racines algériennes de la sociologie de Pierre Bourdieu,” *Engagements. Chroniques et autres textes（2000-2010）*，Marseille，Agone.

Bourdieu P.，1972，*Esquisse d'une Théorie de la pratique，précédé de trois études d'ethnologie kabyle*，Genève，Librairie Droz［Éditions du Seuil，2000］.

Bourdieu P.，1980，*Le Sens pratique*，Paris，Les Éditions de Minuit.

Bourdieu P. , 1987, "Fieldwork in philosophy," *Choses dites*, Paris, Les Éditions de Minuit.

Bourdieu P. , 1997, *Méditations pascaliennes*, Paris, Éditions du Seuil.

Bourdieu P. , 2002, *Le Bal des célibataires. Crise de la société paysanne en Béarn*, Paris, Éditions du Seuil.

Bourdieu P. , 2003, "Introduction," *Actes de la recherche en sciences sociales*, n° 150.

Bourdieu P. , 2004, *Esquisse pour une auto-analyse*, Paris, Éditions Raisons d'Agir.

Bourdieu P. , 2010, Entretien avec Pierre-Marc de Biasi, "Le sociologue et le généticien (suivi d'un entretien avec Pierre Bourdieu)," *in* Jean-Pierre Martin (dir.), *Bourdieu et la littérature*, Nantes, Éditions Cécile Defaut.

Bourdieu P. et Passeron J. -C. , 1970, *La Reproduction. Eléments pour une théorie du système d'enseignement*, Paris, Éditions de Minuit.

Colliot-Thélène C. , 2006, "Les racines allemandes de la théorie de Bourdieu," *in* Müller H. -P. et Sintomer Y. (dir.), *Pierre Bourdieu, théorie et pratique. Perspectives franco-allemandes*, Paris, Éditions La Découverte, 2006, p. 23-46.

Héran F. , 1987, "La seconde nature de l'habitus. Tradition philosophique et sens commun dans le langage sociologique," *Revue franÉaise de sociologie*, XXVIII-3.

Mauger G. , 2012, "La théorie de la pratique," *in* Lebaron F. et Mauger G. (dir.), *Lectures de Bourdieu*, Paris, Éditions Ellipses, 2012, p. 125-153.

Mauger G. , 2015, "Le style de pensée de Pierre Bourdieu," *in* Leclercq C., Lizé W. et Stevens H. (dir.), *Bourdieu et les sciences sociales. Réception et usages*, Paris, Éditions La Dispute, 2015, p. 53-71.

Pinto L., 1998, *Pierre Bourdieu et la théorie du monde social*, Paris, Éditions Albin Michel.

Sapiro G., 2004, "Une liberté sous contrainte. La formation de la théorie de l'habitus," *in* Pinto L., Sapiro G., Champagne P. (dir.), *Pierre Bourdieu, sociologue*, Paris, Librairie Arthème Fayard, 2004, p. 49-78.

告读者

当1972年这本《实践理论大纲》出版时，布尔迪厄已经出版了不止一本书了。后来成为经典的《继承人》［与帕斯隆（Jean-Claude Passeron）合著］已经于1964年出版。《阿尔及利亚的社会学》《工作和工人》和《失根》三本中描述的20世纪60年代的阿尔及利亚，对于布尔迪厄来说，不仅仅是一个他曾经学习的地方，也是他的思想经过验证逐渐成熟的地方。今天来重读《实践理论大纲》这本书就可以体会到这一点。本书的第一部分，也就是卡比尔民族学研究三种，写于60年代中期，有着与民族学既成制度的决裂所必需的自由和大胆的精神，并以经验的方式系统地批评了当时在巴黎知识分子们心中有着至高无上地位的结构主义。

一个与"学科之王"——哲学——保持距离的年轻人，在阿尔及利亚的冲突中看到了前进的方向。正是在这里，作为民族学家，而后作为社会学家的"使命感"生根发芽。在支持独立事业的同时，人们应该竭尽全力地理解并尽可能地让更多人理解这一支离破碎的社会的悲剧，而不仅仅是狂热地在政治上无条件地支持。我们在政治上还能听到一些抗议的呼声，但是知识界的辩论却被禁锢在由马克思主义、现象学和结构主义组成的排他系统中。因此，正是在这片动荡的土地上，在知识界的论战氛围中，布尔迪厄通过对卡比尔人的亲属关系、经济和仪式的研究，建立了其主要概念以及他对于社会世界的理解。这一理解逐渐形成了《实践理论大纲》一书，这是在方法论和问题意识上的首次总结；在这里，我们还能看到他为摆脱既定思维而做出的努力，这一努力在八年后被系统地整理为《实践感》一书出版。

1980 年《实践感》的出版并没有使这部 1972 年的作品显得过时。今天再次出版这一作品不仅提醒人们阿尔及利亚在布尔迪厄思想中的重要地位，而且它作为布尔迪厄的作品本身的重要性也使再版成为必要。这部作品要展示的并不是深层的统一性（在《回答》《实践理性》和《帕斯卡式的沉思》已于近日出版的今天，已经没有这个需求），但是，从更深层面上来说，这部作品在我们看来是批判态度的基石，更是对人类社会的观察视角的一次革命，其出版可以使更多人了解这部作品。对于年轻一代来说，这部作品在今天仍然可以很好地发挥方法入门的作用。最后，这部作品可以通过为自己解释，和其他文章一起，或者通过反对，或与其他文章相结合，描绘自己的思路。总而言之，这是避免“忘本”的一种方法，而一直以来起源（genèse）对于社会学家都是十分珍贵的主题。

在历史学科向行动理论转向，人类学家以世俗的实践经验视角来重新发现仪式和传说，经济学家感觉到与人类学家结盟的必然性的今天，重读《实践理论大纲》的意义之一是重新感受这一作品一直以来不为人知的影响，而作品本身今后也必将在人文科学的中心位置上有其一席之地。

理查德·菲吉耶（Richard Figuier）

目　录

第一部分

卡比尔民族学研究三种

第二部分

实践理论大纲

第一部分

卡比尔民族学研究三种

SENS（sanss'；直至 19 世纪写作 san），阳性名词 *13*
（n. m.）（11 世纪罗兰之歌；借用拉丁语 sensus，即“行动、感觉方式，感觉，思想，意义”）。

3°类推意义“以即时的和直觉的方式认识的官能（如同真正意义上的感官似乎显示出的官能）”——拉朗德（Lalande）。例如：方向感 *le sens de l'orientation*、平衡感 *le sens de l'équilibre*（参看 Raccrocher 词条，引文 7）。品位 *legoût*（好品位），最微妙的感觉 le plus subtil des sens（参看 Malpropre 词条，引文 3）。对神的感觉 *Le sens de Dieu*（参看 Concept 词条，引文 2），对神圣的感觉 *le sens du sacré*，对神奇的感觉 *le sens du merveilleux*（参看 Garder 词条，引文 47）。对现实的感觉 *Le sens des réalités*，*de la réalité*（参看 Enfoncer 词条，引文 41），对效率的感觉 *le sens de l'efficacité*（参看 Discipliner 词条，引文 3），实用感 *le sens pratique*，政治感 *le sens politique*（引文 16），民族感 *le sens national*（参看 Aliénation 词条，引文 1）。责任感 *Sens des responsabilités*（另可参看 Fuite 词条，引文 7），等级感 *Sens des hiérarchies*（参看 Heurter 词条，引文 18），事务感 *Sens des affaires*。参看本能（Instinct）、概念（notion）。艺术感 *Sens artistique*（参看 Amenuisement 词条，引文），美感 *sens esthétique*（引文 10）；对美的敏感 *sens du beau*（参看 Prosaïque，引文 3），有喜剧感 *Avoir le sens du comique*（引文 7），有荒谬感 *avoir le sens du ridicule*（参看 Humour 词条，引文 5），有幽默感 *avoir le sens de l'humour*。丧失节制感 *Perdre le sens de la mesure*（参看

Hyperbole 词条，引文 2）。——内部感或亲密感 *Sens interne ou intime*。参看 Conscience 词条意义（I）。道德感 *Sens moral*（引文 1）。参看 Conscience 词条意义（II）。

罗贝尔词典

前 言 15

本书中的一些比较陈旧的研究，如名誉的含义和卡比尔住宅，其产生过程包含着困难和风险（不仅仅是智力上的）。然而出版这些旧文，不仅仅是为了让这些努力获得认可，也不希望读者仅仅从这个角度来衡量这些作品的价值。如今，这些作品中的分析方法可能会被看作“功能主义”的，而本书措辞的风格和语气上的委婉可能会被一些人说成是“人道主义”的。阅读中产生的这些看法可能会给读者带来不快，而这也正是作者的顾虑所在。这些看法都违背了这一作品的初衷，即反对不人道的政治和意识形态，以及为一个民族平反。这个民族足以构建人际关系上的如名誉的竞争这般完备的相处模式。在最初构思的时候，作为一个独立的分析，卡比尔农民用来竭力维护以及增加他们的荣誉资本的策略，是与重建整个客观规则系统，与政治、经济博弈中物质与象征层面的得失密不可分的：放到这一背景下，更具体地说，在再生产策略的体系中，以上策略都以象征资本的再生产为目标，而这些策略，通过可以带来名誉的行为，揭示了它们在经济和政治秩序再生产中的功用。名誉的“精神”（ethos）作为这些策略产生的原因，也是它们所产生的结果。

对照来看，关于卡比尔住宅的文章可能从表面上加强了象征
16 秩序独立化的印象，虽然这不是本书的初衷。这个研究不过是神话仪式体系的整体分析上的一个片段（虽然其中住宅和宇宙的同源性赋予了这个片段在整个系统中的中间地位）：农历在揭示处于这一体系和经济结构之间的有着双重意义的关系上，有着无可比拟的效用；农历，作为一个严密的象征系统的变体，再生产了一年中农业生产的节奏，尤其是农忙时段和简单生产时段之间的冲突。前者主要指的是耕种和收割，以及与之相伴的大量的仪式活动，特别是起到预防作用的仪式活动；而后者比前者时间上要长很多，播种后这段时间里，种子依照自然规律发生变化（正如在另外一种秩序中陶器风干的过程），而劳作在这个时段里基本完全停滞，或者简化为技术上的仪式活动以及祈求神灵保佑的仪式，这些仪式都不太庄严肃穆，因为农业活动在神话中的意象不要求通过仪式戏剧化地展示不同势力之间危险的敌对冲突。

简而言之，这幅由未完成的（至少是暂时未完成）作品的一些片段组成的卡比尔社会的图景非常抽象，尤其因为每个机构的意义和功能都只有在完整的客观关系系统中才能得到体现。整个系统的终极原则明显地根植于一种出于自身逻辑，把发展生产力和资本的集中化过程排除在外的生产模式之中。这种生产模式基于对于生产工具和田地的几乎平等的分配（以一种破碎并分散的小面积地产的形式），其产生的几乎所有的农业产品都直接由生产者自己消费。然而经济结构的意识形态上的转型，通过其在神话话语的分类和日常仪式中的体现，协助对约定俗成的、神圣化的

结构的再生产。同样，遗产（无论是物质的还是象征的）的传递方式总是通过竞争的形式，甚至有时以兄弟间或者更广泛范围内 17
的父系亲属间的斗争决定。但是，不容置疑的是，经济和象征层面上产生的压力，强调家族遗产的完整性，促使经济秩序以及建筑于其上的政治秩序的延续。处于张力中的两个压力的来源通过这个过程找到一种平衡的方式，而这一过程在社会结构的各个层面上都可以被观察到，无论是在家族层面还是在部落层面，聚合和分离两种趋势总是同时存在：当我们满足于为了解释一个社会的构成何以封闭在一个简单再生产的完美系统中，而援引一些简陋的唯物主义的负面解释的时候，例如以生产技术的稳定性或者不稳定性来作为解释，我们就主动地拒绝理解伦理上和神话上的意象对于经济秩序再生产过程的决定性的作用，而这些意象也正是经济秩序产生的产品。具体地说，拒绝理解这些意象，就是拒绝正视一切兄弟间的经济层面或者象征层面的交换行为产生的客观利益。这些内容是永远不能被公开承认的，也永远不可能逐步成为所有男人之间的经济交易上的公开的准则。而这一误区使得社会现实的真正的基础变得不得而知。

1971 年 12 月于巴黎

19

第一章
名誉①的含义[1]

当我们讨论描写的层面和解释的妥当性时，马上就会触及从什么层面上来判断数据的可信度（firmness）的问题……。比如说……一个人可能会问如何确定两个句子属于不同的类型，或者“约翰对于讨人喜欢的渴望”是一个好句子，而“约翰很容易讨人喜欢”就不是一个好句子，等等。这些问题没有非常令人满意的答案，而正是这种类型的数据构成了语言学理论的主要议题。如果我们忽视这些数据，那么代价便是断送掉这一议题。

——诺姆·乔姆斯基，《语言学理论的当代问题》

---

① 之所以将 honneur 翻译成“名誉”而非“荣誉”，是因为：荣誉在现代汉语里有三个意思——光荣的名誉，犹赞誉，荣耀、光荣；而名誉的意思有名誉与声望、荣誉与光荣，其中还包括个人或集团的威信这一意思，和文中对 honneur 的用法颇为相似。——译者注

在过去，N 总是一直吃到饱，他让别人替他干活，并且像享有领主的特权一般，得到别人田地里、家里最好的东西；虽然后来他的地位降低了很多，但他还是自以为可以为所欲为，有要求别人的权力，独占话语权，并且对反抗他的人恶言相向，甚至大打出手。很有可能正因如此，人们把他看作一个无赖（amahbul）①。无赖指的是不知羞耻并胆大妄为的人，他践踏维护人与人 20
之间良好关系的礼节和规矩，专断地滥用权力，并做出与生活之道（l'art de vivre）相违背的举动。人们总是尽量远离这些无赖（imahbal，amahbul 的复数形式），避免与他们发生争执，因为这些人不知羞耻，反而是和他们正面交锋的人，即便是有理的一方，也总免不了为其所累，名誉受损。

我们故事中的主人公打算在他的花园里重建一堵墙。他的邻居有一堵护土墙。他把这堵墙推倒了，并把石头搬回了自己家。这一任性的举动招惹的不是一个好惹的人：故事中的“受害者”有各种资源可以用来自卫。他是一个强壮的，有好几个兄弟、亲戚众多，即属于一个强大而人数众多的大家庭的年轻男子。所以很明显，如果他不接受挑战，并不是因为他不敢接招。结果公共舆论也没办法把这一过分的举动看作一个真正的有损被害人名誉的挑战。正相反，舆论和被害人都装出没有注意到这一举动的样子：事实上，卷进和一个无赖的争端是荒谬的，人们不是总说“无赖来了，快躲开”吗？

---

① 作者在法语原文中直接使用了以拉丁字母拼写的阿拉伯语词语，我们在这里根据作者解释的意思试着给出一个中文的词来帮助读者阅读理解，并在括号中保留了原词。我们将在全篇采取这种方法处理原文中保留了阿拉伯语词汇的地方。——译者注

然而，受害者去找了罪魁祸首的兄弟。罪魁祸首的兄弟站在受害者这边，但是对受害者和一个无赖讲道理的做法提出了质疑。他试图让受害者明白，没有当场以相同的暴力手段以牙还牙是一个错误，此外，他还加上了一句："这个无赖以为自己是谁?"而访客听到这句话后态度大变，生气地说："噢！M，你把我们当成什么人了？你以为我愿意和N说话吗？就为了几块石头？我来见的是你，因为我知道你是明事理的人，能说得通话。你明白我的意思，我可不是来要求你们赔偿我这几块石头的（这时，他马上以所有圣人的名义，换着法儿地发誓，保证他绝不会接受赔偿）。
21 因为N的所作所为是只有无赖才能做出的，而我才不会和一个无赖纠缠不清，卷入羞耻的旋涡（adhbahadlagh ruhiw）。[2]我只是要指出，一个合乎法律又合规矩的（akham nasah）房子，可不是能以这种手段盖出来的。"说到最后他又补上一句："和一个无赖站在一边的人，在别人中伤他之前，他就已经败坏了自己的名誉。换句话说，在我面前，你应该和你兄弟站在一边，等我走了之后你再好好批评他，让他一改前非，而这才是我要说的。"[3]为了理解这场争论中的微妙之处，我们必须先了解这两个人。他们一个是善用诡辩来挑战、反驳别人的行家里手，而另一个人已经离开卡比尔地区，在外生活了很久，忘记了传统精神。后者在这个事件里只看到了他兄弟的小偷小摸行径，出于正义和常识，他不赞同这一行为。也就是说，后者是从利益的角度来考虑这个问题的，他没有看到家族团结的法则可能被破坏。他想的是这个墙值多少钱，以及受害人应该得到多少赔偿。而另一方却惊诧于如此明事理的人竟然会误解自己的意图到这种程度。

某一年，在另一个村子，一个地主被他的佃户偷了。这个偷东西的佃户是个惯犯，但这一年，他做得格外过分。地主和佃户吵得不可开交，变着法儿地相互谴责、威胁，最后吵到了全体集会上。集会上大家一致认定佃户偷盗，并认为不需要再寻找证据。这一佃户眼看没希望获得任何好处，便赶紧按照传统的方式请求原谅。不过他也没少拿出支持自己的论据，例如：向大家说明一直以来是他在耕种这片土地，他已经将这片土地视为他个人的财产，而长期不在此地的地主并不需要这份收成；为了和地主处好关系，他把自己地上种的无花果送给地主做礼物，虽然数量不多，但质量是最好的；他还强调自己是个穷人、地主是个富人，而 22
“财富是用来给穷人的”等。他讲了这么多道理都是为了讨好地主，说他是一个宅心仁厚的有钱人。他在说这些的时候用了“愿真主原谅我”的套话，通常来看，这句话应该就可以结束这场争论了，但他又加了一句：“如果我做得对，愿真主得到赞美（soit loué)；如果我做错了，愿真主原谅我。”地主对这一套话的使用大为恼火，虽然这套话用在这里完全是正当的、合适的，但这几句话提醒人们，即便这个人当众认罪，他也不会完全是错的，至少不应该把所有的错误都算在这个人头上，他总还是有一点儿对的地方，相应地，另一个人总有一点错。然而地主想要的是一句简简单单的“愿真主原谅我”，一个无条件的屈服。佃户请求证人们作证，帮自己说话：“啊！造物主啊，圣人们的朋友！怎么回事？我赞美主，可这个人却为此而责难我！”他又重复了两三遍赞美主的套话，每一遍都说得比上一遍更谦卑。面对这一态度，地主越来越生气，以至于最后，尽管村民们对地主心怀敬意，也知道他虽然知书达理，却不了解本地风俗，可是大家都觉得他不应该继续谴责佃户。地主在冷静下来以后，也为他的顽固而感到抱歉；

他的妻子对风俗更加了解，依照她的建议，他去找了村里的领袖（伊玛目，imam）以及较年长的亲戚，并为他的行为道歉。他强调，他是公开蒙羞（elbahadla，bahdel 的结果）的受害人，大家也都理解这一点。

在另一个地方，两个帮派之间的矛盾因一个事件而被激化。其中一派对这一争执感到疲惫，于是他们在敌对派的一个重要人物家里组建了一个使团，并委派使团来调解两派的矛盾。这一使团包括了镇上的修士（marabout）、邻近乡镇的修士、村里的领袖以及临近的一个教会学校（thim‘amarth）里所有的学生（tulba，
23 tuleb 的复数）。整个使团由超过 40 人组成，请他们的帮派负责他们的交通、住宿和饮食。对于这里的其他所有人来说，这都是一个惯例，只除了他们的谈判对象：一个背井离乡、对习俗不甚了解的卡比尔人。按照惯例，在谈判者们相互亲吻了额头之后，人们就算接受了调解的提议，同心合力祈求和平。这一和解不排除人们日后以随便的什么理由重拾敌对关系，对于这一反复，没有人能说什么。首先，名士们宣布他们此行的目的：“部族们……特地前来请求你们的原谅。”根据习俗，他们要先跟委托他们来求情的这一派人划清界限。于是，他们义正词严地说：“他们请求原谅是基于所有人的利益，以及村中最穷苦的人的利益：他们才是这一冲突的受害者。他们不知道如何是好。你们看，他们多可怜……（所有的理由都是为了挽回颜面。）让我们忘掉已经过去的事情，和好吧。”这时，面对这样的请求，合乎情理的做法是保持缄默和有所保留的态度，抑或是心照不宣地，一部分人态度强硬起来，而另一部分人为了不彻底把关系搞僵，表现得更倾向于和解。在争论的过程中，调解者介入：他们指责自己的委托方，找出委托

方的错误，这样做是为了重建双方关系中的平衡；与此同时，他们帮他们的委托人避免公开蒙羞。因为仅仅是请来修士代为说情，请他们用餐，以及和他们一道前来，就已经是一种令人满意的让步了，而更进一步的屈服是不可能的。而且，被请来说情的人，鉴于他们的职责，是超越双方敌对关系的，此外，他们享有可以强迫双方达成共识的声望。他们有权训斥面对祈求仍不原谅，提出过分要求的一方："当然，他们可能有很多错，但是你，你也难逃指责……你原本不该……而如今，你应该原谅他们。此外，你 24
们应该相互原谅，我们的职责便是见证你们达成和解。"名士们的智慧赋予他们掌握轻重和判断对错的权力，但在这次的事上，被请求原谅的一方因为不了解游戏规则，所以没能理解这一富有外交手段的精妙处理。他坚持把一切都挑明，并以"或……抑或……"的方式来思考问题："怎么！你们来求我，那便是另一方有错，你们应该谴责的是他们，而不是在这里指责我。不然就是因为他们请你们吃饭，又付了你们钱，所以你们在这里维护他们。"这是对这些权威人士能做出的最大的侮辱，在卡比尔人的记忆中，这是第一次在如此受尊敬的人物组成的委托团的调解下，双方仍然没能达成和解，而冥顽不化的一方受到了最凶狠的诅咒。

挑战与反击的辩证关系

有很多相似的事例可以在这里讲，但拿出来分析的这三个故事可以让我们看清挑战和反击间的游戏规则。一个挑战出现，首先要满足的条件是发出挑战的一方认为受到挑战的一方值得被挑战，也就是说，他有能力克服挑战，或简单地说，这一举动等于承认双方在名誉上有相等的地位。向某人发出挑战便是承认这个人的人格（qualité d'homme），作为所有名誉上的交换或者挑战的前提，这一认可也是交换的第一步；挑战也等同于承认一个人作为享有名誉的人的地位，因为挑战本身要求对方做出反击，所以人们只会向一个被认为有能力且擅长名誉博弈的人发出挑战，而
25 这也就是认定对方知道游戏规则且尊重游戏规则。名誉上的平等感可以和事实上的不平等同时存在。这一名誉上的平等感是众多习俗和行为举止的出发点，尤其通过反抗各种形式的自命不凡来表现："我也不差什么，我也有小胡子。"[4]——正像人们会照习俗说的。爱吹牛的人马上会受到惩罚。人们会说："只有垃圾堆才会自我膨胀。""他脑袋都顶到他的礼拜帽了（chéchia）。""黑色就是黑色，他加上了文身也看不出来。""他想学鹧鸪的步态，却忘了鸡是怎么走路的。"在大卡比利亚（Grande Kabylie）的提济依贝尔（Tizi Hibel）村，有一个富有的人家为自己建造了一座欧洲风格的坟墓。他们使用了栅栏、墓石和铭刻，打破了传统坟墓要求的匿名和与其他坟墓风格的统一。第二天，栅栏和墓石就都不翼而飞了。

相互承认对方名誉上的平等这条原则带来的一个首要的结果是：发起挑战可以制造名誉。卡比尔人经常说："没有敌人的男人就是头小驴。"重点并不是驴的愚笨，而是它的被动。最可怕的事情莫过于完全被忽视。如此说来，不和某人打招呼等同于把他视作一个物品、一只动物或者一个女人。而与此相反，挑战对于接受的人来说是"生命中的一个巅峰"（El Kalaa）。事实上，这个时刻让人充分体验到作为一个人而存在的感觉，向别人和自己证明作为人的素质（thirugza）。"完整的人"（argaz alkamel）应该一直保持警醒的状态，时刻准备接受挑战。他是荣誉的守护者，随时

看守着个人的和整个群体的名誉。

这条原则带来的第二个结果是：如果被挑战的对象没有能力接招，无法使名誉上的交易继续进行下去，那么发起挑战者便践踏了自己的名誉。正因如此，当众遭受的极端的公开羞辱（elba-hadla），总是有折回到发起挑战者自身的风险，报复在无赖的身 26
上，因为他不懂尊重名誉博弈的游戏规则，而这一公开蒙羞的人甚至享受某种名誉（nif 和 hurma）。这也是为什么当公开的羞辱超过一定界限之后，会报复到施加者身上。更多时候，人们避免向别人施加公开的羞辱，而是等着他因自己举止不端而自取其辱。这种情况导致的名誉受损是无可挽回的。人们把这种情况叫作 ibahdal imanis 或者 itsbahdil simanis[①]。其后，处于优势地位的人要避免过分夸大他的优势，而是要适当地淡化他的指责，正如俗语说的那样："与其我来脱他的衣服，不如等他自己都脱光。"（Dje-maa-Saharidj）。从他的角度来看，他的敌手还可以尝试通过手段翻转局面，一边以体面的方式公开赔礼道歉，一边把他的谴责逼到合理界限以外。正如我们在第二个故事里看到的，这么做可以拉拢舆论，因为人们自然会唾弃过分的控诉人。

第三个后果（与前一个结果相辅相成）：只有和自己名誉对等的人发出的挑战（或者冒犯）值得予以回应。也就是说，挑战成功的一个必备条件是接受挑战的人认为提出挑战的人是值得尊敬的。一个名誉上处于劣势的人如果做出冒犯的举动，就会因自己的自高自大而惹祸上身。"谨慎而思虑周全的人（amahdhuq）不会与无赖一般见识。"卡比尔人的智慧教给人们的道理是："思虑周

---

① 也就是公开地自取其辱，或者自己让自己难堪的意思。——译者注

全的人所具有的，正是无赖所缺少的。”（Azerou n-chmini）如果一个有智慧的人试着接受一个无赖提出的毫无意义的挑战，那么就会遭受公开的羞辱，而如果避免反击，他就把发出挑战这一任性举动带来的所有后果都留给无赖自己承担。同样，以令人不齿的报复手段弄脏自己双手的人也会招致羞辱：卡比尔人有时也会雇用杀手（amekri，复数形式是 imekryen，按照字面意思翻译就是雇
27 用服务者）。由此看来，是反击的性质赋予了挑战应有的意义，此外，它还可以用来区分挑战和单纯的冒犯。

卡比尔人对待黑人的态度可以很好地为上述分析做注脚。如果一个卡比尔人回应了一个黑人的辱骂，或者和他扭打了起来，那么他便会损害自己的声誉。[5]朱尔朱拉（Djurdjura）的一个民间传说中曾经提到，一天，两个部落正在打仗，其中一个部落动用黑人部队来与敌方对抗，战胜了敌人。但战败的一方得以保全名誉，反倒是战胜的一方因这次胜利而名誉受损。在过去，有时为了逃避致命的报复（vengeance du sang）（thamgart，复数形式为 thimagrat），只需要加入一个黑人家庭即可。但这一做法非常具有侮辱性，以至于没有人愿意为了保全性命而付出这一代价。在一个地方传说中，有这么一个案例。在伊格尔（Ighil）或梅赫达尔（Mechedal）地区的屠夫中，那些沙巴内村（Ath Chabane）黑人的祖先里就曾经有一个卡比尔人。他为了逃避复仇，自愿做了屠夫，结果是他的后人们从此只能和黑人们生活在一起。（Aït Hichem）。

名誉的法则对于各种形式的争斗也有着规范性作用。在保证内部团结的要求下，每个人在面对外人的时候，必须选择维护自己的亲戚；在面对其他帮派（ṣuf）时，向着自己人；在与邻村村民发生冲突时，护着本村人，即便后者在本村内与自己分属于相

互敌对的帮派；同样，面对其他部落时，也要护着自己部落的成员。但声誉的法则禁止以众敌寡，触犯这条法则的人将名誉扫地。同样，人们都想尽办法，用各种借口和诡计来延续争执，这样可以再有机会赢回我方利益。如此一来，一点小矛盾都有被扩大的危险。在那些不同的战争或者政治联盟之间，争斗其实是一种规范化的竞争形式。这些"帮派"只要有一点小事，就会全员动员起来，只要一个人名誉受损，便视作集体的名誉遭受践踏。而他们之间的 28
争斗远非一种对社会秩序的威胁，反而是对它的保护。通过这种争斗，竞争意识以及名誉点（le point d'honneur）① （nif）[6]都以一种预先规定好的、制度化了的形式得以表达。在部落间的争斗中，所实行的也是同样的法则。有时打斗过程完全以仪式化的形式进行：首先双方相互辱骂，之后大打出手，最后等到调停人到场，打斗便告一段落。在打斗时，女性以叫喊和歌唱的方式来给男人们鼓劲儿，并以此来赞颂整个家族的荣誉和力量。大家并不以杀戮或者完全压倒敌手为目标。打斗中的关键是展示我方的优势地位，而在大多数情况下，这一展示是通过一个具有象征意义的举动来完成的：在大卡比利亚地区，如果双方阵营中的一方从另一方的房屋上夺去了主梁（Thigejdith），并从集会大厅（thajma'th）取得了一块墙板（dalle），那么打斗便结束了。有时，事情会向着不好的方向发展：打击不幸导致战士身亡或者强大的一方威胁要集体闯入对方的住宅这一名誉最后的栖身之所。在这种情况下，

---

① "名誉点"采用了对于这一表达法的字面翻译。其意涵在文中得到了理论上的解释，不过从这个词上我们还可以感受到一些翻译成中文后无法感受到的内容，其中"点"这个词在这个表达法中还可以从 ceux qui touche l'honneur 这个角度来理解，可以看作是名誉的"利害"，对名誉产生影响的关键。——译者注

被围攻的一方只有拿起他们的枪械，才能在多数情况下结束这场战斗。调停的人，一般是修士以及部落的智者们，他们要求侵犯者撤离，这样被围困在里面的人便可以在誓言的保护下走出来[7]。这时没人会尝试伤害他们，因为打破誓言是一种自取其辱的极端行径。(Djemaa-Saharidj) 一个阿特蒙日拉（Ath Mangellat）（大卡比利亚地区）的老者曾经说过，在部落战争中，大型战役是非常稀有的，且每一次大型战役都是在长老们的建议下，确定了具体的行动日期，规定了不同村落具体的行动目标后，才会发动的。每个人都是为了自己而战斗，但人们通过嘶喊来交换意见并相互鼓励。在所有邻近的村落之间，人们会观看，并就战士们的勇猛程度和灵敏度加以点评。当强大的一方占据了压倒性的优势，或
29 者当他们占有了代表胜利的象征符号时，战事就结束了，每个部落的人也就各自撤回自己的地盘。有的时候，也会出现俘虏，不过他们一般会被置于俘获他们一方的保护之下，被很好地对待。当冲突结束，人们会给他们穿上新袍子（gendura）送回去，象征着他们是已经死去的人，带着他们的裹尸布回到了自己的村落。战争状态（elfetna）可能会持续好几年。在某种程度上说，敌对状态是一种常态。被打败的部落会等待报复的时机，而在此之前他们会伺机抢夺敌人们的牧群和牧羊人；只要比如在每周一次的集市上，找到一点儿碴儿，战斗就会重新开始[8]。简而言之，在这样一个世界里，没有什么比区分和平状态和战争状态更难的了。村庄和部落之间，在名誉保证下签订的停战协定，像家庭间达成的保护协定一样，仅仅用于暂时性地使战争——这一名誉创造出的最严肃的游戏——告一段落。如果经济利益是争斗的原因，且争斗中人们有利可图，那么战斗会更像一场制度化且规范化的竞争，

而非一场千方百计获得最终胜利的战争。一个卡比尔老人转述的这段对话正印证了这一现象：“一天，一个人和莫昂·乌克西（Mohand Ouqasi）说：‘你来加入战争吗？’‘加入战争能做什么？’‘嗨，就是一见到鲁米（Rumi）人，就给他来一枪。’‘怎么能这样？’‘那你想怎么样？’‘我以为我们应该先谈谈，然后破口大骂，最后再开打！’‘完全不是这样的。他们朝我们开枪，我们朝他们开枪。就这样……所以，你来吗？’‘不了，我呀，现在不怎么生气，没法就这样朝人开枪’。”[9]

名誉点也会通过一些其他方式表现出来。如名誉点刺激着两个村落间的相互竞争，比拼谁的清真寺建得更高、更壮观，谁的喷泉布置得更好、更清静，看谁举办的节庆更奢华，看谁的街道 30
更干净以及其他。所有仪式化以及制度化的竞赛都可以成为名誉上的竞争，例如在男孩的出生、割礼或者婚礼这种喜庆场合，人们会举行瞄准射击的竞赛。举行婚礼的时候，前往邻村或者相邻部落迎娶新娘的随行队伍需要依次地在两场考验中取得胜利。第一个考验是给女人们准备的，由二到六名以天赋而闻名的“外交官们”来完成。第二个考验留给男人们，由八到二十个优秀的射击手参加。女外交官们需要在一场与新娘的家人或者新娘的同村人间展开的诗歌辩论中取得胜利：考验的性质和形式都是由新娘的家里人来决定的，可以是谜语或者是对诗。男人们的挑战是瞄准射击：随行队伍返回的早晨，当女人们为新娘做准备，其他人忙于奉承新娘父亲的时候，随行队伍里的男人们需要从一个非常远的地方，把一片鲜鸡蛋壳（或一块扁平的石子）嵌入一个堤坝或者一块树干中。如果他们失败了，新娘的仪仗队就会蒙羞，要从驴子的驮鞍下穿过并缴一笔罚款，才能离开。这些游戏也具有仪式化的功能，一方面整个过程都具有严肃的形式主义性质，另一方面来看它们也都是施展魔法力量的前提条件。[10]

如果说所有对别人的冒犯都是一次挑战，那么我们下面将看到，挑战不都是以冒犯或者侮辱的形式出现的。名誉上的竞争也可以在一种类似赌注或者类似游戏的逻辑下进行，也就是一种制度化、仪式化的逻辑。游戏的核心是名誉点，这也是男人之间的较量中压倒对手的意愿。根据博弈论，好的玩家总是假设对手将
31 会发现最好的策略，并用这一策略来规划自己的行动。同样，在名誉博弈中，挑战与反击一样，都有这样的含义：双方都选择加入到游戏中来，并选择尊重游戏规则，而且他们都以对手会做出同样的选择为前提。

挑战本身意味着根据既定规则，参与到一个特定的游戏中来（冒犯也是同理），这和礼物交换（don）是一个道理（见图 1－1）。礼物的交换就是一种挑战，为送礼对象带来荣誉的同时，考验着后者的名誉点；同样，冒犯一个无法反击的对手，也是对自己的侮辱，正如送出了过分隆重的礼物，拒斥了对方回礼的可能性一样。在这两种情况下，尊重规则意味着留给对方回应的机会，也就是说提出的挑战应该是合理的。正因如此，送礼或是挑战都构成一种刺激——一个要求得到回应的刺激，来自摩洛哥的柏柏尔人（Berbère）马尔西（Marcy）是这样评论在重要场合中送出的作为挑战的礼物（tawsa）的："这使他蒙羞。"一个人无论是受到挑战还是收到礼物，都被卷入交换的机制（engrenage）中，他需要采取一种合适的行为（即便是一种默认的举动），以回应最初形成刺激的行动，且无论他采取什么行动都会被视为一种回应。[11]他可以选择延续交换关系，或者切断它。如果一个人屈服于名誉的需

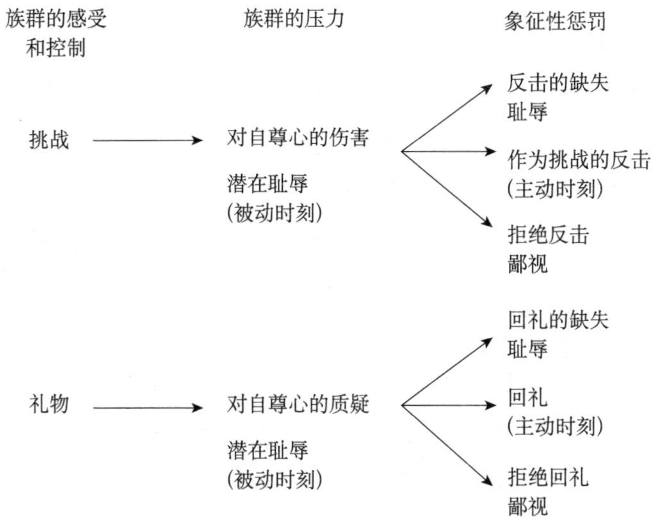

图 1-1 挑战和礼物的对比

求，选择延续交换关系，他的选择就和他的对手最初的选择一样，也就是接受加入到这个可以一直无限持续下去的游戏中来：因为反击本身也是一次新的挑战。据说在过去，马上要完成报复的时候，一家人会高兴地一起庆祝耻辱的结束（thuqdha an-tsasa），也就是说，庆祝由冒犯引起的“肝部不适”的缓解，以及对于报复的渴望得到了满足。男人们鸣枪庆祝，女人们尖叫歌唱（you-you），宣布着复仇的成功，而这些都是为了让所有人看到一个享有名誉的家庭是如何懂得迅速地恢复声望的，同时也让敌对家庭 33
确凿无疑地知道他们烦恼的来源。要是报复是匿名的，那还有什么用呢？在贾尔阿-萨哈里山（Djemaa-Saharidj），人们还记得发生在阿哈利利（Ath Khellili）部落的、从 1931 年一直持续到 1945 年前后的一场血仇报复。“故事是这样开始的：两兄弟杀害了另一个家庭的两兄弟。为了让别人相信是他们先受到了攻击，其中一个兄弟打伤了另一个。他们一个被判了8年监禁，另一个被判刑的时间比这个稍微短一点儿。当第二个兄弟（也是家庭里最有影响力的一个）被释放的时候，他非常小心，变得多疑且警惕心极强，走路都经常变换方向。他被一个雇佣杀手给杀死了。第三个曾经当过兵的兄弟用一块石头打烂了另一个家庭的一个成员的脑袋。两个家庭都相互威胁着要杀光对方成员。这个事件中一共有八名受害者（其中四名我们在上面已经提到）。修士们被叫来平息事态。他们说尽了能说的，第三个兄弟，也就是那个当过兵的，还是坚持要把争斗继续下去。人们请来了相邻部落的一个曾经做过地方长官（caid）的名士，所有人都非常尊敬他。他找到了冥顽不化的兄弟，并让他发誓。‘你的脑袋已经放进了石磨的开口（delu），下一次，你的脑袋就要被石磨碾过。’年轻人情绪非常激动，甚至要献出他的脑袋。人们让他郑重发誓放弃家族灭绝的想法。人们宣读了誓言（fatiha）。在全村人的面前，人们宰杀了一头牛以作牺牲。青年军人付钱给了修士们。所有人一同享用了古斯米（couscous）。”（这是故事中的一个主角的讲述。）我们看到，当附属族群的存在受到威胁时，整个群体会介入到附属小族群的矛盾中。鉴于挑战和反击的逻辑会导致矛盾的无限延长，无论如何，
34 找到一种有尊严的结束方式就显得非常重要了。这种方式需要避免使任何一方陷入羞辱的状态，也不能让名誉的法则受到质疑，与此同时，这种方法可以强制人们暂时性地放弃复仇。调解的任务总是落到包含着陷入争执的双方的更大的群体身上，或者是“中立”的群体，也就是外地人或者修士家族身上。于是，当争端发生于一个大家族时，由老人们来决定需要做什么以平息争端。

有时，他们会要求抗拒者缴纳罚款。当两个大家族间出现争执的时候，同一个 adhrum（家族）中的其他家族便来努力劝和。简而言之，调解争执的逻辑和一个派系内不同分支之间的矛盾是一样的，而他们的共同原则都可以通过一句谚语来体会："我恨我的兄弟，但我也恨他的敌人。"当冲突的双方都是修士（maraboutique）出身时，人们便会邀请外地的修士来劝和。两个派系间的战争遵循着和复仇一样的逻辑。执行复仇的人代表的永远不是他个人，而是他所属的群体，这一事实可以帮助我们更好地理解这一逻辑。一次争执有时可以持续十几年。一个贾尔阿-萨哈里山的六十多岁的知情人告诉我们："我的祖母给我讲过，那位高派的（suf ufella）[①] 首领曾经离开家，在哈姆拉瓦（Hamrawa）河谷生活了 22 年。实际上，被打败的一派不得不抛弃他们的妻子和孩子。总的来说，两派人之间的敌对形势是如此严峻，以至于结婚几乎变成不可能的事。然而，有时为了确定两派间或者两个家庭间的和平，人们会以两个有影响力的家庭间的联姻来作为争执的终结。在这种情况下，没有任何一方会遭受羞辱。争执之后，两派联合起来确保和平。双方阵营的领袖带来一些尘土（poudre），人们把它们放入芦苇再相互交换，这就是和平（aman）。"

另一种可以替代的选择却有着完全不同的意义，甚至是完全相反的含义。主动冒犯别人的一方可能在身体力量上、声望上或者是他所在的群体的重要性或权威性上，处于高于、等于或者低于被冒犯者的情况。即便名誉的逻辑要求双方承认名誉上相等的地位，人们却不会忽视事实上的不平等。面对那些说"我也有胡 35

① 请参见第二章尾注 38。——译者注

子”的人，一个谚语可以很好地回应：“兔子的胡子和狮子是不同的。”如此一来，一整套极端细腻的自然产生的案例学（une casuistique spontanée）就产生了出来，我们现在就来分析一下。也就是说，被冒犯者至少在理想情况下有迎击的能力，而他却表现得无法迎接挑战，因为胆怯或者脆弱回避或者放弃回应的可能性，他在某种程度上选择了使自己进入一种无法挽回的被羞辱的状态（ibahdal imanis 或 simanis）。他直接在这场他原本应该参与的游戏中宣布自己失败。保持沉默也可以被视作拒绝反击的一种表达：受到冒犯的一方拒绝把它视作挑战，并且为了显示他的蔑视，雇用杀手，使冒犯报复到始作俑者身上，令后者处于被侮辱的状态。[12]同样，在礼物交换中，收到礼物的一方可以通过讨厌礼物、立马归还或者在很久以后还以一模一样的礼物来表示他选择拒绝双方的交换。在这种情况下也是一样，交换就此停止。简而言之，在这一逻辑里，根据挑战和反击的规则，只有竞相抬高价格，以挑战来回应挑战才能表示加入游戏。

现在我们来看看冒犯者面对被冒犯者处于无可非议的优势地位的情况。名誉的法则以及负责让人们尊重这一法则的舆论，要求被冒犯者做到一件事：接受挑战，加入名誉的博弈中。只有逃
36 避挑战的态度是受到谴责的。不过被冒犯者不需要战胜挑战者，并以此来在舆论中重建自己的名誉：大家不会指责一个完成了自己的任务的失败者；事实上，如果他遵守了斗争的规则，那么即使被打败了，他也仍然是名誉的法则上的优胜者。并且，耻辱也是落在冒犯者的身上，因为他虽然在对抗中取得了胜利，却双倍地滥用了自己的优势地位。被冒犯者也可以不通过反击而把耻辱转嫁到冒犯者身上。他只需要表现出谦卑的态度，强调自己的弱

小，突出冒犯者的任性、滥用和过分。如此一来，有意无意地，他使用的便是名誉平等原则的第二个结论，也就是冒犯一个没有能力接受挑战的人是一种自取其辱的行为。[13]这一策略只有当群体中所有人对双方的实力差距都无异议的情况下才可以实施；对于被整个社会视作弱者的人、食客（Yahd itsumuthen，靠别人生存的人）或者一个小家族（ita'fanen，贫瘠的、弱小的）的成员来说，这是一种惯常使用的策略。

最后我们来讨论冒犯者对于被冒犯者来说处于劣势地位的情况。被冒犯者可以反击，但他会触犯名誉平等原则的第三条结论。如果他滥用他的优势地位，那他就要准备遭受耻辱，这些耻辱原本是会落到冒失且没有常识的冒犯者身上的，因为他表现得令人轻视且自以为是。最有智慧的方法是建议他以"蔑视的打击"来回应。[14]他应该如大家说的那样"让他去叫嚣，叫到自己都烦了"和"拒绝和他一较高下"。避免反击不会被看作怯懦或者弱小，耻辱自然会落回到自大的冒犯者身上。

虽然我们可以把已经经过众多评判或者反复陈述的一个个案例在这里详尽地展开讨论，但在通常情况下，不同类型间的区别并不是这么清晰。因此，每个人在面对舆论审判或与舆论合谋的过程中，都可以采用一种模棱两可的态度和能以不同类型的情况来解释的举动，正如因为胆怯而不敢回应和因为蔑视而拒绝回应之间的区别是很微小的，轻视对方总是被用来掩盖自身的懦弱。但每个卡比尔人都是案例分析的天才，而舆论的法庭总能做出一个判决。 37

名誉的辩证法的核心动力源是名誉点，也因此人们总是倾向于选择反击。实际上，除了文化传统不给当事人以任何逃脱名誉的规则的机会的情况，一个群体给个人施加最大压力的时刻是需要做出选择的时刻：压力首先来自家庭成员，他们随时准备接替撑不住的人。像土地一样，名誉是全家共有的，一个人的耻辱便是所有人的耻辱。来自氏族以及村落的压力很快就会来谴责和唾弃懦弱或者顺从的行径。当一个人处于必须对一次冒犯进行反抗的境况时，他周围的所有人都会小心地避免和他提起这件事。但所有人都会看着他，并猜测他的意图。不安的气氛笼罩着所有人，直到他和长老们召集家庭会议，并向所有人宣布他的计划那一天。一般情况下，大家会给他提供帮助，可以是给钱，让他雇杀手，或是在他坚持亲手报仇的情况下，陪伴在他左右。根据习俗，他最好拒绝这一金钱上的支援，并提出希望别人能在他失败的情况下继续他未竟的事业的要求。家庭的所有成员像一只手上的手指一般，为了保护名誉，只要需要，都会按照长幼次序投入到复仇的事业中。如果被冒犯者下不了决心，既不公开放弃复仇，又三
38 番五次地推迟执行复仇的时间，那家庭成员们就会开始担心了。家里的智者们（sages）就要开始商量，他们中的一个人会受命来提醒这个人他应尽的义务，催促乃至责令他完成复仇。当这一按规矩办事的要求没有收到成效时，这个被冒犯者甚至会受到威胁。最后，另一个人会代替他完成复仇，而他也会在别人眼中身败名裂，然而，敌对家族并不会因此而忽视他的责任，他仍然无法免于成为血仇复仇的对象。他受到懦弱和复仇双方面的影响，也就只能像人们说的一样选择“倒退”或者被驱逐。(Aït Hichem)[15]

人们在其他人面前才能感受到名誉。名誉点首先是指不惜一切代价地在别人面前维护自己的一个特定形象。“好男人”应该时刻保持警醒状态（homme de bien，argaz el‘ali)，审视自己说的每

一句话，因为每一句话都像“出膛的子弹”，无法收回。更何况他的每一个举动、每一句话都代表着他所属的群体。如果说“动物以兽爪来彼此交流，男人们则以话语相互沟通”。一无是处的男人（homme de rien）与上面表述的正相反，他被称作“ithatsu”——“习惯遗忘的人”。他记不住他说的话（awal）、他的许诺、他欠下的名誉债和他的义务。“一个伊尔梅门（Ilmaymen）的男人有一次曾说他希望自己的脖子和骆驼脖子一样长，这样，他说的话从心里到舌尖就会有很长一段路要走，他也就可以有足够的思考时间。”这很好地说明了说出的话和发过的誓的重要性。还有句谚语说：“总是遗忘的男人不是个男人。”他忘事儿的同时，也忘记了他自己（ithatsu imanis）。人们还说：“他以自己的胡子为食。”他忘记了自己的祖先和应向他们致以的尊重，也忘记了他作为后代应该有的自尊。不自尊的男人会把自己私密的一面、自己的情感 39
和弱点展示在别人面前（mabla d'ardh，mabla lahay，mabla erya，mabla elhachma）。而明智的男人正相反，他懂得保守秘密，会时刻证明自己的谨慎和低调（amesrur，amaharuz nessar，小心翼翼地保守秘密的人）。一种持续不断的自我监督对于这一准则来说是必不可少的，而这也是社会伦理中根本的一条，它要求人们不突出自己，并在最大限度上削弱自己更深层的人格，无论是一致性上还是独特性上，都应把它藏到自己的羞耻心和审慎态度之后。“只有魔鬼（chitan）会总说我。”“只有魔鬼总从他自己出发。”“集会就是集会。”“只有犹太人才总是孤身一人。”所有这些谚语都说明了同一件事：强制每个人否定内在的自我，这一特征体现在为了团结互助而做出自我牺牲上，还体现在合乎时宜的羞耻心和审慎态度上。与此相反的便是那些没有表现出理应具有的仪态的人的情绪，他们流露出不耐烦和气恼情绪，他们乱说话，还冒失地大笑，陷入忙乱或过度的慌张中，不想清楚就急于求成，坐立不安，大喊大叫（elhamaq），简而言之，进行的事情一开始就放弃，缺少始终如一的自我（fidélidé *à* soi），无法保持自己值得尊敬的、卓越的并知廉耻的形象。所有这些品德都可以用一个词来总结：尊严（elhachma）。一个有名誉的男人首先是一个始终如一的人，因为他致力于保持自己完美而值得尊敬的形象——沉着的、审慎的、语言上有所保留的，他总是在权衡利弊（amiyaz 与 aferfer 相反，后者指的是表演杂耍的人、轻浮的人；它也与 achettah 的词义相反，后者是舞蹈者的意思）。他说一不二，而不是用耍滑头来逃避责任，或者以“可能吧”“谁知道呢”来回应别人。这些都是女人的回答，也只有女人才能这样回答别人。男人是说到做到且忠于他说的话的，像人们说的那样“这是个男人，说话算话”
40 （argaz，d'wawal）。名誉点对于每一个人来说是道德上的基石，只有通过别人的注视才能获得。而对于一个人来说，他的存在需要别人的在场，否则他无法区分自己树立的自我形象和别人反馈给他的个人形象之间的区别。“男人在男人们中才是男人；只有真主自己就是真主（argaz sirgazen imanis）。”有名誉的男人同时是品性正直的，也是有着好名声的。与耻辱相反，受人尊敬首先是社会性的，无论是获得尊重还是维持被尊重的地位都需要在别人面前进行。在受人尊重的情操中，果敢和慷慨（elhanna）是最高尚的，而最丑恶的便是软弱和猥琐，例如遭受冒犯时不要求他人道歉。

舆论的压力也是名誉交易的一个根本的动力。人们会彻底忽视那些放弃复仇的人。这也是为什么最“没心没肺”的男人（ul）也总是有足够的廉耻（hachma）来为自己复仇，即便总的来看该

人的荣辱心并不强。那些用在不体面的情况下的套话很能说明问
题：“我要如何面对别人?”“在别人面前，我再也没法张嘴说话
了。”“大地不会再接纳我的!”“我的衣服都从身上滑下来了。”作
为名誉点的反面，对于集体的斥责和耻辱（el'ar，lahya，el'ib ula
yer medden）的恐惧在本质上决定了即便是最没有名誉的人也要顺
应名誉的要求，受到其约束并被迫遵守其规定。[16]在像卡比尔人的
村落这样的熟人社会里，言论带来的控制时时刻刻都存在着：“如
果说谁的田里荒芜着，那便是这个人心里荒芜，缺少实干精神。”
被关在这个人人彼此熟知的小世界中，所有人都没有出路，不得
不和他人一起生活，忍受他人的注视。每个人对于“别人的言论”
（awal medden）都有着一种深切的焦虑，因为它“沉重、残忍、毫
不留情”（les Issers）。是全能的舆论决定着一次冒犯是否成立及其 41
严重性，也是舆论这一“无冕之王”要求着冒犯者的致歉。比如
说，与那些偷窃存放在户外的粮食或者牲畜的小偷不同，一个潜
入了别人住宅的小偷要面对的是血仇的报复，因为人们很快会想
到女人们的名节没有被尊重。正是这些对于他人行为的过度关注，
以及相伴而来的对道德判断的执着（hantise），让所有想要打破名
誉规则的尝试都变得无法想象和令人鄙视。

所有的交换都或多或少地隐藏着挑战，而所有的沟通行为，尤其是礼物交换（échange de don）都是在挑战和回击的逻辑中进行的。[17]但在沟通的必要性、言论上的挑战以及压制对方的欲望三者之间要取得一个平衡。把别人置于一个过于难以回应的挑战中，会导致沟通的戛然而止。此外，沟通总是建立在契约和冲突之间的相互妥协之上。慷慨的交换总是倾向于演变成相互馈赠上的竞争；最贵重的礼物，因为阻断了对方回馈等值礼物的可能，而把

对方置于羞耻之中。正因如此，客人们在重大家庭节日上公开赠送的礼品，总是衍生出名誉上的竞赛和最终导致破产的礼品价格上的竞争。为了避免这种情况，有时人们会限定礼品的价值上限。同样的道理，在婚礼或者割礼的时候，各家各户为了树立名誉点，会冒着破产的风险而举行极尽奢华的仪式。尤其在一个女孩要嫁到其他村子时更是这样。同一个家庭里的成员们之间有时也会出现这种竞争意识，比如说当一个女人要嫁女孩的时候，在女人们
42 （妯娌、母亲）之间会出现这种情况。人们曾经跟我讲述过，在1938年，一个阿特沃格力斯（Ath Waghlis）部落的男人曾经在他的第一个女儿出生时花费3 000法郎来置办礼品，也就是1 400头牛、15只家禽、300法郎的羊肉、20公斤咸肉、20公斤肥肉以及油、咖啡、粗面（semoule）、25套衣裳，等等。同一个部落的另一个男人，在同样的场合下，为了给女儿最好的名分，卖了他拥有的唯一一块田地。然而人们一般来说会一致反对“魔鬼的名誉点”（nif nechitan）或者愚蠢的名誉点（thihuzzith），也就是那些自鸣得意或者为了一点儿小事而生气的行径，这些都是把一个人的名誉置于没有意义的琐事之中，或者陷于导致破产的名誉竞争里。据说，“一个毫无损失的人不会招致羞辱”，他只会因为虚荣而破产（urits-sathhi had galmadharas）。但是，如果说交易本身总是有潜在性的矛盾，那是因为牵涉到名誉点，因为名誉上的矛盾本质上是一种交换，正如人们在外国人和敌人之间做着明显的区分那样。因为名誉的树立总是带有一种倾向，让压制对方的意愿强于交流的意愿，所以名誉的树立的过程总是带有决裂的危险。但与此同时，它也激励着以说服对方为目的的交流的延续。

虽说冒犯本身不是必须含有羞辱的意思，但是冒犯这一举动

本身却给反击留下机会，冒犯这一举动本身就确认并承认了这一机会的存在。蒙受羞辱在推迟报复的时间里只是一种潜在的可能性，但随着复仇行动的延迟，蒙羞本身会变得越来越有真实性。因此，考虑到名誉，冒犯和致歉之间的间隔时间越短越好：一个大家族总是有足够的人脉和气势来避免长时间的等待；大家族总是以其名誉点、敏感性和决断力而确立其地位，而这些正使它处于一个免于遭受冒犯的状态，因为它可以马上对任何侵犯予以反 43
击，这些特质对潜在的冒犯者构成了威胁，一刻不停地给他们施加着压力。当人们要对一个大家族表达敬意时，他们会说“这家人可以夜不闭户”，或者说“这家的女人可以独自上街，她们的头上都顶着光环，没有人敢侵犯她们”。有名誉的男人，也就是那些被认定为“称职的男人”（thirugza），总是非常谨慎。如此，他便总是可以避免不可预料的袭击，而且“即便他本人不在家，他家里也肯定有人”（El Kalaa）。但事情也不总是那么简单。据说当有人问传说中的人物德杰赫（Djeha）何时会为他的父亲报仇时，他回答说：“一百年后。”此外，人们也总会谈起走每一步都十分注意分寸的狮子的故事，它说：“我不知道我的猎物在哪里。如果它在我前面，我总有一天会追上它；如果它在我后面，它最后一定会遇上我。”虽然关于名誉的这些事情从外来观察者的视角来看，是外在的、已然的（fait accompli），像是一系列已经被规定好顺序的、必须严格执行的必备步骤，甚至可以被描述为一系列仪式，但客观来看，所有这些行为的必然性都是事后（post festum）才存在的，其实每一个时间点都是一个抉择的结果和一个策略的表达。而被我们称作名誉感的东西事实上是且仅仅是一个被教养出的倾向性（disposition）、一个惯习（habitus），它使得每个社会行动者

(agent) 可以通过几个不言自明的原则推导出所有符合挑战和反击逻辑及其相应规则的行动，且推导的结果仅限于这些规则内的行动。鉴于人们有如此之多的创意，产生于名誉感的行为量远远超越一个一成不变的仪式可以要求人们做到的。换句话说，即便我们在事后回想时可以解释每一个选择背后的道理，这也不意味着我们可以像对待那些嵌在严格规定了动作顺序的程式化仪式中的
44 动作一样，完全预见所有这些行动。前面说的这些不仅仅对观察者有用，对于行动者们来说，也有帮助他们寻找实施策略的时机的作用，因为对于他们来说，对方有可能发动反击的时刻是相对无法预见的。但也不是只有那些最仪式化的交换，也就是说所有行动的时间点和进行过程都受到严格规定的交换，才允许不同策略的对峙。在行动者掌控所有规定动作发生的时间点之间的空当的前提下，他们可以通过控制交换过程的节奏来影响对手。我们知道，马上对一个礼物做出回礼导致的结果是交换被中断，因为两个时间点之间的空当被完全抹杀。同样，我们应该严肃地看待德杰赫和狮子这个寓言故事教给人们的道理：通过控制时间节奏，把仪式化的交换转变为策略上的对峙，是对一个人的杰出特质的展示，而定义“杰出”的是对“遵循某些模式来采取行动的行为方式”的完美掌握。因此，当为了结婚，征求一家之长的同意的时候，如果他打算拒绝，就应该立马回复对方，但如果他打算同意，那几乎总会拖延一些时间才回复对方。这样做，他可以尽可能长时间地保持自己在场景中的优势地位（因为他是被请求的一方），而这一优势地位可以和结构上的劣势地位并存（被求婚的家庭总是比前来求婚的一方社会地位低一些），而这一暂时的优势地位具体地表现为初始关系的失衡，并逐渐以两个家庭相互交换的

礼物为依据发生转变。同样，无论是遭遇到挑衅还是暂缓的矛盾，无论是包含着挑衅的复仇还是以反击为目的的复仇，一个娴熟的策略家都可以让它们变成权力的工具，使它们转变成随时可以重新开战的主动权，或者停止敌对状态的决定权。

名誉点和名誉：nif 和 hurma 45

虽说一些家庭和一些人可以幸免于有意识地发动的对其名誉的侵犯，但所有人都无法免于遭受无意间触及其名誉的侮辱。但是单纯的针对名誉点而发起的挑战（thirzi nennif，发出挑战的事实。sennif，因为 nif，就是可以！我向你发出挑战！）并非损害名誉的冒犯（thuksa nesser，thuksa laqdhar 或 thirzi laqdhar，剥夺或破坏尊重；thirzi el hurma，把一个人置于受辱的状态）。人们嘲笑那个不熟悉名誉规则的新贵，他为了弥补一个触及他名誉（hurma）的冒犯，挑战他的冒犯者，要求和他赛跑或者比拼谁能拿出更多钞票。他显然是弄混了两个完全不同的事情，没有弄清什么属于挑战，什么属于冒犯。而这两个范畴的划分是文化里最基本的分类，包含着最神圣的价值，决定了整个神话仪式体系（见图 1-2）。

名誉与名誉点是相对立的，前者通过一个群体展示出来，而 46
正因为后者的存在，人们在遭受到侮辱时会作出回应。名誉点和名誉是截然不同的两个东西，而整体来说，神圣（haram）就是禁忌，或简单地看作圣域。因此一个群体的弱点便在于其所保有的最神圣的部分。只有当挑战触及名誉点的时候，侮辱才玷污了禁忌，成为渎圣。所以在面对损害了神圣的情况时，人们拒绝考虑所有协调解决或者回避事实的可能性。总的来说，大家都坚决地

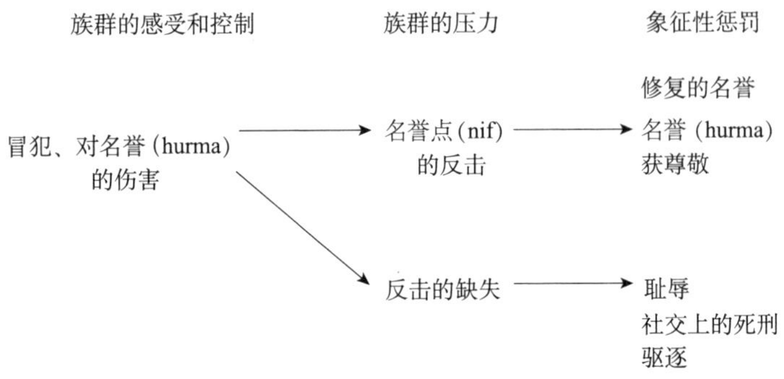

图 1－2　名誉点和名誉关系图

拒绝赔偿金（diya），也就是杀人者家族支付给受害人家族的赔偿。那些接受了赔偿金的人会被说成“这个男人愿意喝他兄弟的血；对他来说，只有填饱肚子这一件事”（Aïn Aghbel）。只有在名誉受损以外的情况下，人们才会接受赔偿金。之后，是冒犯和复仇机制在实施过程中的精确性，把它和挑战与反驳的辩证关系区分开来。公众舆论以证人和裁判的角色，做出最终的决断，判断冒犯的严重性以及复仇的方式是否合适。当名誉受到损害时，无论是间接的还是不小心被损害的[18]，舆论的压力都会直指复仇，其他一切都不予以考虑；而没能复仇的人会从此被视作缺乏名誉点的懦夫，被置于羞耻和被驱逐的处境之中。如果说名誉被定义为可以丧失或者可以被破坏的（thuksa elhurma，thirzi elhurma，剥夺或者打破 hurma），或者直接被看作潜在的耻辱，那么名誉点虽然无法保护名誉免受所有伤害，却可以使后者得到完全的恢复。于是名誉的完整性随着名誉点的完整性而变化；由于名誉本身的性质，它总是暴露在外，神圣且有被亵渎的可能性，所以只有小心翼翼地积极地保护名誉点，才能保证名誉的完整性，而社会只会重视和尊敬那些有足够名誉点来维持其名誉免受侵犯的人。

当人们从敬意这个层面来谈论名誉的时候，会用 sar 这个词：essar 也是秘密、声望、影响、光荣、风采的意思。人们会说某人 47
“光荣（essar）与他相伴，照亮他的周围”，或者人们还说他被“秘密（essar）的屏障所保护（zarb nessar）”。有声望（essar）的人免于遭受挑战，因为他可以使潜在的冒犯者感受到恐惧（alhiba），或者因为他的神秘的影响力，他可以剥夺潜在的冒犯者的行动能力。使某人感受到屈辱，也就是“剥夺他的声望”（也可以说“剥夺他的 lahya，即尊严”）：声望，这一构成男人名誉的不可名状之物，难以估量的同时也非常脆弱和易受损害。卡比尔人会说：“声望的斗篷不是系上的，而是几乎要掉下来一般披在身上的。”(Azerou n-chmini)[19]

名誉的神圣层面上的意义，也就是名誉点，与名誉从威望层面来讲的意义是密不可分的。也就是说，一个家庭越是易受攻击，就应该有越多的名誉点，以便保护它的神圣性，而舆论也会赋予它越多的功德和尊重。从这个角度来看更容易理解为什么贫穷不仅不与拥有威望相抵触，也不阻碍后者的获得，人们反而高看那些虽然贫穷并处于特别容易遭受羞辱的境地，但最终赢得尊重的人。[20]反之亦然，名誉点只对拥有神圣的、需要他保护的东西的男人来说才有意义和作用。一个没有圣物的人也就避开了名誉点，因为他从某种程度上来说是无懈可击的。[21]简而言之，如果说神圣性只在名誉的意义层面上，通过后者对它的保护而存在，那么名誉感便是在神圣性所代表的意义中找到其存在的理由。

所以名誉应该保护和守卫的神圣性是如何定义的呢？卡比尔

人的智慧是这样回答这个问题的："房屋、女人和枪。"在这个父系社会（filiation patrilinéaire）中，人们特别强调男女关系的两极化，这体现在依据相互补充又相互对立的两个原则上，整个意象（représentation）系统和价值观体系被一分为二。属于神圣的（也
48 便是禁忌的），本质上是不纯洁的神圣（sacré gauche）①，也就是说属于内部的，更准确地说属于女性世界的，属于秘密的世界以及住宅封闭空间的；与之相对的，是外部的，是属于开放的公共空间的和属于男人的。纯洁的神圣事物（sacré droit）基本上指的是"枪杆子"，也就是说父系族群，"叔伯的儿子们"，所有属于这个群体的人如果惨遭杀害，都要血仇血报，而所有属于这个群体的人都肩负着报仇雪恨的义务。枪是代表整个父系群体的名誉点的符号，也是其化身。这里说的名誉点，指的是可以被挑战，也可以用来接受挑战的名誉。[22]于是，名誉点有着主动的敏感性和雄性的天然属性，与名誉的被动性这一女性的天然属性相对立。如果名誉被认为是不纯洁的神圣，基本上是女性的，那么名誉点便完全代表了雄性的美德。

纯洁的神圣和不纯洁的神圣的对立关系，正如神圣和名誉点之间的对立关系一样，不排斥它们之间相互弥补的关系。事实上，正是出于对纯洁的神圣、对姓氏和父系家族的声誉的尊重，人们的不纯洁神圣遭受冒犯时，人们才会发起反击。名誉不仅仅是有价值的、宝贵的或者是值得珍惜的（el'azz），它更是比最值得珍爱

---

① 作家、社会学家罗歇·凯卢瓦（Roger Caillois）把神圣（sacré）分成不纯洁的神圣（sacré gauche）和纯洁的神圣（sacré droit），不纯洁的神圣是不洁的、邪恶的，由死亡力量组成，而纯洁的神圣是良善的和具有神性的。请参考 Callois，Roger（1950），*L'Homme et le sacré*，Paris，Gallimard。——译者注

的东西还要宝贵，而我们不应该弄混它的神圣的价值和情感的价值。保卫神圣性的义务对每个人来说是强制性的且不容置疑的，无论保护纯洁的神圣，比如保护族群里的一个男人，还是保护不纯洁的神圣，也就是保护那些脆弱的、污秽的、不祥的女人，一个有名誉的男人一定会为自己雪耻，完成复仇，并因此而受到整个族群的赞赏。正如被所有人称赞的谢里夫（Chérif）先生，作为父亲和阿姆拉沃（‘Amrawa）地区的一个伟大的修士家族的一家之长，他杀死了其有罪的女儿，人们还说“这个谢里夫先生真有骨气”。这里展现的是人们对纯洁的神圣的尊敬，也就是家庭荣誉。
这正是人们对所有针对不纯洁的神圣，也就是针对一个群体暴露 49
出来的弱点实施的侵犯都发起复仇的缘由。

因此，名誉点也就是对于家庭荣誉的忠诚和对于依附于名誉的事物的忠诚，包括体面和敬重两个层面，也包括祖先给予的姓氏及依附于其上的声誉，整个宗族的名声应该保持不被任何事物玷污，应该避免所有冒犯或者不符合身份地位的联姻。作为最重要的德行和整个父系社会系统的基石，其实，名誉点本质上就是一个合格的成员应具备的对其宗族的崇敬。一个人的祖先越优秀或品德越高尚，他就越有骄傲的理由，因此，他也需要对任何有伤家族名誉的细节格外敏感，以便保护好这一名誉的价值，使之配得上与之相伴的高贵品德。此外，虽然出身很重要，但是它并不能完全决定一个人是否为贵族身份；贵族身份也可以通过一个人的品德和造诣来获得。一个宗族显赫的名声和纯洁的血统带给每个成员的是更多的义务，而非特权。姓氏显赫的人，也就是那些出身名门的人（ath la‘radh）没有任何借口可以逃避这些义务。

神圣和名誉点之间的对立关系以及纯洁的神圣和不纯洁的神

圣之间的对立关系都是通过一系列相互对称的对立关系来表达的（见图1-3）：女人和男人之间的对立关系，前者带有不祥的、不洁的、有破坏性的以及可畏的力量，而后者被赋予了有益的品德，同时具有授孕的能力和保护的力量；魔法和宗教之间的对立，前者完全是属于女人的事物，在男人面前被掩盖起来，而后者完全是男性的；还有象征着罪恶和羞耻的雌性性征与象征着力量和威望的雄性性征之间的对立。[23]内部和外部之间的区别，是纯洁的神圣和不纯洁的神圣之间的对立关系的另一种表现形式，它以一种具象的方式通过女性空间和男性空间之间清晰的区隔来表达。女性空间是封闭的、私密的、被保护的，如住宅和花园，是完全属于神圣的空间[24]，禁止所有入侵和窥视；而男性空间，指的是集会的地方，或是清真寺、咖啡馆、田地或者市场[25]。一边是私密
50 的场所，整个空间都笼罩在羞耻的意味之下，而另一边是面向所有社会关系、政治以及宗教生活开放的空间；一边属于感官和情感生活，另一边则属于男人与男人之间的往来、对话或者交换。在城市中，男性空间和女性空间相互穿插影响，因此存在幽禁女性以及强制戴面纱的规定，以此来保证私密性。但在卡比尔人的村落中，戴面纱的传统并不存在[26]，两种空间被清晰地区分开来：通往泉眼的路总是绕开男人们活动的区域，最普遍的情况是每个家族（thakharrubth 或者 adhrum）在它的居住街区或者居住区所处的地方有自己的泉眼，以便女人们在去打水的时候可以避免被族群外的陌生男子看见。（Aït Hichem）当条件不允许这样的时候，空间上的对立所发挥的功能由时间上的区分来填补：女人们必须在特定的时间前往泉眼处，比如在入夜时分，男人如果在这一特定的时间段里窥视她们是会被鄙视的。泉眼对于女人们来说就像

是集会的地方对于男人们的意义一样：这里是她们交换新闻和聊天的地方，她们聊的通常是男人们无法不知害臊地谈论的话题，所以男人们都是通过女人们获得这些信息的。男人们应该属于的地方是外面，在男人们组成的群体中，在田地里或者在集会的地方：这是人们从小就学会的。人们总是对白天待在家里的男人表示疑惑。值得尊敬的男人应该让别人看到自己，应该展示自己，永远处于别人的目光之下，面对别人（qabel）。这也是为什么女人们总是说男人们不了解家里发生的一切，并且总是重复这些套话："啊，男人们，这些不幸的可怜人，整天在田地里，像牧场上的小驴似的。"（Aït Hichem）所有事情里最重要的一件，是私人领域的事情都应该全部被掩盖起来：在任何情况下，内部的纷争不和、51
失败和不足都不应该展示给群体外的陌生人。一层套一层的集体组织，像是一个个秘密的禁区组成的大小不一的同心圆：住宅是族群以及族群内部一个分支的私密处，它在村落中心，而村落本身也在面对其他村落的时候把自己的私密处封闭起来。在这一逻辑下，处于封闭世界的中心的女人们的精神世界基本由负面的命令组成，而这也是一件自然而然的事情了。"女人应该对自己的丈夫忠诚，她应该把家庭经营好，她应该保证孩子受到良好的教育。她尤其应该保守家庭内部的秘密，无论在私下里还是在陌生人面前，她永远不应该贬低她的丈夫或者羞辱他（即便她很有理由这么做，并且有足够的证据），这些举动会让她丈夫必须休掉妻子。她应该表现得非常满足，即使她的丈夫非常贫穷，从市场上什么都带不回来；她不应该掺和男人们的谈话。她应该信任她的丈夫，避免对他产生怀疑或者寻找不利于他的证据。"（El Kalaa）简而言之，她永远都是"某人的女儿"或者"某人的配偶"，她的名誉被她所属的整个父系群体的名誉替代。她还需要时刻注意群体的名誉和威望不因为她的举动而有任何变化。[27]她是秘密的守护者。

不纯洁的神圣	**纯洁的神圣**
女性，女性特征	男性，男性特征
掌握权力的女性	掌握权力的男性
邪恶的和肮脏的	良善和保护性的
笨拙，扭曲	灵巧，正直
脆弱性	守护性
裸露	隐修，衣服
内部	**外部**
女性的领域：	男性的领域：
住宅，花园	集会场所，清真寺，田野，市场
封闭的世界和私生活的秘密	开放的世界和公共生活
饮食，性	社交活动和政治活动交易
潮湿，水	**干燥，火**
……	……

图 1-3　一系列相互对称的对立关系

从另一边来看，对于男人来说，最重要的事情就是保守、掩盖家里和私生活中的隐私。私下里，他们首先不会以配偶的姓氏来称呼自己的妻子，更少会以名字来称呼她们，他们总是把她们改称为“某人的女儿”“孩子他妈”或者“我家里的”。在家里，丈夫永远不会在别人面前和自己的妻子说话；他会以动作示意、低咳几声或者以长女的姓氏来叫她，而且不会表达丝毫的爱意，尤其是在他自己的父亲或者兄长面前。

52 在其他人面前说出妻子的名字是一件非常耻辱的事情。人们经常讲起男人们去给新生儿办身份文件的时候，固执地拒绝说出妻子的名字；同样，可以没有任何困难地说出父亲名字的小学生们，总是羞于告诉别人他们母亲的名字，大概也是害怕受到羞辱

（用某人母亲的姓氏来称呼某人，便是在骂他是杂种），甚至是害怕遭受诅咒（我们知道，在施魔法的时候，用的都是母亲的姓氏）。依照社交惯例，人们从来不会和一个男人谈论他的妻子或者他的姐妹，这正是因为女人是令人羞耻的事物之一（阿拉伯人说lamra‘ara，“女人就是耻辱”）。当人们谈论起的时候，都会加上ḥachak，“在尊敬的您的前提下”（sauf votre respect）。这也是因为女人对于男人来说是所有事物中最神圣的，正如誓言中常用的一句话说的那样：“愿我的妻子是清白的”（thaḥram ethmaṭtuthiw）或者“愿我家里是清白的”（iḥram ikhamiw）（如果我没有做这件事的话）！

所有明显属于自然领域的都是隐私，也就是所有关于身体和 53
各个器官的运转的，以及所有关于自我和个人感受、个人情感的领域都是隐私：名誉要求一个人掩盖非常多的东西。所有涉及这些领域的东西，尤其是关于一个人性生活的事情都不仅仅是禁忌，而且是不可想象的。一个青年男子在婚前和婚后的数年间都处于某种隐居的状态，以便回避他父亲在场的所有场合，万一两者相遇了，对双方来说都是非常尴尬的情况。相应地，处于青春期的女孩会用一种以扣子绷住的带衬的束胸紧紧地勒住胸部；此外，当着她父亲和兄长的面，她要双臂交叉抱在胸前。[28]一个男人不可以和自己的父亲或兄长谈论年轻女子或者家里人不认识的陌生女人。接下来，到了父亲想了解儿子婚姻大事的时候，他只能通过亲戚朋友来打听儿子的情况。和父亲或者兄长进入同一个咖啡馆的情况也是要避免的（父亲和兄长也同样要避免这一情况），而他们更有理由避免一同听云游诗人吟诵放荡的诗篇。

同样，食物也不应该作为谈论的主题。吃饭的时候，人们从

来不会互相祝愿有好胃口，只祝吃饱。出于礼貌，宴请宾客的主
人会不停地请客人们添饭，与此同时，客人们应该尽可能不动声
色地享用餐食。在马路上吃东西是不体面且不知廉耻的。在市场
上吃午饭的时候，应该退到一个远离人群的角落里进食。当人们
随身带着鲜肉的时候，通常会藏在包里或者斗篷里。在饭桌上，
人们强调的不是进食，而是一起吃东西，分享面包和盐，而这也
是建立同盟的象征。对感受的表达也是一件极端耻辱的事情，即
便是在家里，夫妇之间或者父母和子女之间，也需要保持非常节
54 制和矜持的状态。羞耻（hachma，还有 lahya）支配着所有人与人
之间的关系，即便是在家里，它也扮演着保护神圣性和秘密的最
基本的角色。谈论自己的人会被视作失礼和自吹自擂的人：他不
懂得遵从群体对于个人的无名化的要求，而这是社交惯例中最基
本的一条，它也要求人们出于礼貌使用“咱们”，或者用无主语的
句式来谈论自己，人们通过前后语境自然会明白他说的是“我”。

此外，还有其他一些与名誉相关、建立在最基本的对立关系上的原则，它们决定了性别间的劳动分工，或者更具体地说，它们分配了对于男人和女人来说不尽相同的被视作体面的或是可耻的行为举止。总的来说，依据神话仪式（mythico-rituelle）中对于生命、事物和行动的区分，大部分女人应该完成的工作对于男人来说都是可耻的。查努亚（Chenoua）的柏柏尔人不能当着陌生人触碰鸡蛋或者母鸡。所以那里的男人们也被禁止带鸡蛋和母鸡到市场上贩售，这是女人和儿童该做的事情。问一个阿什危人（Achenwi）是否有鸡蛋卖是对他的一种侮辱。男人们只有在家里才能宰鸡或者吃鸡蛋。[29] 在卡比利亚（Kabylie），我们可以观察到一些相似的但是多少有些变化的传统。同样，女人可以坐在骡子

上，由她老公牵着笼头；但是相反，骑在驴身上本身则是一件可耻的事情。为家族带来羞耻的女孩会被要求坐在驴背上示众。另一个例子是对于男人来说的，对他们来说搬运粪肥是不体面的，因为这也是女人的工作。同理，搬运盛着水的罐子、搬运柴火也都是女人的工作。这些出于名誉考虑的伦理要求，如果我们割裂来看，貌似专断无理，但如果放到他们所处的神话仪式系统中来看，则正相反，是必需的。整套神话仪式系统都建立在男性和女性的对立关系上，而其他的对立关系，如纯洁的神圣和不纯洁的 55
神圣、内部和外部、水与火、潮湿与干燥，都是男女关系这一对立关系的体现方式。

同样的价值体系在儿童的早期教育中也起着主导作用。男孩从获得姓名的那一刻起，就被视作一个肩负责任的族群的代表，而且他自己也应该这样看待自己。我曾经听说，在大卡比利亚地区的一个村庄里，一个十来岁的小男孩作为家族的最后一名男性成员，前往一个遥远的村子去参加葬礼，和其他成年人一起出席了整个仪式。所有成年人的行为举止，所有关于启蒙（initation）或者重要人生阶段的过渡（passage）的典礼及仪式都旨在向男孩展示他作为男人的品质和相关的责任、义务。小孩子的活动，从他们年纪还很小的时候，就会依据理想情况下的名誉状态来评判其价值。父亲或者叔伯对孩子的教育都旨在发展孩子的名誉点以及与其相关的男性品质：斗志、果敢、气势、耐力。在这一由男人来塑造男人的教育过程中，强调的是父系氏族，是男性祖先遗留的价值观，整个家族的所有男性成员都是它的担保人和守护者。

我们发现，在婚姻交换的逻辑中，或者至少在行动者对这一过程的完美形态的设想中，神话仪式的分类法则同样是这一过程的基础。这样我们便可以理解早婚的现象：女人们本质上是邪恶的，所以她们应该尽可能早地被置于富有良善力量的男人们的保护之下。有一句话说“年轻女子就是羞耻”（al’ar thaqchichth），而女婿被称作“遮羞布”（seṭtar la‘yub）。阿尔及利亚的阿拉伯人有时把女人称作“撒旦的母牛”或者“恶魔之网”，以此来说明她
56 们与生俱来的邪恶。谚语说：“伸得最直的也像镰刀一样弯。”正如那倒向左边的萌芽一般，女人们不可能独立站直，只可能在男人们的善意保护下得以矫正。[30]我们虽然不企图理解所有婚姻交换关系中的客观逻辑，然而，我们可以观察到在这一关系中起支配性作用和合理化作用的原则。这一原则经常通过一种结构化的语言来表达，其依据便是神话仪式的分类法。人们经常使用这一原则来为婚姻的“理想形态”辩护，婚姻的“理想形态”也即与表姐妹/堂姐妹（cousine parallèle）① 结为连理。在人们为和同族表姐妹通婚做辩护时，最经常被提及的理由便是对家族血统的纯洁性和对家族名誉的完整性的顾虑。一个和表姐妹结婚的年轻男人通常会被说是“保护了他的表姐妹”，因为他使得家族的隐私和秘密得到了安全处置（详见本书第三章）。我们经常听说和同家族中的女性结婚的男子可以对他的老婆放心，因为她会努力守护丈夫的名誉，对家里的矛盾守口如瓶，且不会向娘家抱怨。和陌生人结婚被视作一种侵入，使人恐惧；和异族通婚的男子像是在保护家族秘密的篱笆上开了个口子。人们常说：“最好保护一个人的名

① cousin(e) parallèle是一个人类学上的概念，可以直译为“平行从表”，指的是父亲的兄弟们的子女和母亲的姐妹们的子女，也就是中文中的堂兄弟姊妹和母亲的姊妹所生的表兄弟姊妹。此处该词为阴性，指的是女孩，为了便于更直观地理解，我们在文中将其译为表姐妹/堂姐妹，特在此强调，须是母亲姐妹家的“表姐妹”。

誉，而不是把它交给别人。”

名誉观的“精神”

基于名誉的价值体系与其说是被思考出来的，不如说是行动直接创造出来的，而名誉基本原理可以直接定义正确的行为方式，而不必通过语言的中介。正因如此，对卡比尔人来说，当他们感到自己的某个行为给他们带来了耻辱或者显得荒唐可笑的时候，他们所处的场景就好像一个人意识到自己说的话里有语病，虽然他不一定掌握造成病句的具体的语法规则。这些规则根植于用于 57
认识世界的分类系统，而这一分类系统建立在从神话角度产生的对世界的理解上，所以，最难的或者说最无用的工作便是尝试区分那些被意识直接、明确地理解的部分和那些逃遁于无意识领域的部分。只需要一个例子便可以说明这一点。有名誉的男人，指的是那些正视一切的人（qabel），他们永远以直视对方的方式面对他人；直面他人（qabel）也有作为主人来招待某人的意思，并且表示很好地招待对方，展示出对客人的尊敬。人们经常根据一个民间的但很可以说明问题的词源来判断，认为 qabel 和 laqbayel（阳性，复数）一词同源，其词义是卡比尔人。[31] Thaqbaylith，是 aqbayli 一词的阴性名词形式，也是一个卡比尔人的意思，但指的是卡比尔女人和卡比尔语。这个词的词义还包括卡比尔的实质的意思（如果我们可以这么说的话），也就是说一个卡比尔人所具有的卡比尔特质——一个人作为卡比尔人无法不具有的卡比尔性，意即有卡比尔人特有的名誉感和自豪感。但是直面（qabel），也是面向东面（elqibla）和面向未来的意思。在卡比尔神话仪式体系中，东面和高处、未来、白天、男性、良善、右边和干燥等意象皆有着同源的属性（homologie），而这些意象与西方以及与其同源的低洼、过去、夜晚、女性、邪恶、左边和潮湿等意象相对立。我们调研中遇到的所有的知情者都自发地指出，直面他人这一品质是一个有名誉的男人应该具备的最基本的特质。从中我们可以看到，可以明确地表述出来的行为准则与神话仪式体系中暗含的原则是相通的，而前者又起到了掩护后者的作用。

名誉观的“精神”从原则上与普适的、正式的平等精神相抵触。平等精神确保所有人尊严上平等，以及由此引出的每个人在权利和义务上的一致。而名誉观的“精神”不仅把不同的准则施加于男人和女人，而且对于男人和女人应履行的义务也有不同的
58 规定，此外，每一条规定都直接适用于根据场景不同而不尽相同的特定情况，完全无法形成普适的准则。同一条准则可以规定依据社会领域不同而区分开来的完全相反的行为：一方面一条准则可以支配亲属之间的行为规范，并在更广义上支配所有以亲属关系为蓝本的社会关系中的行为规范（“无论对错，都要帮助自己人”），而另一方面它也可以是和陌生人相处的准则。面对这两种人的两种不同的态度理所当然地源于同一个基本原则，正如我们先前提到的那样，只有对待配得上的人时才需要以名誉规范下的方式行动。尊重族群内部的命令就是尊重自己，因为这一尊重源自名誉感。法庭作为专业化的机构，其职责是根据理性的、明确的法律准则来宣判其决定，而家族或者村里的集会和它比起来，更像是一个做裁决的议会或者一个家庭议会。集体的舆论既是法律，也扮演着法庭的角色和惩罚执行者的角色。所有家庭都会派代表参与集会，它是公共舆论的化身，证实和表达着公众的感受和价值观，因此它掌握着强大的道德权力。最让人惧怕的惩罚是

被列上黑名单或遭到放逐：所有遭受这一刑罚的人都被排除在肉食的集体分享之外，不得参加集会或其他群体活动，简而言之，这意味着一个人某种程度上的象征性死亡。每个村庄独有的习俗的汇编（qanun），主要用于列举其独有的被视作错误的行为以及其相应的处罚。比如说，阿古尼恩-泰泽朗村（Agounin-Tesellent）——阿克比尔（Ath Akbil）部落中的一个村落——的习俗汇编包含 249 条律令，其中 219 条是“镇制性”的（从涂尔干的意思上来说），占 88%，与此相对的 25 条是“赔偿性”的，占 10%，而只有 5 条触及政治体系的基础。习惯法，作为直接应用于特定情况的判例，而非对于一个通用规则在某一特定情况中的适用，是 59
先于它的表达形式而存在的。事实上，正义的基础不是一部正式的、理性的、明确的法典，而是名誉和公道的“感觉”。其中最基本的部分只能是暗含的，因为性质上它不可被讨论，事实上也不曾被讨论。最基本的东西是这样一组价值观和基本原则：它们的存在被整个群体承认，且它们是所有判例中做判断的基础。孟德斯鸠曾说：“名誉在法律不保护它时，能得到更好的保护；在法律没有相关规定时，名誉对人们的要求更高。”①

我们无法通过经济关系原本的样子，也就是说单单从利益原则支配所有社会关系的角度，来更好地理解或者构建它，而且这样下去经济关系的实质会一直被名誉关系和威望关系所掩盖。整个景象就像是这个社会拒绝直面经济现实，拒绝承认支配经济的原则和支配家庭关系的原则有所不同这一事实。所有交换中出现

① 原文为：Ce que défend l’honneur，est plus défendu quand les lois ne le défendent pas，ce qu’il prescrit；encore plus exigé quand les lois ne l’exigent pas. ——译者注

的结构性的模棱两可的状态便源自此：人们总是同时处于两个层面的博弈中——讳莫如深的利益层面和直言不讳的名誉层面。礼物交换的逻辑难道不就是一种超越或掩盖利益的计算的方式吗？礼物交换，像信贷一般包含着偿还更多的义务，这一义务在名誉层面上虽然是强制性的，但却是心照不宣的。在回礼（contre-don）被推迟的情况下，慷慨的交换不正是尝试着掩盖有利可图的却不能马上公布于世的交易过程吗？这一过程与“慷慨的馈赠者”形象所蕴含的意义正相反，以一个不连续的、看似没有回礼的礼物交换，来替代实际上的连续的馈赠—回礼的交易模式。还需要援引别的例证吗？根据习俗，卖家在做重大交易的时候，比如卖一头牛的时候，要公开地退还给买家一部分收款，以便于买家“给
60 孩子们买点儿肉吃”。而女方的父亲在收到彩礼的时候也会如此行事。一般情况下，最后总要经过一番激烈的“讨价还价”（Aït Hichem）。退还的部分越多，人们可以从中获得的名誉便越多，这就好像是给交易过程罩上了慷慨的光环，人们只有通过把讨价还价转换成名誉上的交换，才能公开进行激烈的议价，因为名誉上的比拼和对象征性利益最大化的诉求掩盖了对于物质利益最大化的诉求。[32]

1960 年 1 月于巴黎

注　释

[1] 本文曾以《卡比尔社会中的荣誉感》（The Sentiment of Honour in Kabyle Society）为题，刊载于《荣誉与羞耻》（*Honour and Shame*），J. Peristiany ed.，Chicago，The University of Chicago Press，Londres，Weidenfeld and Nicholson，1966。

［2］卡比尔人使用的关于名誉的词在表 1-1 中列出。Bahdel，是让一个人陷入耻辱的状态，侮辱他，完全地操纵他，完全打倒他并碾压他的人格，丑化他，简而言之，是把胜利夸张到超越合理的范畴。Bahdel 依据对手的身份，多少是应该受到指责的，尤其要看指责来自谁。至于 amahbul（无赖），人们不会说“我害怕他丑化（bahdel，动词）我”，而会说“我可不要和他扯上关系，让自己（我的精神，自我）出丑”。Chemmeth 有着大致相同的意思，并且使用方法也相似（ichemmeth iman-is：他名誉败坏）。

表 1-1　　　　名誉词汇表

名誉			遭受羞辱			神圣
名誉点	名誉	体面	羞辱行动	羞辱状态	违背荣誉的罪行	
nif *if* *anzaren* *thirzi nennif*	*el‘ardh* *laḥya* *riya* *elḥachma* *amesrur* (adj.) *amaḥruz nessar* *el‘ali*	*essar* *nur* *thaqbaylith* *thizugza* *thirujla* *chi‘a*	*bahdel* *‘ayer* *achuwah* *ḥachchem* *afdhaḥ* Noms d’action： *abahdel* *elbahadla* *aḥachchem* *thuksa nessar* *thuksa laqdhar* *thirzi laqdhar* *thirzi el ḥurma*	*ḥachma* *thibhadlith* *thim‘ayrith* *chuha* *elfadhḥa* *itswa‘ayer* (adj.) *inaḥcham*	*el‘ar* *al‘ib* *elkhazzwa* *tikhzi* *laḥram*	*elḥurma* *elḥaram*

［3］谚语是这么说的：“暴露自己兄弟的错误的人，也暴露了他自己。”“说自己人坏话的人（也就是说自己兄弟或者家人的坏话的人），还不如一头骡子。”（Its’ ayar imanis，daghyul akhiris.）

［4］小胡子（moustache）作为男性特质的象征，常被用来当作界定年龄的词语［“他的胡子”（sa barbe point），“他的小胡子”（sa moustache point)］，而小胡子也是名誉点的最主要的组成部分。胡子（barbe）也起到相同的作用，尤其在以前。当一个人谈论一次至深的凌辱时会说："这个人剃光了我的胡子（或者小胡子）。"

［5］一个不珍视自己名誉的人会被说"这是个黑奴"。对卡比尔人来说，黑人没有也不应该有名誉。他们被排斥在公共事务之外，即便他们被允许参加一些集体工作，他们也没有在集体大会上发言的权利；在一些地方，他们甚至被禁止参加集体大会。对于其他与会人员来说，听一个"黑奴"的意见会让他们全体蒙羞。远离社区生活，或者作为大家族的食客，他们从事着卑贱的职业，如屠夫、皮革商或云游乐者。(Aït Hichem)

［6］nif 本身的意思是鼻子，此外它也有名誉点、自尊的意思。同样的意思，人们也会说 thinzarin 是 thinzerth 一词的复数形式（或者在一些地区也说 anzaren)，是鼻孔、鼻子的意思（请参考本章注释 10)。

［7］在这里我们可以看到修士的社会功能。他们负责寻求出路，也是卡比尔人说的"门路"（thabburth)，并且负责结束争端，使双方都免于蒙受侮辱或者羞耻。社会总是以某种程度上必不可少的欺瞒手段（mauvaise foi）来保证自己的存在。一方面它对人们提出名誉上的种种教条，另一方面它也提供隐蔽的路径，使人们可以绕路而行，避免正面与这些教条发生冲突。

［8］一位科洛（Collo）地区阿格贝尔（Aïn Aghbel）村的老人为我们提供的一段关于 1959 年夏天的描述和我们这里说的情况非常相似。

［9］Souvenirs d'un vieux Kabyle-lorsqu'on se battait en Kabylie，in *Bulletin de l'enseignement des indigènes de l'Académie d'Alger*，*janv.-déc*. 1934，p. 12-13.

［10］年老的女巫总是以不同的方法给鸡蛋施法，以维持它的"贞洁"。为了打破这一魔法，需要用针刺穿鸡蛋（Slimane Rahmani，"Le tir à la cible et le nif en Kabylie，" *Revue africaine*，t. XCIII，1er et 2e trimestres 1949，p. 126-132)。在这一仪式体系的逻辑里，枪支和开枪的动作

（和针一样）都和男性的雄性特征联系在一起。这些都指向一个猜想：鼻子作为雄性特征的象征，也象征着阴茎，在许多其他社会中正是这样的（比如 G. Bateson，*Naven*，Stanford University Press，1936，p. 163）。

[11] G. Marcy，“Les vestiges de la parenté maternelle en droit coutumier berbère et le régime des successions touarègues,” *Revue africaine*，n° 85，1941，p. 187-211. 交流沟通中的一个悖论就是人们需要沟通才能传达拒绝沟通的意愿，而在所有文明中都存在着拒绝沟通的象征符号。在卡比尔人中，背对某人是一个基本的符号，意味着拒绝讲话（“他们两个人不说话，就像猫和老鼠”），这一符号和直面（qabel）某人这一有名誉的男人应有的态度相对立。为了表达象征性的侵略或者挑衅，人们会说“我朝你撒尿”“我用尿浇满你的前路”。对于那些不留意自己家族的名誉的人，人们会说“他朝着自己（衣服的）下摆便溺”。人们也会使用一个词义更激烈的词——edfi，即玷污（这个词的本义是把作物发的芽以牛粪覆盖，以免被牲畜糟蹋）。在女人之间，挑战或者侮辱是以“圈起她的裙子（chemmer)”来表达的。

[12] 请参见本章的第一个故事。“一个家族如果没有至少一个流氓的话，那它就没落了。”有名誉的男人不能屈尊反驳一个不值得反驳的人对他的辱骂，但他却不能免于遭受冒犯，尤其在城市里，所以他应该做的是找到另一个流氓，让流氓来和流氓斗。

[13] 请参见本章的第二个故事。

[14] 虽然这一研究提供的分析在整体上不停地使西方世界的读者们想到自己的文化传统，但两种文化间的不同之处不应因此而被低估。这也是为什么我们在这里，除了个别例外的情况，给自己设定了避免比较两种文化的规则，我们担心这种比较会滋长一种建立在肤浅的类比上的民族优越感。

[15] 一个总是表现得殷勤谄媚的丈夫（被叫作 radhi，即顺从的人，或者 multa'lem，即懂事的人）的表兄弟一天和另一个人说：“当你有一个

没有名誉点的兄弟的时候你能怎么办？你可没法用泥巴给他做一个名誉点！”之后他继续说：“如果我表兄弟是残疾人，那我去替他复仇就是理所当然的；如果他没钱，我当然会赞助他复仇。但是他有钱又不把这复仇当回事儿。我可不会去卡宴（Cayenne，法属圭亚那首府，曾有大批阿尔及利亚人因各种原因被流放至此充当苦役。——译者注）把自己给赔进去。”对于法国司法的恐惧、家族团结感的弱化以及不同价值体系的传染，使得卡比尔人经常放弃他们过去的名誉法则。在过去的社会，像家族的土地一样，名誉是无法分割的。随着分割家族财产的倾向越来越明显，名誉的维护完全是个人事务的感觉也得到了发展。

[16] 一个迟迟不完成他的任务的男人，在贝阿恩省（Béarn，法国西南地区旧省名称。——译者注）人口中会被说成：他总是应该干完活，无论是“为了免遭羞辱，还是为了个人名誉”。换句话说，对遭受羞辱的恐惧可以逼他完成名誉感无法给他足够动力让他完成的任务。

[17] 我们不应该认为像挑战和反击的辩证法这样的现象只是实现了沟通的功能。这只是简单地转化、使用了语言学家或者传播学理论中的模式（schème）和概念。这种做法忽略了这些现象结构上的双重性。而这一双重性先于这些现象而存在，旨在通过沟通功能，并在沟通中完成政治上的统治（domination）功能。

[18] Ḥurma 在一些情况下可以被视作 ḥarma，即客观的神圣，而后者是可以无意间被玷污的。我们已经看到，入室偷窃是一种格外严重的罪行，必须用复仇的方式来解决，因为它是一种玷污了 ḥurma 的行为；而在市场上的偷盗行为或者欺诈行为只会被视作挑战，或者对受害人的自尊心的损害。一个村子也有自己的 ḥurma，并且也会被玷污，比如一个外来者在村子里激起公愤的时候，村子的 ḥurma 就受到了玷污。

[19] 人们还说“Essar 是一粒萝卜的种子”。萝卜种子又圆又小，非常脆弱。Essar 也被用来形容女人或者小姑娘的优雅。

[20] 以下是一位阿伊特戴尔的卡比尔老者对于一个被他视作父亲的、

享有名誉的男人的描述，这段描述从所有角度来看都和伊塞尔部落（Issers）的一个成员所做的描述相同，所以我们应该相信描述中的男人是一个神话角色，他是一个模范般的存在，而他的每一段经历都会被置于描述者熟悉的环境中："从前有一个叫贝尔卡姆（Belkacem）或艾萨（Aïssa）的男人，他虽然贫穷，但是因其智慧和品德而备受尊敬。他享誉周边的数个部落。每次发生争执或者打斗的时候，他都会被叫来做调停人，并且每次都妥善解决了问题。本地区一个大家族谢里夫妒忌他的影响力和声望，而他拒绝向这一家族表示敬意的行为加剧了这一情况的严重程度。一天，部落的人们决定试着调和两者的矛盾。他们同时邀请了谢里夫家族中的最年长者和贝尔卡姆或艾萨。当后者进屋的时候已经落座的老人带着讽刺的口吻说道：'你的 arkasen（arkas 的复数，农夫粗俗的鞋子）多漂亮啊！'贝尔卡姆回答道：'出于礼貌，人们一般看一个人的时候都直面他，看他的脸，而不是看他的脚。作为男人的名誉，只有脸才是重要的部分。'当外人问他如何取得了在整个地区的影响力时，他回答道：'我首先博得了我妻子的尊敬，之后是我孩子们的，随后是我兄弟们和我亲戚们的，然后是邻里间的、我住的村子里的；其他的人自然而然就尊敬我了。'"

[21] 也是在这一逻辑下，我们可以理解那些对单身汉们的斥责。因此，名誉上的平等与脆弱性上的平等是相对应的，这一对应性经常体现在对狂傲自大的人的规训中："你母亲并不比我母亲更尊贵。"（这一带有讽刺意味的句子不应该和另外一个带有侮辱性的句子相混淆："我妈妈可比你妈妈要尊贵。"意即我在各方面都胜你一筹，我甚至在这一点上超过你，即便所有的女人价值都相等。）

[22] 从前，在大卡比利亚的一些地区，集会强制要求部落里的所有男人买枪，否则便会予以罚款，这样做是为了让他们有能力捍卫自己的名誉以及整个群体的名誉。而即便被罚款也不遵照要求购买枪支的男人会被列入黑名单，被所有人轻视，并被像女人一样对待。

[23] 名誉点和雄性性征之间的联系在仪式中的游戏里会得到特别的

彰显，例如在男孩降生、割礼以及婚礼时举行的射击游戏（请参照本章注释 10）。

［24］门槛是两个相对立的空间相遇的地方，被禁忌所环绕，也是许多仪式发生的地方。在大卡比利亚的一些地区，只有亲戚们可以跨过门槛走到屋里。无论如何，不经请示就进屋是不行的。上门拜访的人进门前要高声打招呼，以告知他的到来（这一点和法国南部地区相似），或者咳嗽几声，或者磕几下脚。在某些地区［艾勒瑟尔地区（El Kseur）、西迪艾什地区（Sidi Aïch）］，根据习俗，远亲或者女性这方的亲戚（例如女主人的哥哥）在第一次进到屋里的时候，要献上象征性的祭品，这称作“见面礼”（la vue，thizri）。村子也同样是一个圣域，人们只能步行进村。

［25］人们说，以前女人们是独自去赶集的，但是她们是如此爱闲聊，以至于集市一直进行到下一周再次开集的时候。于是，一天，男人们终于拿着棍子来到集市上，终止了这一没完没了的聚会闲谈。我们看到，“传说”以女人们的“劣根性”来“解释”当下空间的划分和劳动的分工。当人们想揭示事情全弄反了的时候，他们会说：“女人们都去赶集了。”

［26］从传统上来看，只有在村里清真寺的教长来临的时候才必须戴面纱和幽禁（laḥdjubia）［当这个村子在别的职责之外有保证木材的供给和负责运输水（thanayamts）的责任时］，或者一些不住在 azib（也就是与世隔离的小村落）的修士家族的成员以及一些重要的家族的族长为了区别对待家族中的一个女人（一般是他的妻子中最年轻的一位）时，会让她回避其他男人，并戴上面纱（thanaḥdjabth）。

［27］所有的一切都好像表明女人真的无法增加父系亲属的名誉，只能以自己端正的、体面的举止来保护它不受玷污，或者不因自己的行为而让家人丢脸（ekkes el‘ardh，剥夺声誉）。只有通过婚姻与女人的男性亲属结盟，才能对一个群体的名誉有所增益。

［28］对于裸体的禁忌是非常彻底的，即便在性关系中也要执行。此外，我们知道，遭受羞辱的状态经常被描述为处于赤身裸体的状态。（“他

给我脱了衣服。”“他夺走了我的衣服。”“他剥去了我的衣服。”)

［29］É. Laoust，*Étude sur le dialecte berbère du Chenoua comparé avec celui des Beni Menacer et des Beni Salah*，Paris，Leroux，1912，p. 15.

［30］一则阿拉伯谚语说：“一个姑娘只有和她的父亲在一起时才有尊严。”

［31］关于这个词源的出处，请参看 A. Picard，*Textes berbères dans le parler des Irjen*，Kabylie，Algérie，Typo-Litho，1961。

［32］我们可以找到一个例子证实我们的分析。在货币交易和与此相关的精于算计的心态得到扩大推广的情况下，关于亡夫遗产的“名誉比拼”和“讨价还价”被视作不光彩和荒唐可笑的。因为这一过程使得唯利是图的交易过程昭然若揭，并同时摧毁了传统交易中的结构性的模棱两可的状态。

61

第二章 翻转的房屋或者翻转的世界[1]

男人是外面的明灯，女人是里面的明灯。

卡比尔人的住宅内部结构是一个矩形（见图 2－1）。在整个房子长边的三分之一处，一个透光的空心矮墙把房屋分为两半。空间比较大的一边住人，地面垫高 50 厘米左右，铺着一层黑泥和牛粪，表面被女人们用砂轮打磨平整。比较窄小的一边地面上铺着石板，用来蓄养牲口。一扇双开门连接两个空间。在矮墙上，一边放着陶罐或者蒲草筐，里面存放着可随时取用的食品：无花果、面粉、豆类。另一边靠门的地方放着水罐。在牲口棚的上面，有一个小阁楼，里面除了收纳着各式的器皿，还堆放着用来喂牲口的麦秸和干草。女人和小孩子们也经常睡在这里，尤其是冬天的时候。[2]靠着山墙，有一堵布满壁橱和洞眼的砖台，用来存放厨具（汤勺、炖锅、用来烙饼的盘子和其他已经被烟火熏得乌黑的陶土器皿）。山墙在这里被叫作高墙或者炊墙（kanun 墙）（或者更准确
63 地说，叫作高侧或者炊侧）。在砖台的两侧放着盛满谷物的大罐，炉灶就在砖台的后面。炉灶一般是一个圆形的凹洞，中间有几厘

米深，周围码着以三角形排列的三块石头，用来安放炊具。[3]

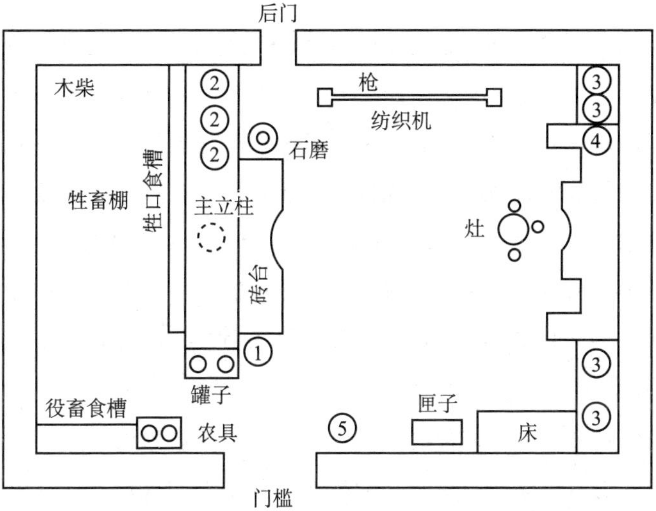

1. 装青饲料的网袋；2. 放干果的陶罐；3. 装粮食的陶罐；

4. 灯、厨具、筛子；5. 贮水罐

图 2－1 卡比尔人的住宅内部结构图

大门正对的这堵墙通常被称作 tasga[4]，和朝向院子的外墙叫法一样。因为纺织机放在这面墙前，所以也叫“织机墙”或者“对墙”（人进屋的时候面对着这面墙）。与这面墙相对的，也就是大门所在的这面墙，叫作阴墙①，也叫“沉睡墙”“姑娘墙”或“坟墓墙”。[5]靠着这面墙，有一个长台子，宽度足够放下一张展开的席子。节庆用的小牛或者小羊会被安置在长台下，有时也会堆 64
放一些木柴或者水壶。衣服、席子和被子，白天挂在靠阴墙这边

① 取“阴墙”一词，因该词在中文中已经存在。请参照刘长卿《游南园》中的句子“偶见在阴墙下葵，因以成咏”。——译者注

的木梁、木钉上，或者放置在隔台下。我们可以看出，炊墙对着牲口棚，就像高与低相对立（adaynin，牲口棚这个词来源于词根ada，是“低矮”的意思）；纺织机所在的这面墙和大门所在的这面墙相对，像是光明与黑暗的对立——虽然我们可以尝试完全从技术层面来解释这些对立：因为“织机墙”与大门相对，而大门朝东，所以这里最明亮，而牲口棚也确实位于地势较低洼处（房屋通常建造得与海拔等高线相垂直，便于粪水和废水的排放），但所有这些细节都表明这些对立关系是一整套相互呼应的对立关系的核心，不应该仅仅以技术上的局限和功能上的需求来解释它们。[6]

房屋里低洼的、背阴的和黑暗的一边与高耸的、明亮的、尊贵的一边相对立。阴暗的一面用来摆放潮湿的、绿色的、未加工的东西。如水罐靠着阴墙摆放，或放在牲口棚入口两侧的台子上，一同放在这边的还有木柴和青饲料。这也是属于自然界的动物们——公牛和母牛、驴和骡子——生活的地方，也是人类生理活动——睡眠、性生活、生产以及死亡——发生的场所。阴暗面与明亮面的对立正如自然界与人类文明的对立。明亮的一边通常是人类生活的空间：客人落座，安置炉灶，以及摆放用火制造的人造品，如灯、厨具和枪［象征着男性的荣誉（ennif），用来保护女性的名节（ḥurma）］和纺织机。也是在这个部分，进行着住宅空间内特有的两项文化活动：烹饪和纺织。所有这些相互印证（convergent）的迹象都使我们意识到这些对立关系。这些迹象不仅制
65 造了这些对立关系，也使它们具有意义。正是在纺织机（象征着守护）前，人们安排敬重的客人落座，而敬重这个词，也有面对或者面朝东的意思。[7]当一个客人没有受到礼遇的时候，有一句俗

语是这样说的："他让我坐在了阴墙前，像是坐进了坟墓。"阴墙也被叫作病人墙，而"靠墙站"（tenir le mur）这个短语就是生病的意思，也被引申为无所事事。事实上，人们正是在这里放置病床的，尤其是冬天的时候。人们在牲口棚的入口处为死者净身，这明确地揭示了房屋内的阴暗部分与死亡的联系。[8]人们经常说由牲口棚架着的全木质的小阁楼，就像是搬尸者托着的死者，而tha'richth一词同时是小阁楼和运送死者的担架的意思。所以，让一个客人睡在小阁楼里必然会冒犯他，因为小阁楼与"织机墙"的对立关系，正如坟墓墙与"织机墙"的关系。

婚礼的时候，就是在"织机墙"前，面朝大门摄入的亮光，年轻的新娘被安排落座，或者更确切地说是像挂在墙上起装饰作用的盘子一样被展示在这里。我们可以通过两件事了解人们赋予纺织机的魔法保护功能[9]：一是女孩的脐带会被埋藏在纺织机的后面；另一件事是，为了保护小女孩的童贞，人们会让她从大门向"织机墙"的方向走，并且要穿过纺织机的经线。实际上，从男性家长的角度来看，一个女孩在家里与象征雄性守护的纺织机[10]的相对位置的变换有着象征意义，在某种程度上是女孩一生的缩影：在结婚之前，她总是在纺织机的后面，在阴影里接受它的庇护，正如被置于她的父亲和兄弟们的保护之下；在婚礼这一天，她坐在纺织机前面的光亮处，背朝纺织机；而此后，她将坐在纺织机 66
后织布，背对着被照亮的墙面。女婿不也正被叫作"遮盖羞耻的面纱"吗？男性荣誉的确立是唯一可以保护女性名誉的东西，或者不如说，所有女人与生俱来就有招致羞耻的危险，而男性荣誉是唯一可以抵御这一威胁的屏障。[11]

住宅里地势低、阴暗的一边与地势高的一边相对，正如男性和女性相对。按男女劳动分工（与空间的划分基于同一原则），女性负责管理阴暗一边的物品和相关的劳动，如打水、搬运木柴和肥料。此外，房屋内部高处与低处的对立，正是房屋内部与外部、女性空间与男性空间的对立关系的再现。[12]女性空间通常指的就是住宅和花园，典型的 ḥaram，意思是神圣而禁忌的空间。住宅地势低洼的部分是私生活中最隐蔽的所在，关乎性爱和生育。这里在白天几乎是空的，因为这个时候女性所有的活动都围绕着炉灶进行。而到了夜晚，这里就挤满了人和牲口，公牛和母牛不同于驴子和骡子，不在户外过夜。而这里最拥挤的时刻，如果我们可以这样说的话，是雨季的时候。这个季节里，男人睡在室内，而公牛、母牛也只能留在牲口棚里以饲料充饥。这个例子很好地展现了生育力与阴暗、完满（或隆胀）与潮湿两组关系的等价性，我们也可以通过这个例子看到人类及土地的孕育力和房屋的阴暗部分之间的直接联系，整个神话仪式体系也是这些关系的佐证。事实上，像我们看到的那样，供人食用的谷物存储在灶台两边靠着
67 高墙的陶罐里。而与此相对的用于播种的种子则置于阴暗的一边，或装在羊皮或者匣子里放在阴墙脚下，有时放在夫妇的床铺下，或放在木箱里置于靠着隔墙的台子下面。这里也是一般情况下女人睡觉的地方，女人睡在低矮处，她的丈夫回来时睡在靠近牲口棚入口的地方。如果知道出生永远是祖先的再生，生命的循环（毋宁说世代的循环）局限于每三代人之间（我们在后面会解释这一说法），我们就可以理解为什么住宅的阴暗部分可以同时作为死亡和出生或者说重生[13]的场所而不发生任何矛盾。

在“人类的居所”与“牲口的居所”之间的隔墙的中部，立着支撑主梁和整个房屋架构的主立柱。大梁被认为是一屋之长，

以木榫与房屋的其他部分相连，荫护从男性空间到女性空间的整个房屋（asalas alemmas，阳性词）。而主立柱被认为是妻子，通常是一个分叉的树干，承载着主梁［贝尼哈利利地区（Beni Khellili）的人把它叫作Mas'uda，女性名字，象征着幸福］。主梁和立柱之间榫槽相合，形象地表现了夫妻的结合（在壁画中，经常以梁柱关系来暗喻夫妇行房事的场景，两根相叠放置的树杈可以表现这一场景）。[14]人们常常向承载着整个屋顶的主梁献祭，并视它为全家荣誉的守护者；也是在主梁上，大概炉灶的位置盘绕着作为家庭保卫者的蛇。蛇象征着男人的生育力量和复活之前的死亡，有时它也会被妇女们装饰在用于贮藏种子的陶罐上（比如说在科洛地区）。据说，有时蛇会从房梁上下来，管不孕的妇女叫母亲，并 68
进入她的下体。又有说，每一次哺乳期过后，蛇都会以螺旋形缠绕着主梁。[15]在德尔纳地区（Darna），据勒内·莫尼耶（René Maunier）的说法，不孕的女人把她的腰带拴在主梁上，人们也会把割礼中用的芦苇和包皮悬挂在主梁上。而如果听到主梁裂开的声音，人们总是急着说"但愿是好事"（que ce soit du bien），因为这一声响预示着一家之主将会死亡。当一个男孩降生的时候，人们祝愿他"成为家里的脊梁"，而他第一次斋戒后的第一顿饭，则要在房顶上吃，也就是在主梁上吃（人们说这是为了使他有能力搬弄梁木）。

很多谜语和谚语都明确地把女人说成是主立柱："女人就是顶梁柱。"人们常对新婚女子说："愿真主保佑你成为顶梁柱，坚实地伫立在家中。"另一个谜语说："她站着，却没有脚。"向上开叉的树干不构成双脚支撑的景象，它代表着女性的生殖或者说有生殖能力的本性。[16]在欧雷斯（Aurès），人们正是靠着主立柱（hiji）

叠放装满谷物的羊皮袋，并在这里成婚。[17]

如果我们总结一下住宅的象征意义的话，则梁（asalas）和柱的结合是最本初的婚姻，是祖先们的婚姻，如耕地一般，是天与地的结合。梁、柱的结合使人类婚姻处于生育力的守护之下。一个格言说："女人是根基，男人是脊梁。"有一个谜语也说主梁"生于大地，藏于天空"。主梁是生育的主人，主立柱根植于祖先们生活的土壤并朝天张开怀抱，而主梁使主立柱受孕。[18]

住宅由一连串相似的对立关系构成：火-水，熟-生，高-矮，
69 光明-黑暗，白天-黑夜，男性-女性，nif - ḥurma，授孕-受孕，文明-自然。实际上，相同的对立关系也存在于住宅与住宅外部世界的关系中。外面是男性的世界，属于公共生活和农业劳作，而屋内是女人的世界，属于私生活和隐私。当考虑到住宅与外部世界的关系的时候，住宅就是ḥaram，意思是对于所有不属于这里的男人来说，这里是神圣的禁域（正因如此，誓言中经常会出现"愿我的女人，亦是我的房子，变成我的禁区，如果……"）（详见本书第一章）。住宅是不纯洁的圣域，属于名誉的圣域。所有放在房屋暗面的东西都附属于名誉，而她自己也如房屋的暗面受到主梁的庇护一样，由男性的名誉点来捍卫。因而侵犯这一神圣领域，从社会意义上来说，就是亵渎神灵。也正因如此，入室偷盗在习惯法里是非常严重的罪过，因其侵犯了一家之长的名誉点，还侮辱了家族名誉乃至整个社群的荣誉。[19]

说女人们被关在屋子里可能有失偏颇，毋宁说与此同时男人们被关在了外面，至少白天是这样的。只要太阳一升起，男人就应该出现在田地里或者男人们集会的屋子里。冬天，如果男人不在田里，他就应该在聚会的地方，或者在院门口的雨棚下。夜里，

至少在旱季，男人们和行过割礼的少年们都睡在户外：在稻谷堆旁的打谷场上，与驴子、骡子相邻，或者在晒无花果的地方，抑或就在田地里，偶尔也在男人们集会的场所。[20]

一个白天经常待在家里的男人被视作靠不住的和荒唐可笑的。这些和女人们成天耗在一起的碍眼家伙会被称作“家庭主男”，还 70
会被说成是“在窝里孵蛋的母鸡”。一个希望被尊敬的男人需要让别人总能看到自己，将自己置于别人的目光之下，直面别人的注视，并知道如何应对。一个男人必须在男人群体里才是男人（argaz yer irgazen）。[21]因此，名誉上的博弈，作为一个在别人面前完成的戏剧化的行为，才显得如此重要。男人们都是思维缜密的观众，知道每一出戏的台词和表演方式，并且懂得欣赏与台本略有不同的表演。正因如此，所有生理上的活动都被排除在文化生活之外，如饮食、睡眠、生育只能在家里进行，因为家里是生理上的隐私和个人生活的避难所。[22]女人掌管这一世界，与所有生理上的和与自然相关的事物绑在一起，被排斥在公共生活之外。男人们的工作要在外部世界完成，而女人的基本职责是保持默默无闻，不出现在别人的视野里。（人们常说：“真主把她们都藏起来。”）“在家里，她们不停地干活儿，像掉进乳清里的苍蝇一样不停地挣扎，在外面，她们的劳动完全不为人所知。”这些女人只知道两个地方：世间的坟墓——家庭，以及她们死后的家庭——坟墓。两个很相似的谚语定义了女人们的生存条件：“你的家庭就是你的坟墓。”“女人只有两个归宿：家庭和坟墓。”

家庭和男人们的集会，个人生活和公众生活以及白天的光明和夜晚的隐秘，这些对立关系与住宅低洼、阴暗的部分和地势高、光明而庄重的部分构成的对立关系有着异曲同工之妙。[23]完全理解外界与住宅这组对立关系的意义的前提，就是需要意识到在这组对立关系的一方内部，也就是住宅的内部，依照同样的原则，存在着相似的对立关系。正因如此，外部世界和住宅内部的对立像男人和女人的对立，像白天和黑夜的对立，或者说像水与火的对
71 立，这些说法，既可以说正确，又不完全准确，因为这些对立关系中的后者都可以再次分割为一组对立关系，且第一组对立关系的第二项包含新的一组对立关系的两方面。[24]

简而言之，最明显的男女（或者白天与黑夜、火与水）对立有可能掩盖了男人/（男-女/女-女）之间的对立，而同时使人忽略了男/女与女-男/女-女关系之间的同源性（homologies）。从这里，我们可以看出，第一种对立关系只是第二种对立关系的一种变体，只是参照系发生了变化。而为了建立整体间的对立关系，常常忽略了女-女与男-女两个对立关系间的对立。于是，我们可以构建出对立关系中的第三方：女-男/女-女＞女（＝女-男＋女-女）/男。

住宅内部就是整个世界的缩影：同样的对立关系和对立关系间的同源性既是家里和外界的组织原则，也是住宅内部事物的安排方略。但从另一方面来说，住宅作为一个整体与外界对立所基于的原则，不仅是住宅内部的组织原则，同样也是外部世界的组织原则；从更广泛的意义上来说，生命中所有其他领域都有着相同的组织原则。女性生活的世界与男性政治的世界间的对立，就是基于这两个系统通过相互对立形成的划分原则，由此我们可以得出一个划分对立关系的基本原则（principium divisionis）。把这一原则推广到各个领域（也正因为这一基本原则，这些领域相互对立），可以保障并且促进这些领域的和谐布局和结构的一致性，使它们并行不悖，互相之间不产生任何混淆。a/b－b1/b2 这种结

构大概是一个神话仪式体系可以使用的最简单且最强大的结构，
因为它仅仅通过无限地反复使用同一个划分原则，就可以不产生
任何混淆地建立对立关系，而且通过这一方法可以把数量无限大
的信息纳入同一个有序的体系中。与此同时，住宅内部空间的两 72
个部分，在某种程度上是从两个层面上来被定义的（每一件物品
和每一项活动也是这样）。第一，它们都具有女性的（夜间的、阴
暗的）属性，因为它们都处于家庭内部世界中；第二，它们可以
是男性的或者女性的，依据它们在这一世界内部的对立关系中所
处的位置。所以，例如，当我们说“男人是外面的明灯，女人是
里面的明灯”时，要把这句话理解为男人是真正的光明，属于白
天，而女人是黑暗中的光明，是暗淡的光。月亮给予女人的正如
太阳给予男人的。同样，女人织羊毛就是对织造工作的赐福和守
护，而羊毛的洁白象征着幸福[25]；作为女性的主要劳动工具，纺
织机作为守护的象征物有着男性价值。在住宅内，纺织机朝东面
摆放，和作为男性主要劳动工具的耕犁一样。基于同样的道理，
炉灶这一住宅的“肚脐”（它也经常被视作母亲的肚子），作为孕
育火焰（私密、隐蔽而女性化）的地方，是女人的领地，但相对
地，女人也被赋予了管理厨房和所有贮藏物的无上的权威。[26]她围
着炉灶吃饭，而男人向着外面，在房间的中间吃饭，或者在院子
里吃。在所有的仪式中，炉灶和围绕着它的石头都有着驱散邪念
和病气、呼唤美好时光的魔法力量，来自火、干燥和如太阳般发
热的属性。[27]住宅本身也有着双重含义：它确实与公共领域相对，
正如自然界与文明相对，但它在另一个层面上也属于文明。人们
不是经常说豺狼——所谓野蛮的自然界的化身——是从来不做窝 73
的吗？

住宅以及它的延伸——村庄[28]，这些被充满的空间（la‘mmara 或 thamurth i‘amaran）、人类居住的腹地，在某种关系下与被叫作 lakhal 的空地这一空旷、贫瘠的空间相对立。据莫尼耶的观点，塔德瑞特尔-杰迪德（Taddertel-Djeddid）的居民相信所有这些在村庄范围以外盖房子的人都把自己置于家族灭绝的危险之下。同样的信仰在别处也可以见到，但有一些特例，如远离住宅的花园（thabḥirth）、葡萄园（thamazirth）或者无花果晒房（tarḥa），这些地点在某种程度上属于村庄和它丰富的物产。但这一对立关系与人类的生育力和耕地的肥力间并不构成相互排斥的关系，两者都是男性原则与女性原则相结合的产物，是太阳般的火焰和大地般的潮湿相结合的果实。实际上，大部分仪式都旨在保护人类和耕地的孕育力，无论是烹饪还是修缮炉灶更换灶石的仪式（iniyen）：前者严格遵守构成农业耕作的周期性和农历下的生活节奏的对立关系，而后者标志着旱季的离开和雨季的来临，以及新的一年的开始。所有这些仪式，在住宅内部组成了一个生态圈：女人们参与完全属于农耕的仪式的基础，仍然是这一人类的孕育力，这一世间最典型的孕育力和耕地的肥力间的同源性，它是所有魔法力量的来源。那些在住宅内部进行但只在表面上关乎家庭的仪式是列举不完的，因为它们都不可避免地旨在保护家庭和耕地的孕育力。事
74 实上，只有家里是满的，田野里才可能是满的，而女人的职责之一就是通过积累、节俭和存储男人们生产的财富来为土地的繁茂做出自己的贡献，在某种程度上，女人的职责就是留住土地的物产。“男人是溪流，女人是池塘。”一个运送，一个贮藏。男人是“挂着篮子的钩子”，是供给者，如金龟子、蜘蛛或者蜜蜂。女人整理、保护和储蓄男人带回来的东西。女人会说：“像对待烧了一

半的木柴一样对待你的财产。过了今天还有明天，还有坟墓。真主原谅省下食物的人，而非那些全吃光的人。”“一个知道节俭的女人比一对耕牛值钱。”正如被充满的空间与空旷的空间（lakhla）相对立，“满满当当的住宅”（la‘mmara ukham），在普遍情况下，指的是懂得节俭和积累的“老妇”，而与之相对的是“空荡荡的家”（lakhla ukham），一般指媳妇。[29]夏天，住宅的大门应该整个白天都敞开着，来自阳光的、有孕育力的光线可以把繁盛的力量带进屋内。关闭的大门意味着饥荒和贫瘠，而坐在门槛上挡住大门，也是关闭了通往幸福和充实的道路。在祝愿一个人的时候，人们会说“祝你家门庭大开”或者“愿你家像清真寺一样敞开大门”。人们对富有而慷慨的男人说：“你家就是一座清真寺，向所有人敞开，无论贫穷还是富有，家里充满了饼（galette）和古斯米（couscous），是如此充实（tha‘mmar）。”慷慨体现着家庭的繁荣，并且可以保证未来的繁荣。大部分女人操持的技术性或者仪式性的行动，都指向一个目的——使住宅成为繁荣的收纳所，像主立柱向主梁张开它的分叉一般，也像大地迎接男人们播撒的种子一般。相反，女人们要抵御一切可能使家里财产减少的离心力。比 75
如，在孩子或者小牛出生或第一天出耕的日子里禁止生火[30]；打谷结束后，不仅禁止把家里的任何东西拿出去，女人还要把所有借出的物品都取回；小牛犊出生后三天内母牛产的奶禁止拿出住宅；新娘子在结婚的头七天不许迈出门槛；刚刚生产了婴儿的女人在40天内不应离开家；婴儿在开斋节前不能出门；石磨永远不能外借，而空石磨也会给家庭招致饥饿；不许把没有织完的织物拿出去；开耕的头四天里禁止借火、扫地，以及做出任何向外驱赶的动作；为了不致带走繁荣，要给死者的运出“提供方便”[31]；

“第一次出门”，比如小牛出生四天后第一次外出，或者第一次把乳清拿出去，都要有祭祀仪式。[32]“空缺”可能是祛除的一个结果，也可能是把一些本不应带进家里的东西带入住宅而导致的后果，比如耕犁在两个耕作日之间不能进家门，耕作者穿的鞋子（arkassen）与空旷的空间（lakhla）相联系，因而也不能进门。此外，一些人的来访也可能招致同样的后果，比如老妇人会带来贫瘠（lakhla）；很多进过盗贼的屋子会被变卖出去。与之相对，也有很多仪式性的举动被用于保证住宅“被装满”，如在房屋地基上泼洒过动物血液后，在第一块基石上扔上一片婚姻之灯的碎片（它的形状表示交配，并且在很多仪式中代表生育力），或者让新
76 娘子在进家门后坐在装满谷物的羊皮袋子上。所有第一次进家门的事物都会对内部世界的完整性构成威胁，而进门仪式的作用就是向神灵乞求谅解以及预防不幸：家里有一对新的耕牛时，需要祈求住宅的守护者（thamgharth ukham）接受它们，也是为了维护我们提到过的“住宅的完整性”。具体的做法是把一张羊皮放在门槛上，即原来放石磨和面粉的地方（alamsir，也叫“食物之门”，bab errazq）。所有旨在为牲畜棚以及整个家庭（人们常说，“一个没有母牛的家，就是一个空房子”）带来生育力的仪式，都是以魔法力量来加强结构关系，这些结构关系构建在奶、蓝绿色（vert-bleu）（azegzaw，也是“生的”的意思，thizegzawth）、草、属于自然界的童年——春天和属于人类的童年之间。春分时节，当午后温暖的阳光（azal）重回人间的时候，年轻的牧羊人会采一把“田野里随风舞动的植物”（不包括夹竹桃，因为它通常被以乞求保护的目的用于驱散仪式中；也不包括绵枣，因为它通常被当作分隔田地的标志），并把它挂在门梁上。通过这种方式，他以两种身

份——年轻人和牧羊人——投入到耕地和家畜的生长中。人们会用网兜盛着孜然、安息香和靛蓝染料（de l'indigo），放在牲畜棚的门槛上，并说：“哦，蓝绿色呀（azegzaw），保佑黄油不要减少！”人们还会把采摘的新鲜植物挂在提制黄油的搅乳器上，并用它们磨搓盛奶的器皿。[33]和其他事物比起来，新娘子进门对住宅完整性的影响更加严重：当她还坐在把她从娘家接来的骡子上时，人们就给她送上水、小麦、谷物、无花果、核桃、熟鸡蛋以及油炸糕点。所有这些东西（在不同地方会有不同选择）都意指大地和女人的孕育力，而她则把这些东西朝着屋子扔过去——以这种方法 77
让随她而来的孕育力和完整性先于她进入住宅。[34]新郎家的一个亲人或者一个黑人（Noir）应该背着新娘过门槛（但绝不能是新郎本人背新娘），因为门槛是两个相对立世界的临界点，是邪恶力量的栖息处。背新娘的人可以在新娘和门槛之间起到阻隔邪恶力量的作用。出于同样的原因，女人永远都不应该抱着孩子坐在门槛周围，而新生儿和新娘子也不应该太经常迈过门槛。

正是这样，女人为家庭带来生育力，为整个农业世界（monde agraire）的孕育力做着贡献。女人的职责虽然在家庭内，但她在外界也起着作用，不仅保护着内部的完整性，还作为门槛前的守护者控制着没有交换物的交换：这些交换只有魔法的逻辑可以理解，两个世界通过这一交换都以空无（le vide）从对方那里换得了满溢（le plein）。[35]

两组对住宅起到定义作用的对立关系——一个关于内部组织，一个关于内部和外部的关系，根据从男性的角度还是从女性的角度来考虑，会在不同的时刻有着不同的重要性。从男性的角度来看，住宅是一个男人应该出去的地方。而不是应该进来的地方。

而对于女性来说，出、进这两个动作有着相反的含义：出去这个动作对于她来说有着被赶出门的含义；而进门这个动作，也就是从门槛走向炉灶这个动作，是她的一个本能动作。了解出去这个动作的含义的最好时机，便是孩子出生七天时母亲为了祈求孩子
78 “充满勇气”而完成的仪式：跨在门槛上，把右脚放在纺羊毛的棉梳上（peigne à carder），然后和第一个见到的男孩打一架。出去这个动作是男性特有的，他们应该出去找其他男人，还应该出门面对危险和考验。在荣誉这个问题上，他们像棉梳的梳齿一样久经磨砺（rugueux）。[36]出去，或者更准确地说开门（fataḥ），等同于“在早上”（sebaḥ）。体面的男人应该一大早就出门，而每天早晨走出住宅都是一次出生。因此，第一个遇到的东西对一整天而言都是一个预兆，而每次撞见不吉利的事物（如铁匠、提着空羊皮袋的女人、尖叫或者吵架的人、畸形的生物）时，最好都“重新过一个早晨”或者“重新出门”。例如，一个对自己的责任有着清醒认识的男人应该早起床：“一个无法在清晨完成他的任务（affaires）的男人，永远无法完成他的使命”；或者“ṣuq 就是早晨”；“一直睡到 azal 时候（每天中午，一天最热的时间）的人，只有空无一人的市场等着他”。总的来看，经过一夜的休息，早晨是做决定的时刻。早晨和运气、好处以及光明有着同源性。人们常说：“早晨做什么都容易。”一早就起床，是把自己置于好的预兆下［laftaḥ，好预兆的展开（ouverture）］。早起的人可以避开带来厄运的东西；而最后一个上路的只有等着天大亮才出发的独眼龙（borgne）或者拖着脚走不动的瘸子。鸡一叫就起床，是向晨间的天使致敬，并接受他们保护；我们也可以说，这样是使自己保持在值得尊敬的（优雅?）状态，以便天使们“从他们的角度来做

决定”。

这样我们就可以理解房屋朝向的重要性了（见图 2－2）：住宅
的主立面，也就是庇护着一家之主和安置着牲口棚的这面墙，总 79
是朝向东边；大门一般被叫作东门（thabburth thacherqith）或者
街门、高门、主门，与又窄又矮的供女人们出入的朝向院子的后
门相对立。[37]在村子的朝向和地处低洼的牲口棚的位置确定的前提
下，我们可以判断房屋地势较高的一边也就是炉灶所在的这一面
是北，牲口棚在南面，“织机墙”在西面。如此一来，走向住宅，
准备进屋时，人是从东往西走，与出门时的朝向——向东——正
相反，这是最好的朝向，意味着向着高处，向着阳光，向着良与
善（bon et le bien）。耕农给牛上套或者解牛套的时候也让它们面
朝东，而工作也是自西向东进行的。同理，收割者使自己面朝东，
宰割祭祀用的牲牛的屠宰也是面朝东进行的。类似的活动不胜枚
举，可以说所有关系到整个群体的生育力和兴旺的重要活动都是
依照主要朝向进行的[38]。如果我们现在回到住宅内部的安排，就
可以看到内部空间安排和住宅外部空间的安排是完全相反的，外
部空间的安排就像是把内部安排以住宅的正立面或者以门槛为轴，
转了半圈后得到的结果。织机墙，也就是一进门正对着的这面墙，
被早晨的阳光照亮，是室内的光明所在（正如女人是家里的明
灯），也是室内的“东面”，与室外的东面——真正的光源相对
称。[39]正立面的内墙，也就是较阴暗的这面墙，是室内的“西面”，
是睡眠的地方。当人们进屋，从大门走向炊墙（kanun）的时候背
对这面墙。大门在这里符号性地对应着“年关”（porte de l’année），
也就是雨季的开始，以及农历上新的一年的来临。同样，两面山 80
墙、牲口棚所在墙和炉灶所在墙都有着相反的两层意思，依据的

是从内部还是外部来看：外面的北面，相当于内部的南面（和夏天），即当我们面向纺织机进入住宅时，我们所面对的这面和右手边；而从外部来看的南面，从内部来看就是北面（和冬天），也就是牲口棚这边，即当人们从大门向炉灶走时，他们的背后和左手边。[40]住宅内的两部分——黑暗的一边（西面和北面）和光明的一边（东面和南面）——对应着一年中的雨季和旱季两部分。简而言之，外部的每一面外墙都与内部的一部分空间相对应（卡比尔人把这部分空间叫作 tharkunt，大致是“边”的意思）。而内部的这一部分空间有着与外部相对称的意义，在整个内部系统中意义相反。这两个空间可以看成是各自完成了同样的一个位移动作，也就是在以另一边做参照的前提下转了半圈，而门槛就是中心轴。如果我们没有意识到门槛所包含的两个逻辑的话，就无法理解它在整个系统中的象征价值和重要性：一方面，它作为魔法的边界，是整个逻辑反转的地方；另一方面，内外两个空间为身体动作和社会规范下的活动路径所定义[41]，而门槛作为一个所有人必须通过的地方，以及两个空间相接触的地方，也合乎逻辑地成为整个世界反转的地方。[42]

如此，每个空间都有它的东面，而两个最有意义和有着魔法效力的位移——从门槛向炉灶和从门槛向外部世界，都可以按照最有利的朝向来完成，即从西向东。[43]从门槛向炉灶能带来完满(plénitude)，女人有职责完成这个位移，并管理相关的仪式；而从门槛向外部世界的位移，有着开始的意思，包含着所有属于未来的事物，尤其是农业劳动带来的未来。住宅空间的双重定位法使得人们可以都用右脚进入和走出大门（无论从本义还是从引申义
81 来看），并保证可以享受这一戒律承载的所有魔法带来的好处，右

面与高处、光明和良善间的联系永远不会被打破。而空间围绕门槛旋转半圈则保证了魔法带来的好处的最大化。因为作为向心运动和离心运动，无论我们进入还是离开都面朝光明。[44]

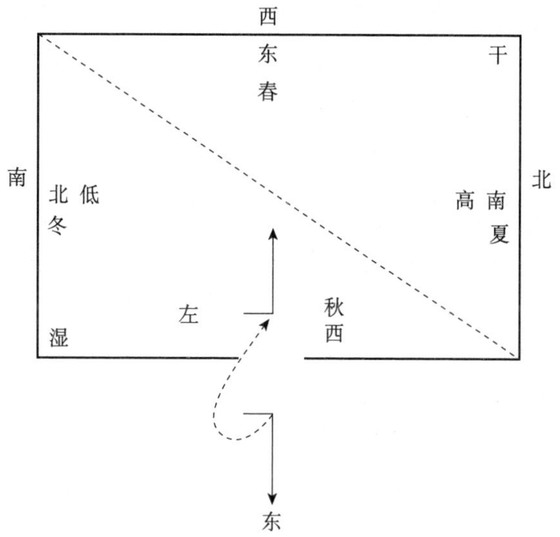

图 2-2　房屋朝向及其对应关系

这两个空间并非可以相互替换的，而是分级的。内部空间只是男性空间的反转图像，或者说是它的镜像[45]。不是出于偶然，只有大门的朝向被明确地规定了朝向，内部空间的组织从未被有意识地思考过，更不是依照人们的意愿而设置成这样的。[46]住宅朝向的首要依据是外部世界，来自男人的观点，如果我们可以这样说的话，那么它由男人制定，为了男人而制定，同时是男人们出来的地方。“一个家因女人而繁荣，但家的外面因男人而美好。”家庭是国中之国，虽然它具有一个原型世界的所有的特征，以及能够定义一个世界的所有的关系，但它永远处于从属地位，因为 82

它只是一个翻转的世界、一个倒转的映像。[47]“男人是外面的明灯，女人是里面的明灯。”表面的对称并不能掩盖背后的事实：白天的灯只是相对于夜里的灯来说的。实际上，夜里的灯——男性的女性化一面，只是停留在顺从以及附属于白天的灯的地位上，也就是附属于白天中的白天。“男人寄希望于真主，而女人的所有期待都在男人身上。”人们还说：“女人弯得像把镰刀。”而这些笨拙的本性中最灵巧的永远也只是被扶植的。已婚的女性也在男人的家里找到她的方向，虽然只是一个翻转的西面：人们不是总说“年轻女孩就是西面”吗？男人通过向外走出去的动作来表现男人身份，背对着家宅，面对其他男人，并依此确定了世界的朝向，而这一动作的特别之处也只不过是一种对自然的断然的拒绝，逃脱自然是这一动作的真正根源。

1963—1964 年于巴黎

注　释

［1］这篇文章曾经在献给克劳德·列维-斯特劳斯的杂文集《交流和沟通》(Échanges et Communications)（Mouton，1969）中刊出。

［2］睡觉和发生性关系的地点看起来是可以变动的，但可变动的范围局限在住宅内部“阴暗的部分”：可以一家人都睡在小阁楼里，尤其是冬天的时候；也可以单身母亲（寡妇或者离异者）带着孩子们睡在那里；还可以背靠着阴墙，男人睡在隔墙较高的一边，而女人睡在较矮的、靠门的一边，这样她稍微往阴面挪动一点就可以碰到她的丈夫。

［3］所有对于柏柏尔人的住宅的描写中，即便是最精细、最讲究方法论的描写（如 R. Maunier，“Le Culte domestique en Kabylie”或“Les

Rites de la construction en Kabylie," *Mélanges de sociologie nord-africaine*, Paris，Alcan，1930，p. 120-188)，或者是对内部空间组织的最翔实的注解（如 É. Laoust，*Mots et choses berbères*，Paris，1920，p. 50-53，以及前面引用过的 *Étude sur le dialecte berbère du Chenoua*，p. 12-15，或者是 H. Genevoix，*L'Habitation kabyle*，Fort-National，Fichier de communication berbère，n°46，1955)，在它们的细节描写中也都能找到系统性的漏洞，尤其是在物品和活动的位置和朝向上，因为它们从来都不把物件和行动看作象征系统的一部分。我们只有在下面一条公设成立的前提下才能做出有效观察：所有被观察到的现象都有其必然性，而这些现象和其他事物之间关系的意义可以引导出一种观察或者一种质询模式，用于抓住那些外行人观察不到的事实；观察者无法依靠其本能进行观察，因为一切对他来说都是自然而然、不言而喻的。这条公设可以在以它为基准而实施的研究的结果中证明其有效性。住宅在魔法意象系统中的位置和在仪式的习俗系统中的位置印证了对于住宅的最初的抽象化过程，这一过程把住宅和更宏观的系统联系在一起，以便把住宅本身也看作一个体系。

[4] 除了这个词之外，其他所有的墙都有两个名字，分别用于从外面来说和从里面来说两种情况。外墙由男人用抹刀涂上了泥灰，而内墙是女人们亲手刷白并装饰的。我们后面还将看到这一组两个不同视角组成的对立关系是根本性的一组关系。

[5] 对于一位父亲拥有好几个女儿这件事，人们会说"他得为坏日子做好准备"，或者"年轻姑娘就像是惨淡的夕阳"，还会说"年轻姑娘就是阴墙"。

[6] 建造住宅的地理空间和社会空间以及其内部的布置方法是象征层面需求和技术层面需求相互协调的地方。正如在这个案例中一样，象征符号世界的组织原则无法自由地落实到现实中，因此需要和一些外部限制条件相结合，例如技术上的限制。在这里正是技术上的限制要求住宅建造得与海拔等高线相垂直，并面向太阳升起的方向（或者如在其他案例中所

说，社会结构的原则要求所有新住宅都建造在一个由谱系决定的特定的街区里）；而象征系统则施展它全部的能力，使得它自己的逻辑可以重新阐释其他体系为它提供的这些资料。

［7］为接待客人而预留的空间与私密空间之间的对立关系（在游牧者的帐篷中，这两个部分是由一个帘子区分开的，一边向客人们敞开，而另一边留给女人们）也可以通过下面这个预言仪式表达出它的含义：当一只猫（猫算带来好兆头的动物）进入住宅的时候身上粘了一片羽毛或者一根白色的羊毛，并且朝炉灶方向走，就预示着应该给即将到来的客人准备一顿带肉的饭菜；如果它直接朝牲畜棚走去，并且此时是春天，那么就应该买母牛，如果是农忙时节，就应该买头公牛。

［8］睡眠和死亡的同源性在我们要说的这条戒律中也得到了明确的表达：当一个人朝右边睡了一段时间后，要转向左边睡，因为第一个姿势是人死了以后在坟墓中的姿势。在挽歌中，墓地被表现为“地下的主宰”，像是翻转的住宅（明/暗、高/矮、用油漆装饰/粗糙地挖掘）。而这一同源性也和形式上的相似性相联系：“我看到人们正在挖墓穴/他们用锄头形塑着墙壁/他们制作着护坡（thiddukanin）/用一种还不如淤泥的泥浆。”一首守夜时吟唱的歌曲如此唱道（上文已经引用的 H. Genevoix，p. 27）。Thaddukant（复数形式为 thiddukanin）指的是隔墙的护墙，和靠着山墙的护墙相对，同时也指坟墓中男性死者枕在头下的泥台。（女性死者头部枕放的地方叫作 thakwath，是一个浅槽，像是住宅的墙壁上挖出来用来放置小物件的壁龛。）

［9］对于阿拉伯人来说，进行为了使得女人丧失性能力的马蹄铁魔法仪式时，要让未婚妻从纺织机上绷紧的铁链下穿过，从外面往里面走，也就是从纺织机的中间往女人织布时面对的那面墙走去。同样的仪式从相反方向来进行的时候便可以打破这一枷锁。（W. Marçais et A. Guiga，*Textes arabes de Toukrouna*，Paris，Leroux，1925，p. 395.）

［10］É. Laoust 把词根 zett（织布）和词 tazettat 相联系，这个词对于

摩洛哥的柏柏尔人来说，指的是所有在异域游历的人受到的保护，或者是作为交换，保护者收到的报酬。（参见前面引用过的 É. Laoust，*Mots et choses berbères*，p. 126。）

[11] É. Laoust，*Mots et choses berbères*，p. 19-60.

[12] 当一对新的耕牛第一次进入牲口棚的时候，它们会由女主人来迎接并领到棚里。

[13] 增盖新的住宅总是在儿子结婚的时候进行，象征着一个新的家庭的组建，但 5 月是禁止盖新房和禁止结婚的。房屋的大梁被视作住宅的主人，我们之后会更详细地谈到这一点，而它的运输过程叫作 tha'richth，这和住宅里的小阁楼是一个词，也和担架是一个词，而这担架往往被用来运送死者或运送即将在远离住宅的地方被屠宰的受伤牲畜，这些都是人们会组织社会性仪式的时刻，这些仪式的含义和葬礼完全一样。这一项集体工作（thiwizi）无论是从它的不可推卸性，还是从它的仪式形式来看，抑或是从它动员的人群规模来讲，都只有葬礼可以和它相提并论：男人们听到清真寺顶端的召唤之后，去往树木被砍伐的地点，整个过程和葬礼的时候一模一样。人们期待通过参加大梁运输过程获得和参加葬礼相关的集体活动（如挖掘墓坑、开采和运输石板、帮助搬运棺材或者出席下葬仪式）一样的功劳，而运输大梁是一项没有其他活动可以与之相比较的展示其虔诚的行动。

[14] W. Dewulder，"Peintures murales et pratiques magiques dans la tribu des Ouadhias，" *Revue Africaine*，1954，p. 14-15.

[15] 在 tharurith wazal 这一天（也就是儒略历里的 4 月 8 日），也就是一年耕作劳动的转折点、雨季和旱季的转折点、牧羊人一大早就去打水并用它浇湿主梁；在雨季，最后一捆牧草（或者两穗捆成一束）根据特殊的仪式被修剪后，会被挂在主梁上，并在那里挂一整年。

[16] 等新娘适应了新的房子的时候，人们会说 tha'mmar，虽然这个词还有别的意思（请参见本章第 29 条注），但在这里它是"她是充实的"

“她充满了这个地方”的意思。

[17] 居住在欧雷斯的柏柏尔人只在星期一、星期四或者星期六成婚，这几天是良辰吉日。婚礼的前夜，新娘这一方的年轻姑娘对着中间的立柱，用粮食填满六个不同颜色的羊皮袋——有红色的、绿色的、黄色的和紫色的等（象征新娘），以及白色的第七个羊皮袋。在立柱的脚下，一位老妇人会撒一把盐，以便赶走邪恶的妖精，并在地上插入一根针以便增强新郎的生育力。在这里人们还会朝东铺一张席子，一周的时间里，这里将是新婚夫妇睡觉的地方。新郎这方的女性亲属为立柱熏香，而他母亲则像耕地时一样撒下一大片枣，引得孩子们一片哄抢。第二天，新娘由新郎的一位近亲抱到立柱脚下，而新郎的母亲再次在这里撒下面粉、枣子、饱满的麦子、糖和蜂蜜。

[18] 在某些地区，人们会把耕犁上的犁铧放在主立柱的分叉处，尖端朝向大门。

[19] 我们知道，客人会交给女主人一笔钱，俗称“见面礼”：不仅当一个人第一次去别人家里做客时需要这么做，在婚礼的第三天，人们去拜访新娘家人的时候也需要这样做。

[20] 这一双重节奏和干湿季节的区分相联系。除了其他表现之外，在家里的秩序上也得到了体现，住宅内部高处和低处的对立关系在夏天会以另外一种形式展现。此时，住宅本身作为女人和儿童回去睡觉的地方以及存放余粮的地方与院子相对立，后者是生火做饭、安放石磨的地方，也是吃饭、过节或者举行庆典的地方。

[21] 男人们应该在室外建立他们的社交关系：“朋友是外面的朋友，而不是炉灶（kanun）边的朋友。”

[22] 人们说：“母鸡从来不在集市上下蛋。”

[23] 住宅和集会场所之间的区别可以清晰地从两者的建筑平面图上观察到：住宅只有正面的大门是向外界敞开的；而集会场所却更像一个有房顶的大过道，两边山墙的地方是完全敞开的，人们可以从中穿过，从一

头走到另一头。

［24］这一结构在神话仪式体系中的其他部分也可以找到，比如在一年或者一天的时间安排中。

［25］“白色的日子”有幸福的日子的意思。结婚仪式的一个功能就是使女人变成“白色的”（比如往她身上泼奶等）。

［26］铁匠是像女人一样的男人，在室内，在火炉边度过他的一天。

［27］围绕着火炉有一系列的仪式，还有一系列的禁忌，使它和阴暗面相对立。比如在夜间是禁止触碰炉灰的，同时禁止向炉子里吐痰、洒水到炉子里或者把眼泪滴进炉子。而祈求天气变化的仪式或者利用翻转逻辑的仪式，正是使用这一干湿的划分来颠倒住宅内潮湿一边和干燥一边的。比如，为了使潮湿变作干燥，人们会在夜里把一把纺羊毛时梳棉用的梳子（火焰制造的物品，与织造相联系）和炽热的火炭放在门槛上；相反，为了把干燥变作潮湿，人们会在夜里在门槛上往纺羊毛用的梳子上泼水。

［28］一个村庄也有它的名誉，所有来访的人都应该尊重它。正如进入一个住宅、清真寺或者打谷场时需要脱鞋一样，进入一个村子的时候需要下地，用脚走进去。

［29］当‘ammar一词说的是女人的时候，指的是勤俭持家的好主妇，同时也指建立一个家庭并充实地度日。和‘ammar相对的反义词是ikhla，指的是挥霍无度的男人，同时也指没有生育力的、被孤立的男人。而与之近似的enger，指的是没有生育力的光棍儿，也就是说那些从某种程度上说野蛮的，像豺狼一样没有能力组建家庭的人。

［30］与此相反，新的灶石在房屋落成那天进入住宅的时候，意味着引入并让住宅充满善良和美好。在这一情况下做出的预言也会带来繁荣和生育力：如果我们在一块石头下面找到一条白色的蛆虫，那么在年内就会有一个新生儿；如果我们找到蚂蚁，那么羊群就会得到壮大；如果看到一只土鳖，那么牲口就会增多。

［31］为了安慰亲属，如果死者是一个伟大的人，那么人们会说：

“baraka 将留在您这里。”如果死者是一个婴儿，人们会说：“baraka 没有离开这间屋子。”死者被放在靠近门口的地方，脑袋朝向大门。水会在牲口棚旁边烧热，然后在牲口棚门口为死者净身。烧水剩下的柴火和烧尽的灰会被撒到住宅外面。在给死者净身时垫在死者身下的木板会在门前放置三天。在下葬之后，人们会在下周五到下周六这个时间段里，在门上钉三个钉子。

［32］母牛要从门槛上放置的刀子和蚕豆上跨过，几滴奶会被滴在炉灶和门槛上。

［33］有时人们也会往盛奶的罐子里放一块石头，这块石头是年轻的牧羊人第一次听到布谷鸟的叫声时捡到并放在头上的。有时人们也会往锄头把的圈里洒入牛奶或者往罐子里撒一把土。

［34］也可以往她身上洒水，或者让她喝下水或牛奶。

［35］在门上悬挂的各种物件，都有表达门槛的双重作用的效果。门槛作为筛选的屏障，负责阻挡空无和邪恶进入家门，同时让满溢和良善进入，并且为所有跨越门槛走向外面的东西赋予生育力和运气。

［36］女孩子出生的时候会被包在光滑而柔软的丝质的头巾里，男孩子则会被用干燥、粗糙的绳子捆扎起来——绳子是收割时给麦子打捆用的。

［37］很明显，与此相反的朝向是可能的，虽然很稀少（我们可以通过看房屋的平面图了解到）。人们明确地说明所有从西边来的东西都带来厄运，所以一个开向这个方向的门只能受到阴暗和贫瘠的力量的影响。事实上，与“理想的”建筑朝向相反的住宅虽然稀少，但也存在。当配室在院子的拐角时，它经常只是一个简单的起居室，不带厨房和牲口棚，与主屋正立面相对的这面院墙往往对着邻居房子的背墙，因此是封闭的，而院子本身朝向东面。

［38］我们知道，一发生事端就会整个动员起来的两个政治性和战争性帮派（ṣuf）被以相对的名字来称呼（它们之间保持着多样的关系，从

相互重叠的组织到相互排斥的组织，并同时具有建立于亲属关系之上的社会统一性）。有时两个帮派会被叫作高派（ufella）和地派（buadda），或者右派（ayafus）和左派（azelmadh），或者东派（acherqi）和西派（sufa-ghurbi）。最后这一种叫法相对少见，只是被保留下来用于仪式上的游戏（这些游戏的逻辑基于传统争斗中帮派间的角逐）双方的称呼。而今天，这一词语被用于儿童的游戏中。

[39] 我们在这里提醒大家，主人是在屋里摆放纺织机这一面，也就是住宅相对高贵的一面款待客人。

[40] 在这里，应该在之前介绍过的一系列对立/同源关系中加上四个基本方位和四个季节（其含义对于神话仪式系统的从属性和适应性是可以证明的）：文化-自然，东-西，南-北，春天-秋天，夏天-冬天。

[41] 在卡比利亚的一些地区，刚结过婚的女子应该和一个刚刚受过割礼的男孩（在割礼仪式的时候）交错跨过门槛。

[42] 从这里我们可以理解，门槛通过翻转最基本的对立关系，直接或者间接地与决定翻转事物当下状态的仪式相联系。比如说用于祈求雨水或者祈求好天气的仪式，或者在不同周期之间在门槛上进行的仪式（如在En-nayer的前夜，即阳历的第一天，人们把火柴藏在门槛里）。

[43] 我们在欧雷斯（Aurès）的著作中可以很清楚地在一些祈福仪式中观察到住宅内四角和四个基本方位之间的联系：新年的时候，当人们更新炉灶的时候，绍维亚（Chaouïa）的女人们会做一些炸货，并把第一批做熟的食物切成四块，朝房屋的四角扔去。她们在春天的第一天举行的仪式上也会如此处置仪式用的餐点。（M. Gaudry，La Femme chaouïa de l'Aurès，Paris，Librarie orientaliste L. Geuthner，1928，p. 58-59.）

[44] 我们打算同时说明的是，相同的结构在时间顺序中也可以看到。但如果只是为了展示这里涉及的是一种非常普遍的魔法思想，那么只要给出另外一个很相似的例子便可。邦·舍博（Ben Chenb）向我们讲述，马格里布地区（Maghreb）的阿拉伯人把前腿笔直、后左腿带白色的马看作

好兆头。这样一匹马的主人肯定不缺运气，因为他面朝白色上马，又面朝白色下马（阿拉伯人骑马的时候从右边上马，从左边下马）。(Ben Cheneb，Proverbes arabes d'Alger et du Maghreb，t. III，Paris，Leroux，1905-1907，p. 312.）

［45］镜子在翻转仪式中扮演着重要的角色，特别是在祈求好天气的仪式中。

［46］这也解释了为什么即使非常留心地观察，这一现象也总是无法被观察到。

［47］在内部空间，两个相互对立的空间之间也具有等级关系。除我们已经谈到的标志性事物以外，我们还可以给出一个谚语：“一个住宅里最好满满当当的都是人，而不是被财产填满。”这里的财产指的是牲畜。

第三章
作为意象与意愿的亲属关系

男孩们在春天刚到来的那几天玩软木球游戏（qochra）。他们在一个软木球周围围成一圈，每人手执一根一端弯曲的棍子，游戏一开始先抽签决定谁当球的“父亲”，守护这个球：旁边的这位父亲要努力让球——他的“女儿”——不出他们围成的圈，即“家”。而其他游戏参与者则要试图用棍子把球弄出圈。如果“女儿”直接碰到了一位选手，或是“父亲”自己用棍子碰到了一位选手并说“这是你女儿”，那么被碰到的选手就成了球的“父亲”，先前的选手则不再承担这个职责。最敏捷的选手能将迷途的“女儿”据为己有，使其成为自己的“妻子”。如果“父亲”未能将“女儿”带回“家”，大家就会说他老了，并唱以下的歌嘲笑他的衰弱：“他老了，他老了，他成了下

> 流胚（Beni Kelleb①），他吃了一整个饼，喝了一壶奶清。”大家也会把球粘在失败者的衬衣下，他被视作一个怀上了别人孩子的女孩。被如此羞辱的“父亲”失声痛哭的事也并不罕见。
>
> ——阿格贝尔采集的仪式性游戏

84 在列维-斯特劳斯看来，只有对那些受无法容忍与父系平行从表姐妹（bent‘amm，父亲的兄弟的女儿）[1]结婚的思想支配的人来说，此类婚姻才显得“像一种丑闻”[2]。这种正当的准乱伦对单系血统群体的理论和联姻理论都发起了可怕的挑战：事实上，由于族外婚（exogamie）是不同血统再生产的条件，也是连续的家族单位保持永久性和可识别性的条件，因而这种婚姻让单系血统（unilineal descent）的概念成了问题，使得我们无法再根据某人父系或母系祖先的身份，且仅仅通过其中一系的祖先的身份，来确定此人的身份，这也让把婚姻看作以一个女人换另一个女人的理论成了问题，而乱伦的问题就在于没有实现交换。族外婚的规则严格区分联姻群体和血统群体，两者从定义上来说就不能重合，因为血统是被严格定义的，权力、特权和义务要么依照母系传承，要么依照父系传承，族内婚则是要消弭各支脉之间的区隔。因此，在一个可能真正建立在与平行从表姐妹联姻基础上的系统的极端案例里，一个特定个体就既通过其父亲也通过其母亲与其祖父相联系。但另一方面，由于选择把平行从表姐妹——这位准姐妹——留在自己的支脉中，群体会因此失去从外部获得女人从而建立联姻关系的机会。是否只需要把这类婚姻看作例外（或“变

① 卡比尔语原意为狗杂种。——译者注

形”)，而这例外仍然不至于推翻原有规则，或者只需要把原来与此不匹配的认知分类调整一下，给它空出个位子，换言之给它一个名字？抑或要彻底质疑滋生了这个怪胎（impensable）的思想分 85
类体系？

阿拉伯和柏柏尔传统对现有理论的反驳，至少像路易·杜蒙（Louis Dumont）指出的那样，重申了单系血统群体理论和联姻理论仍然只是“地区性理论”，这个地区性既是从地理上讲也是从认识论角度讲的，但这两个理论还是触到了普世理论的外围。[3]如果说一种文化传统的特殊属性所鼓励乃至强加的对这些理论的某些基础的批评显然并不更加普世，这些批评还是有助于通过突出某些对象的特殊性从而以一种特殊的韧劲展示普世问题，使其朝着一种摆脱了所有地理或认识论的地域性的理论前进。因此只需要观察到以下现象就可以了，尽管在一个有族外婚群体且严格区分平行亲属和交叉亲属的社会的案例中使用“婚姻倾向”这个概念无可厚非，但在一个没有族外婚群体的社会，这样做就不再妥当了；或者是不是需要在这个例外中找到一个理由，以便不仅质疑指示或倾向的概念，还一方面质疑以家谱定义的群体的概念（这个群体的社会认同及其界定标准都稳定且单一，并赋予其每个成员一个鲜明和永久的社会身份），另一方面质疑规则（règle）和由规则支配的行为（comportement gouverné par des règles）的概念——这个概念拥有（客观地）符合规则和被对规则的服从所确定的双重意义？

在父系血统婚姻的案例中，指令与规则的措辞是如此明显地不匹配，以至于我们不得不重新想起罗德尼·尼德汉姆（Rodney 86
Needham）对这样一种法律式措辞的或许从未满足过的成立条件

的拷问。[4]但这种对惯例的概念的认识论地位的拷问(这些概念与规则、指令或倾向的概念一样普遍和普世)很难不触及这些概念暗中作为前提的实践理论（théorie de la pratique）：我们是否可以把马林诺夫斯基（Malinowski）说的“亲属代数”当作一种亲属实践和“实践”亲属的理论，哪怕是非明示的，但同时又心照不宣地假设亲属名称和各种“亲属态度”之间存在一种推论关系？我们能不能赋予这种关系一种人类学意义，但又不假设亲属间被规定的且规则的关系是对被认为以法律规则的方式支配时间的规则的遵守的产物，尽管涂尔干谨慎地称之为“与法有关的”（jural）而非法律的或合法的（规则）?[5]最后，我们能不能把群体的谱系定义作为社会单元切分和行为者归属于这些群体的唯一原则，但又不暗含假设行为者在任何关系中都永远地被其对群体的归属所定义，也不假设——简单地说——这个（le）群体定义行为者及其利益要多于行为者根据其利益定义有关的若干（des）群体。

亲属关系的意象与意象的亲属关系

所有的与平行从表姐妹婚配的理论，尤其是其中最新近的弗雷德里克·巴特（Fredrik Barth）的理论[6]和罗伯特·墨菲（Robert Murphy）与雷奥纳尔·卡斯丹（Léonard Kasdan）的理
87 论[7]，都引入了结构主义忽略或不重视的功能，无论是诸如将财产保留在支脉内的经济功能，还是诸如加强支脉完整性的政治功能。而我们看不出这些理论还能有什么别的法子，否则它们就要把一种明显无法像与交叉从表姐妹婚配那样完成交换或联姻功能的婚姻斥为荒唐了。就这样，以往的大部分分析家沿用了土著解释，

即族内婚的功能是把财产留在家族内[8]，这是突出了婚姻和继承习俗的关系。针对这个解释，墨菲和卡斯丹提出了反驳，因为把儿子一半份额的财产分给女儿的《古兰经》戒律只在极少情况下被遵守，而反过来，家族则可以在多数情况下指望嫁进来的女孩带来遗产。巴特则坚持指出，族内婚“决定性地有利于”巩固最低限度的支脉，使其完整并能抵抗叛乱。而墨菲指责巴特是在用“个体行为者有意瞄准的目标”，或者更确切地说，用支脉的族长拴住可能叛乱的侄子们的意图，来解释这种婚姻。墨菲是用其“结构功能”来解释的，即有利于“父系支脉的极端裂变，并通过族内婚促进支脉的孤立和自我封闭”。列维-斯特劳斯颇具眼光地指出，这两种对立的立场其实殊途同归：巴特的理论把这种婚姻看作巩固支脉团结和遏制分裂的手段，而墨菲的理论认为这是为了寻求更大规模的单元的完整性，这些单元能最大限度地以共同的 88
起源为基础包含所有阿拉伯人。两种理论都承认，与平行从表姐妹的婚配无法用纯粹的婚姻交换系统逻辑来解释，而是必然会实现经济或政治的外部功能。

让·居伊瑟尼耶（Jean Cuisenier）在他的理论构架里充分考虑了上述观点带来的后果，他的构架试图考虑几乎所有观察家指出的“模式”与各种实践之间的不和谐[9]，以及婚姻交换的——至少是经济意义上的——外部功能，在架构所应用的结构主义客观主义和实践理论的范围内最大限度地接近了实践的现实。“正是土著思想自身走上了解释性模式的道路。土著思想是从两兄弟的根本对立出发再现一个群体中的联姻的，两兄弟之一要按照族内婚的逻辑结婚以便保持其群体的稳固，而另一个则要按照族外婚的逻辑结婚以便为群体建立联姻关系。这种两兄弟的分道扬镳存在于父系群体的所有层级。用阿拉伯思想体系中惯常的族谱措辞来说，这一对立表达了一种选择，这种选择可以用‘部分秩序’的简图来表示，其中选项 a 和 b 的数值分别是 1/3 和 2/3。如果 a 是选择族内婚，b 是选择族外婚，且我们从根部开始跟进二分法树的逐步分叉，a 中在谱系圈层中最浅表层的选择就是选择平行从表姐妹（所有选项的 1/3）。……这个极其简单的模式……提供了一种解释阿拉伯—伊斯兰文化的族群中父系支脉族内婚和其他有效婚配的典
89 型形式的频率的假设。”[10]我们可能会认为这一模式的优势是它表现为行为者婚姻战略的意象之一向客观和集体秩序的转化，且这一模式努力考虑统计数据，这就与传统的“倾向性婚姻”理论不同了，后者仅仅看到了次要因素——例如人口因素——带来的“标准”（或“规则”）与实践之间的分歧[11]；但这恐怕是被经验主义和形式主义的结合体最终廉价产生的严密表象迷惑了：“科学性”外在符号的令人眼花缭乱的堆砌——例如晦涩的图解和玄妙的计算——能起到的作用恐怕只是掩盖在对象构建和事实建立过程中的偷工减料。既然我们观察到，恐怕只需要多少把——可用于把与平行从表姐妹的婚配等同于任何支脉内部的婚配[12]的——家谱扩展一下，以便多少脱离令人意外的百分比（36％＝1/3?）就已足够（这个百分比一旦和土著意见结合，就生成了一个“理论模式”），那么我们就不需要使用认识论批判来说明，这个模式只是因为是被调整（ajustement）所建构——换言之是专门为此（ad hoc）而发明的，以便解释一个数据造假现象——而非从一种实践生产原则的理论出发构建起来[13]，才如此完美地与事实相协调。莱布尼茨曾说，每张脸的曲线都能对应一个方程式。而随着时间的流逝，我们总会找到某位数学

家，证明平行于同一个第三位从表姐妹的两位从表姐妹之间是平行关系……

对家谱进行数据分析的意图在形式上虽是严谨的，但其结果并不严谨，这一并不严谨的结果至少揭示了谱学的最根本的属性，而谱学本身则正是从未被分析过的一个分析工具。我们可以立即看到这个案例当中计算族内婚率的不妥之处，因为族内婚群体（groupe endogame）概念本身都有问题，也就是计算的基础有问题[14]。是否应该满足于纸上（sur le papier）——在考虑到与群体记忆拥有相同广度的众多家谱的情况下，而群体记忆本身的结构和范围又取决于群体赋予其记住或忘记的人的功能——抽象地进行的划分呢？由于在支脉图解中看到了贝都因人用以对其现有关系进行“初步理解”的一种意识形态化意象，彼得斯（E. L. Peters）注意到，这个图解忽略了在谱学上对等的分支之间真正的力量对比关系，遗忘了妇女，还把最根本的生态、人口和政治因素当作简单的“琐碎的意外”来处理。[15]其实，受到最严格审查的家谱含有塑造了集体记忆的系统漏洞。 90

由于记忆的力量与群体在重修家谱时赋予每个个体的价值成正比，家谱对男人（及其婚配）的记述（尤其当他们产生了大量男性后代时）多于女性（显然除非她们在支脉内部婚嫁）；对与邻近家族的联姻的记述多于遥远的联姻，对唯一的婚姻的记述多于同一个体的一系列婚姻（多配偶、离婚和鳏居或孀居后多次再婚）。而一切都让人认为，如果最后一位传人死去却又无后，或者无男性后人——这导致相同的结果，那么其所属的血脉就会被家谱记载者整个抹去。（见表 3-1） 91

表 3－1　家谱对男性和女性的记录

家谱世代	男性						女性					
	家谱Ⅰ			家谱Ⅱ			家谱Ⅰ			家谱Ⅱ		
	(1)	(2)	(3)	(1)	(2)	(3)	(1)	(2)	(3)	(1)	(2)	(3)
Ⅰ	1	0	0	1	0	0	0	0	0	0	0	0
Ⅱ	3	0	0	2	0	0	0	0	0	0	0	0
Ⅲ	9	5	7	2	1	1	2	0	0	0	0	0
Ⅲ	15	13	18	6	5	6	3	1	2	2	0	0
Ⅴ	19	17	21	17	15	18	8	7	9	6	5	7
Ⅵ	17	17	19	29	29	42	15	14	14	24	20	23
Ⅶ	21	19	23	49	49	59	15	13	14	47	46	55
Ⅷ	17	14	20	15	15	16	13	13	13	17	17	17
Ⅸ							1	1	1	1	1	1
总计	102	85	108	121	114	142	57	49	53	97	89	103

家谱Ⅰ：科洛高原家族；家谱Ⅱ：小卡比利亚家族。

家谱记录的对象——男性和女性的数量。

家谱记录了其婚姻或统计其结婚次数时记录了至少一次婚姻的对象——男性和女性——的数量。

家谱记录了男性和女性婚姻的数量。

由于其中很多人多次结婚，所以这个数字高于已婚对象（男性和女性）的数字：离婚或丧偶后男性和女性的历次再婚，外加男性的多
92 妻制婚姻。

在所有家谱世代，尤其是最高辈分的世代，女性的婚姻总是比男性明显少很多：这个差距无法用男人理论上享有的拥有数个妻子、休妻而又不必感到不光彩的自由来解释［而女人则在稳定婚姻中获得物质和象征性利益及“成就感”（thachbaḥth，美），让自己的父母和公婆家满意］，也无法用鳏夫必须续弦的义务来解释。寡妇，即便很年轻，其母亲的身份也使其无法再进入婚姻市场，身为母亲就得抚养她丈夫的孩子，尤其当这个孩子是男孩的

时候。“一个女人不能为了另一个女人而孀居。”人们这样说。因为只拥有女儿的寡妇是被鼓励改嫁的，而男孩的母亲则会因为守寡受到赞颂，尤其是当其还很年轻，在姑子们和妯娌们当中显得像个外人的时候。我们在此不给出搜集的全部家谱材料（从科洛高原、大小卡比利亚地区、瓦尔塞尼斯山山民家庭和契立夫河谷地的农业工人家庭等搜集来的超过30份家谱），也不列出对材料进行的处理（根据世代清点男人和女人的婚姻数，这些婚姻中与严格的从表姐妹的婚姻、与任何其他父系从表姐妹的婚姻、在扩大的亲属群体中的族内婚、与母系交叉从表姐妹的婚姻——无论这位从表姐妹是否是隔一代的父系从表姐妹——等等的分布；族内婚比率，从最严格的族内婚——与父亲兄弟的女儿的婚姻——的 93
比率，直到最宽泛的族内婚——在所有人互相认为是亲戚的一个群体内部的婚姻，即便他们之间没有任何谱系联系和任何有名称的共同体关系——的比率；一夫多妻的比率；男人和女人在离婚和鳏居或孀居后再婚的比率等），我们仅仅给出两个家谱——分别来自科洛山区和小卡比利亚地区——中婚姻的数量，其中可以看出，随着辈分的升高，男女婚姻数的差距在扩大。直到第六代，两份家谱对男女的记载才几乎一样多：到第五代时，出现在家谱中的女性数量也才只有男性的三分之一。整体观察家谱，女性的数量也低于男性，尽管随着辈分的下降差距在缩小（科洛地区的家谱记载了57名女性和102名男性，而小卡比利亚地区的家谱记载了97名女性和121名男性）。在被遗忘的婚姻的比例（直到第五代）上，男性为四分之一（两份家谱情况分别为47桩婚姻中被遗忘12桩，以及28桩中被遗忘7桩），女性为三分之一（一份家谱中13桩婚姻被遗忘5桩，另一份中8桩婚姻被遗忘3桩）。

或者应该重新采用行为者自己根据并非严格谱学意义的标准进行的划分？但这只是为了发现以下现象，即通常的（即实际可被动员的）支脉更大（潜在盟友也更多），且让其趋向于或不得不在支脉内婚配的压力更大、情况更紧迫时，一个个体进行一次社会上被认为近似于与其父亲的兄弟的女儿进行的婚配的可能性也
94 就更大。当共有终止且并无任何力量来重申和维持谱系关系时，在实际的社会空间里，父亲的兄弟的女儿并不比任何其他父系血缘从表姐妹（甚至母系从表姐妹）更亲近；相反，如果与一个在谱系上更远的从表姐妹同为一个紧密团结的“大家庭”的成员，过着完全共有的生活，在同一位长者的领导下，那么这位姐妹就完全等同于一位父亲的兄弟的女儿了。如果说信息提供者不断坚称支脉内部的婚姻如今比以往少得多，那么可能是因为他们怀着共同大家族衰亡所带来的幻觉。

我们看到，像最审慎的观察者那样谨慎地从与平行从表姐妹的倾向性婚姻的概念转换到“家族内部婚姻”的概念，并在这种宽泛但又有区分的措辞中找寻一种逃脱族内婚概念带来的问题——这些问题本身又是过于通俗的群体概念所隐藏的问题——的方式，是不足够的。我们可以首先探究这么一个事实的后果，那就是用且仅用凝聚起成员的谱系关系来定义一个群体，并因此（暗含地）把亲属关系看作一个群体统一的必要和充分条件。把两类人对立起来从而摆脱这个问题的办法恐怕是简单且诱人的。所谓两类人，一类至少暗含地假设，亲属的称谓（noms）系统——用于称呼和区别亲属及其关系的措辞——实质性地支配着实践，或者换句话说，表达了能实际支配实践的结构和结构性机制；另一类人反对这种理想主义（idéalisme），他们在称谓系统和更宽泛

的谱系意象中只看到了一种建立在其他原则之上的社会结构的合理化系统。事实上，恐怕应该拒绝这种非此即彼的做法，以便思 95
考：亲属结构难道不是作为社会世界的知识和建构工具来实现一种政治功能的吗（这与宗教和任何其他意识形态方式相同）？亲属关系措辞毫无疑问提供了社会世界的意象的结构化的原则，也因此提供了所有社会实践的基本原则之一：被集体认可且被集体认为是显然和必要的，集体和公共归类的词源学意义上的（katègoreisthai原始的意义是公开地确认，在所有人面前把某物记入某人名下）称呼和参照，或者说亲属类别（catégories de parenté）的词语是什么？"部族的单词"是一些秩序语词，这里的秩序当"命令"来理解，但可以只是指示性地使用这些词，因为它们只是表达了世界的秩序。提到一个男人时说"这是个男人"，其意义远超过其属于男性这一事实，而当所有"这是什么什么"的句式貌似是要宣称某物属性，实际上却是要使其成为被宣称的东西时，这个句式就充满了原则的请愿。要衡量这些认知—实践称谓的构成能力，即亲属关系词汇、一整套感知和禁止体系的构成能力，只要思考一下诸如"这是你姐姐"——这个强制性指示（indication impérative）是乱伦禁忌的唯一实际言辞——这样的表达所包含的所有含义就够了。如果说不存在不按照被亲属关系类别结构的社会世界意象来组织的社会关系，那么，相信社会实践——哪怕是与亲属的关系——被包含在谱系定义中就是幼稚的。民族学家建立的亲属关系的谱系图解只是复制了社会结构的正式（officielle）意象，即因为采用主导的（dominant）结构化原则而产 96
生的、在一定的关系下（sous un certain rapport）即在某些局势中并为实现某些功能而公开宣布的意象，这与特定局部所特有的私下的意象相对。

一旦我们明确提出亲属关系理论倾向于处理已经解决的——可能因为这个问题会把利益的措辞引入人们更喜欢谈论的更体面的规则措辞的领域——亲属关系的功能问题，或者更直白一点说，处理亲属的用途的问题，我们就不得不意识到我们称之为谱系性的亲属关系习俗仅仅适用于正式的局势，这些习俗在其中起到整理社会世界秩序和将该秩序合法化的作用，这些习俗也由此与其他种类的亲属关系实用习俗相对，而后者自身又是关系（relations，那些我们认为拥有和培养的关系）使用的一个特例。婚姻提供了一个很好的机会来观察实践中一次性被谱系的仪式标准定义的、唯一和恒定的、正式的亲属关系与边界及定义因使用者和使用场合而异的日常亲属关系之间的区别。正是日常亲属关系造就了婚姻，而操纵婚礼的则是正式亲属关系。在通常的婚姻中，正式提亲（akhtab）前的接触，以及涉及正式意识形态想要忽略的问题的不太容易启齿的谈判，例如婚姻的经济层面、妻子在夫家取得的地位、与婆婆的关系——就丢给了最无资格的人，让她们代表群体并让群体缔约（因此这些接触和谈判的结果也很容易被否认），她们要么是一位老妇，且往往是某种负责此类秘密接触的
97 职业妇女，要么是位接生婆，要么是某位习惯于走村串巷的其他种类的妇女。在相距遥远的群体间的比较艰难的谈判中，宣布意图的职责就落到一个属于足够遥远且区别于迎娶群体的德高望重的男人身上，以显得中立（neutre），并能够融洽地与另一位对于出嫁群体来说占有大致同等地位的人物（朋友或联姻者而非亲属）合作。如此，受到委托的人可以避免草率行事，并尽力找到一个会见“姑娘家那边”的代表且向其阐明有意迎娶她的家庭的意图

的机会。而至于正式的提亲，则由婚姻负责人中最不重要的人——姑娘的兄长而非父亲，叔伯而非祖父，以此类推——实施，这位提亲者还要由另一支脉的一位亲属从旁帮衬，尤其是当他比较年轻时。至于调停者的游说（ahallal），则是由在谱系关系上与新郎更近和更有威望的男人（例如，首先可以是兄长和舅舅，其次可以是叔伯或群体中的一位长老，再次可以是这些人再加上几位长老的协助，也可以是群体、村庄的长老和秀才，随后可以是村里的隐士，乃至父亲，但由邻村甚至邻近部落等的长老陪伴）来向新娘家里在族谱和空间上更疏远的人阐明他们的请求。此后就轮到姑娘的亲属中德高望重但最疏远的人受男方最亲近和最有威望的亲属之托向姑娘的父母美言，而这些男方亲属自己也向她的父母说尽好话。最后，要在尽可能多的人面前宣布接受提亲，要由姑娘的那位被请求去美言的最显赫的亲属把喜讯告知男方最显赫的亲属。如果说，随着谈判的推进，谈判走向成功，那么日常亲 98
属关系就会让位于正式亲属关系，而用途（utilité）关系下的等级就几乎与谱系正当性关系下的等级相反。那首先是因为人们不倾向于一下子就“陷入”亲属间的谈判，由于其谱系和社会地位，亲属可能在委托中承担过多的责任［在一种通常与结构优势相联系的劣势环境中（由于男人更多自上而下地结婚）则尤其如此］；其次是因为人们不能请求随便什么人去充当可能遭到拒绝的提亲者，更重要的是，不能让随便什么人进行往往很吃力、并不光彩甚至有时让双方都受辱的谈判（例如被称为 thaj‘alts 的做法，即花钱请被提亲的姑娘的亲属游说负责决策的亲属）；最后是因为在谈判有用（utile）的阶段，要寻求最高的效率，就要选择著名人物——因为他们的才干，或对有关家庭的特殊权威，或他们与一个能够影响决策的人的良好关系。真正“促成”婚姻的人自然就应该在正式阶段满足于他们在谱系中的地位所决定的位置，而非他们的实际作用所决定的位置，就像在戏剧中那样，他们注定为了“主角”的利益“起到实际作用”。如果要总结一下，那就是意象的亲属关系与日常的亲属关系的对立，正如正式与非正式的对立（后者包括非正式的和难以启齿的），正如集体和局部的对立（后者指最不集体的东西），正如魔法般的或准法律化的形式主义
99 所明确规定的公和维持在暗含甚至隐藏状态中的私之间的对立，正如由于由集体执行因此可由可替换的执行者执行的，作为无主体的实践的仪式和追求一名行为者或一个个别行为者群体实际利益的满足的战略之间的对立。服务于所有功能，即不服务于任何特定功能的由简单的理论划分产生的抽象单元——例如这里的单系血统谱系（或者年龄层）——唯一的实践层面等同物就是亲属关系最正式（officiels）的惯例：意象（représentation）的亲属关系只不过就是群体自己产生的意象及其通过自己的意象行动而自我赋予的几乎戏剧式的意象。与此相反，日常群体只通过且为了其实际被动员（effectivement mobilisés）所要实现的特殊功能而存在，日常群体之所以存在，只是因为它们是被其使用本身和一整套维持工作（其中包括其实现的婚姻交换）维持运作的，只是因为它们的基础是一个惯习和利益共同体，正像物质和象征遗产的共有建立起来的共同体。

用途、符合与符合的用途

把亲属关系看作人们制造出来的东西以及制造别的东西的原料，这不仅仅像严格的分类学可能让人认为的那样，是让“功能

主义”诠释取代“结构主义”诠释，这是以作为实践的实践理论的名义，彻底质疑像马克思说的那样引导民族学传统“以客体或 100
直觉的形式”领会亲属关系，而非以参照必然实用的功能而产生、再生或使用亲属关系的实践的形式来领会亲属关系的实践的暗含的理论。[16]相当于血统关系的东西，更有理由（a fortiori）相当于姻亲关系。事实上，只有当我们在尘埃落定时（post festum）将这些关系作为既成事实（fait accompli）来记录，就像民族学家记录一个谱系那样，我们才会忘记，这些关系是为了满足物质和象征利益且依照一种确定的经济和社会条件类型来组织的（有意识的或无意识的）战略的产物。当我们只考察已经进行的战术回合（如果不是考察土著意识形态认为最值得注意的回合，例如与父系平行从表姐妹的婚姻的话），且有关这些回合我们只掌握一些谱系信息（即婚配对象之间的亲属关系）时，我们就不得不在不知不觉中重新采用总是迫使我们努力去从产物中提取其产生原则，即从操作成果（opus operatum）中提取出操作方式（modus operandi）的实践理论。通过对一种产生了所有这种方法的言语的谬误推理，人们做得就好像已走过的道路是根据规则产生的似的（当学院派和方法者希望把产生过程诉诸事后从产物中提取的规则时，他们只不过是领受了这种无逻辑的后果而已）。

名字的传承引发的竞争和冲突提供了观察这些谱系标识的实用功能和政治功能的机会：获取这些同时也是获取一种徽章（emblèmes），并作为一个支脉累积的象征资本的谱系地位标志（某某、某某之子等），在某种意义上就是获得一个能带来对群体 101
遗产的特权的头衔（titre）。兄弟情（thaymats），即同时代亲属间的力量和权威对比状态，决定了其是否将成为先祖（thadja-

dith）——集体历史——的东西；但这种处于竞争关系的个人和群体间力量对比的象征性投射还有利于加强这些力量对比，因为主导者被赋予了讲授过往有关记忆的权力，而这个过往已经被尽可能地修饰过，以为其当下利益找到合理性。把一位伟大祖先的名字赋予一个新生儿，这不仅仅是完成一个孝道行为，而是某种程度上预先让这个孩子命中注定要“复活”这位命名祖先（isakrad djedi-s，他“复活”了他的祖父），即继承他的责任和权力。我们可以这样理解：人们倾向于避免把一位还在世的亲属的名字给一个新生儿，因为这可能意味着在这个人去世前就“复活”他，向他发起侮辱性的挑衅，甚至是诅咒（起名中神奇因素的存在可以从其他很多迹象中看出来，例如，为了祛除某些名字带有的不育的威胁，就把它稍作改动）。即便当庄严的分家已经宣告共有中断，或是由于移居至其他城市或移民法国造成家庭崩解之后，也依然如此。依据相同的逻辑，我们也理解一位父亲不能把自己的名字给他的儿子，如果儿子用父亲的名字，那是因为他是在其父去世后不久出生的，是遗腹子。但是，不论是在这个领域还是其他领域，总还是有摆脱困境的办法和狡猾的托词的。有时人们会改掉原先给孩子起的名字，以便把由于其父亲或祖父去世而空出
102 来的名字赋予他（其母和家中的女性会继续使用其原先的名字，但仅限于私下的称呼）。也可以用同一名字的不同形式给几个孩子起名，它们各自之间只有细微差别，只要稍作加减（例如用 Mohand Ourabah 取代 Rabah 或倒过来；Akli 取代 Mohand Akli 或倒过来）或修改（Beza 取代 Mohand Ameziane，Hamimi 或 Dahmane 替代 Ahmed，Ouali 或 Alilou 替代 Ali，抑或用阿拉伯化的 Seghir 或 Mohand Seghir 替代 Meziane 或 Mohand Ameziane）即可。同样，

如果要避免让一个孩子叫跟他哥哥相同的名字，往往就把相近的或来源于同一个名字的名字连接起来（Ahcène 和 Elhocine，Ahmed 或 Mohamed，Seghir 或是 Meziane 和 Moqrane 等），尤其是当这些名字中的一个来自一位祖先时。

Mohand Saïd（Ⅲ$_{a}$）（见图 3－1）使用了他祖父Ⅰ$_{a}$的名字；他给自己的长子起了个新出现的名字 Arezqi，而给自己的次子起了自己父亲的名字 Amar（Ⅳ$_{b}$）。Arezqi 想给自己的长子起自己爷爷的名字（Amar），但这个名字他的弟弟仍在使用，因此不能原封不动 103
地用这个名字，否则难免引起混淆，且更加难免显得不礼貌，甚至显得像对他弟弟的挑衅，以至于带有神秘—仪式色彩的解读。他只能采用 Amar（Ⅳ$_{b}$）的变体之一：Amara（Ⅴ$_{b'}$）。他的次子也是如此，他父亲（Ⅲ$_{a}$）去世后 Mohand Saïd 这个名字一度可用，但被他弟弟 Amar（Ⅳ$_{b}$）用来给自己的儿子（Ⅴ$_{a}$）起名，于是他用了 Saâd（Ⅴ$_{a'}$）这个变体。

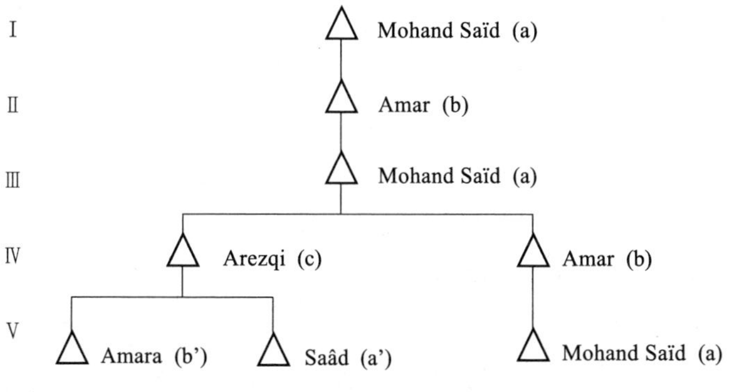

图 3－1　Mohand Saïd 家谱

Mouloud（Ⅲ$_{c}$）的后代（见图 3－2）保留了祖先Ⅱ$_{b}$的 Arab 这个名字，给了Ⅳ$_{b}$和Ⅵ$_{b}$；他们还发明了一个来自初代祖先Ⅰ$_{a}$的

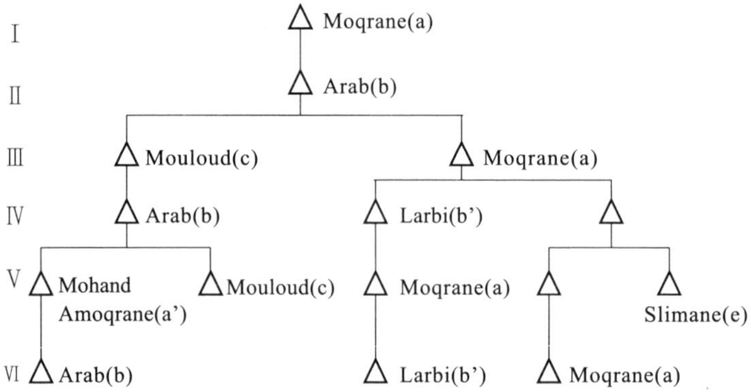

图 3－2　Moqrane 家谱

名字的变体 Mohand Amoqrane（Ⅴ$_{a}$）；Moqrane（Ⅲ$_{a}$）的后代则作出了对称和补充性的选择，即照搬了 Moqrane 这个名字（Ⅰ$_{a}$-Ⅲ$_{a}$-Ⅴ$_{a}$和Ⅵ$_{a}$）并新增了 Larbi 这个名字，即 Arab 的变体（Ⅳ$_{b'}$和
104 Ⅵ$_{b'}$）。

由于家族越大不可用的名字就越多，所以我们可以在名字的分配中找到支脉的“情感”的表征。相同的名字或是若干由相同名字组成的完整系列可以在同一谱系中平行并存：共同的起源越是远（或小群体之间的统一越是被削弱），使用相同的名字来在越来越自主的支脉中永久保存相同祖先的记忆就越是显
105 得正当。

Ahmed（Ⅰ$_{a}$）的儿子 Abdallah（Ⅱ$_{b}$）的后代（见图 3－3）分为三支，一支源于 Salah（Ⅲ$_{c}$），一支源于 Saïd（Ⅲ$_{e}$），另一支源于 Ahmed（Ⅲ$_{a}$）。每一支显然都使用了其创始者的名字，因此 Salah 的名字在Ⅲ$_{c}$，Ⅴ$_{c}$，Ⅵ$_{c}$等人中出现，Saïd 的名字在Ⅲ$_{e}$，Ⅴ$_{e}$，Ⅵ$_{e}$等人中出现；Ahmed 的名字在Ⅲ$_{a}$，Ⅴ$_{a}$，Ⅶ$_{a}$等人中出现。

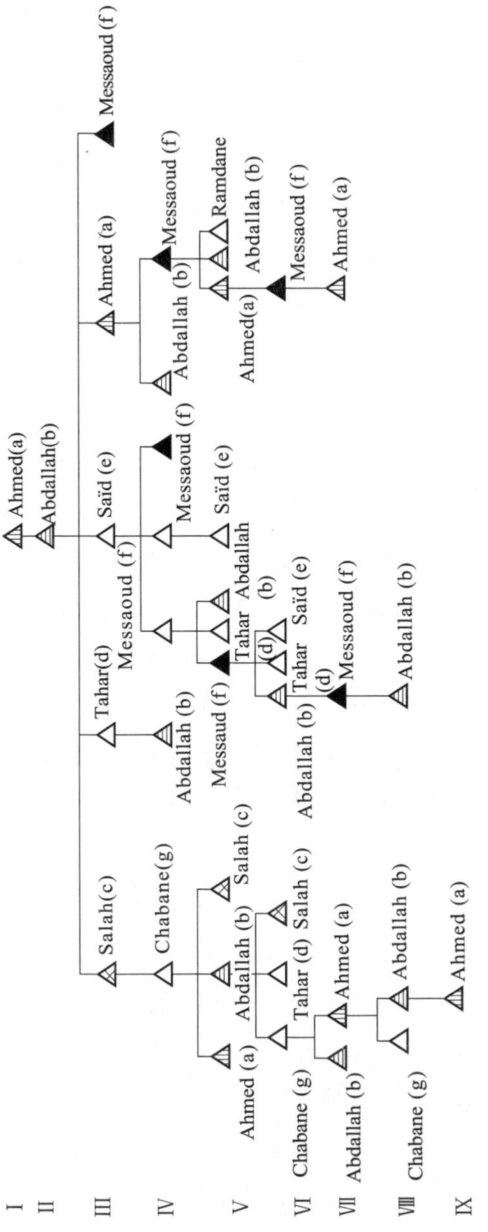
I
II
III
IV
V
VI
VII
VIII
IX
Ahmed(a)
Abdallah(b)
Salah(c)
Tahar(d)
Saïd (e)
Ahmed (a)
Messaoud (f)
Chabane(g)
Abdallah (b)
Messaoud (f)
Abdallah (b)
Messaoud (f)
Ahmed (a)
Abdallah (b)
Salah (c)
Messaud (f)
Tahar
Abdallah (b)
Messaoud (f)
Saïd (e)
Ahmed(a)
Abdallah (b)
Ramdane
Chabane (g)
Tahar (d)
Salah (c)
Abdallah (b)
Tahar (d)
Saïd (e)
Messaoud (f)
Abdallah (b)
Ahmed (a)
Messaoud (f)
Chabane (g)
Abdallah (b)
Abdallah (b)
Ahmed (a)
Ahmed (a)

图3-3　Ahmed家谱

除了这些可能构成各个支脉自身的“资本”的名字，三个支脉还都采用了一定数量似乎属于整个家族共同遗产的名字，也就是说，要么是 Ahmed 和 Abdallah 这两位祖先的名字，要么是未能留下男性后代因此未能传承其记忆的男人们的名字。与 Ahmed（III_{a}）在第三代即已开创的支脉相平行，Salah（III_{c}）的后代中也含有一系列叫作 Ahmed 的人（V_{a}，VII_{a}和IX_{a}）：最初被 Ahmed（III_{a}）和 Tahar（III_{d}）的后代重新使用的 Abdallah 这个名字，虽在以上两个分支中都在IV_{b}处凋零，但其后又被VII_{b}重新采用，并在VIII_{b}处被采用两次。由于在第四代中两个叫 Abdallah 的男人都没有儿子，这个名字也就无法再被直系后代传承，Tahar（III_{d}）的名字也好不到哪里去，且后者被抛弃的风险更大，因为与共同祖先
106 （II_{b}）的名字 Abdallah 相反，已经没有直系后代来继承这个名字，而旁系后代不会比直系更倾向于重拾和维持这个名字所代表的象征资本。因此就需要在某个支脉中有大量男性，以便 Tahar 被再次利用（也就是III_{c}后代当中的VI_{d}，以及III_{e}后代中的 V_{d}和VI_{d}）。至于 Messaoud（III_{f}），由于没有后代，这个名字分散在各个分支里，即 Saïd（III_{e}）后代中的IV_{f}和VII_{f}，以及 Ahmed（III_{a}）后代中的IV_{f}和VI_{f}。

名字在各分支和各代间的分布很好地显示了集团通过应对继承问题包含的潜在危机来维持其完整的能力，而继承问题是特别难掌控的问题：只有奇迹般的一系列巧合才可能自动协调一系列让名字可用的死亡和一系列带来名字声索权问题的出生，以便谱系优先性的等级能得到维护。

正因如此，高度内婚制的瓦尔塞尼斯山区的一个隐士家庭才能最大限度地减少名字的数量，全家只有 14 个男名和 10 个女名，

却有124名男性和84名女性，以此显示其象征遗产的共有。即便对于掌握多种识别技术（亲子关系，参考家族的一个分支、一个家庭或是一个绰号等）的亲近者来说，由此产生的混淆仍在所难免。为了摆脱这样的混淆，人们采用了一系列技巧，其中一些供亲密者使用（要么是名字的缩略形式或其他变形，比如Hand表示M'hand，或Aqa表示Abdelkader，把母亲的名字加在父亲名字上，而由于高度内婚，母亲往往也是同一支脉成员），其他一些供外人使用，即完整指明谱系关系（例如Djelloul M'hand Mohamed Abdelkader Ahmed Amar Ouali）。 107

其次，正如最高贵的土地，最荣耀的名字也是一种有规则的竞争的争夺对象，而由于最炙手可热的名字持续意味着与群体内外纪念的祖先的传承关系，因而取得这样的名字的“权利”是按照一种等级来分配的，这一等级类似于复仇的名誉义务的等级，或是出售祖传土地时的优先权等级。就这样，名字通过直系父系血脉得以传承。如果某人自己的父亲的兄弟或自己的兄弟（孩子辈的'amm）留下了已婚的儿子，他就会给自己的孩子起他们的名字，因为他自己的儿子可能会给自己的儿子或孙子之一起自己父亲的名字。无论在哪里，由于更加迅捷且更加方便的标准与义务的措辞（应该、不能，等等）毫不含糊，我们才会看到，一位兄长会利用有利于自己的力量对比关系给自己的孩子起自己的一位尊贵的弟弟——这位弟弟去世了，只留下了幼子——的名字，随后弟弟的孩子会觊觎其名誉点，冒着陷入窘境的风险夺回自认为可合法使用的名字。当几个兄弟都想给自己的孩子起自己的父亲的名字时，竞争也就尤其明显。由于担心某个名字被遗弃且不希望由此留下持久的空白，人们通常会给叫这个名字的人死后出生的第一个男孩起这个名字，但长兄可以延迟起名，以便把这个名字留给自己的某个孙子，而非留给自己某个弟弟的儿子，这样就跳过了一代。但相反，在没有任何男性继承人的情况下，也会出现某个名字无人继承的情况，将其“复活”的使命就落到旁系身上，随后落到整个群体身上，群体的功能也由此显示出来，其团
108 结程度和男丁的兴旺使其可以重拾所有直系祖先的名字，并且可以修补其他地方出现的漏洞（当自己的父亲的兄弟去世而又无男性后人时，娶其女的功能之一就是让其女确保她父亲的名字不至消失）。

民族学家要去揣测正式亲属关系和日常亲属关系的区别是尤其难的：除了认知用途外，民族学家本身与亲属关系并无瓜葛（至少与被他们当作对象的其他人的亲属关系并无瓜葛），只要素材提供者们自认为是受群体委托就有关群体的问题进行正式发言的发言人，民族学家就准备好把这些提供者倾向于向他们提供的正式说辞当作无须质疑的真相。民族学家的死抠法律条文主义与素材提供者的死抠法律条文主义半斤八两。而当观察者以谱学家自居时，他无法感受到自己被强加了社会现实的正式定义（définition officielle），而这个定义本身就盖过或驱逐了其他定义：几代民族学家为了肯定或否定与平行从表姐妹的“倾向性婚姻”的存在而作出的绝望的努力便是例证。一旦他们纯粹从谱学的角度看待婚姻问题［正如素材提供者也是通过提及与父亲兄弟的女儿（bent‘amm）的婚姻而纯粹从谱学角度看待这个问题］，游戏便已成形，或者更确切地说，游戏的边界便已经被确定：所提问题的所有解决方案都会被接受，只要方案是以谱学的语言表达的。……民族学家通常恐怕无法打破其与其素材提供者［这些人

通常自己也是因其“能力”而被群体指定的、“被许可”的发言人，在特殊情况下，就是指一些男人（hommes）和年长（âgés）且有影响力的（influents）的男人］的正式意识形态之间的同谋关系，也不 109
能与我们称为谱学的亲子、联姻、兄弟姐妹关系的图解的建立所需的前提决裂，除非确定这种特殊的亲属关系用法与行为者应用它可能的不同方法之间的关系：当民族学家把亲属关系的土著术语体系看作纯逻辑关系的封闭和连贯的系统，而这些纯逻辑关系又是一劳永逸地仿佛通过建构从而在一种文化传统暗含的公理体系中被这公理体系定义时，民族学家就与此同时自我禁止获取一种实践的认识论地位，这种实践正如他们自己的实践那样，把这些语汇和关系的实践功能的中性化当作前提和必不可少的条件。

由于不了解民族学家构建家谱——能够一望而知（uno intuitu）、能够从任何一个出发点出发以任何方向被浏览，并能让数代亲属关系的完整网络以这种理论对象（即 tota simul）的特殊存在方式完全存在于自发状态下的空间图标——的方式，我们也就无法了解作为实践（en tant que pratique）的实践，也就是行为者实际使用其亲属关系的社会习俗。

为了通过追溯到共同祖先的方法测量两人之间的亲缘“程度”，或为占据尊位，（获得或不获得专业人士辅助的）行为者在正式场合可能采取的谱学计算，就是在满足直接的实践功能，这还没有考虑把某些关系展现为纯粹的血统或联姻的谱学关系所带来的意识形态功能，而本来这些关系也可以有其他解读（例如兄 110
弟姐妹关系），且也总是（aussi）建立在其他原则（例如经济或政治的原则）之上，每当人们在因现实需要而回溯以往的关系时，这种建立的方式也就起作用了，现实关系的存在理由其实遵循着其他原则。另一方面，民族学家建立起来的逻辑关系之于日常关系［即“实践”（含有双重意义）关系，因为被持续实践着，且正如人们所说，是被维护和丰富的关系］，正如作为理论上可能的所有道路和所有途径的想象中的意象的一张图纸的几何空间，之于实际上被维持、参考、开辟，因此也易于采用的道路网。而不再得到持续的维护且只被断断续续地使用的正式关系，便趋于成为谱学家自珍的敝帚，也就是理论上的关系，即一张老地图上实际已被废弃的道路：在这种逻辑中，最重要的交换并非由于其超常和浮夸的气质而引起民族学家们的注意且由于挑战逻辑而隐含着断交威胁的那些交换，而是那些不被察觉，在通常场合交换、维系日常关系延续性（continuité）的小礼物。简而言之，被结构主义传统赋予了对于经济决定因素而言的几乎完全的自主性且因此拥有几乎完美的内部一致性的亲属逻辑关系，仅仅通过且为了某些行为者的正式与非正式使用而存在于实践模式中，由于亲属逻
111 辑关系在现实或虚拟环境中实现着对其更为不可或缺的功能，或更直白地说，可以满足一些至关重要的（物质或象征性）利益，因而这些行为者会倾向于继续使用亲属逻辑关系并使其被使用得更频繁——由于开辟效应，也总是能使其被使用得更容易。

与饱读诗书或粗通文墨的谱学家们所了解的无历史的关系相对，日常关系是由将之产生出来的历史所定义的，这历史就是日常关系允许的并重新产生日常关系——与此同时产生的还有日常关系运行所处的局势的历史，而最值得注意的局势就是犯罪、土地买卖或婚姻——的经济的和象征交换的历史。由于存在仅仅根据谱学标准抽象地进行武断切分的风险，应该在应用谱学的同时，获取谱学涵盖的所有个体间交易状态的完整知识，也就是荣辱祸

福之中不可或缺的团结的基础——物质和象征交换的整个历史。这里举一个例子（见图3－4），即称作La‘la房（akham）的群体的例子，也就是Djoudi Nath El djoudi des Aït Messaoud（Ⅰ代）、Abbas（Ⅱ代）、Messaoud（Ⅲ代）、Mohand Saïd（Ⅳ代）、La‘la（Ⅴ代）的全部后代。一切的倾向性都是为了突出家谱的解读所要体现的血脉的意象：喜欢提及凝聚了La‘la房（akham）的所有成员的“血统共同体”的行为者们的言语，表示直接血统（某人、某人的儿子）或远房血统（某人的后代某人——具体到这里，就是X…n La‘la）的用以索引的表述，以及可以通过“复制”父亲、祖父或叔父——及其权力——在某个特定继承者身上体现血统延续性（例如这里，Amara n La‘la——Ⅸ代，重新用了他的曾祖父Amara n La‘la——Ⅵ^{3}——的名字；Mohand Ameziane n La‘la——Ⅸ^{2}，重新采用了他没有后代的曾叔祖Ⅵ^{1}的名字；Larbi La‘la——Ⅷ^{1}，用了他的叔叔Ⅶ^{3}的名字；Salah La‘la——Ⅷ^{1}，用了他的祖父Ⅵ^{2}的名字）的起名做法的显然具有谱学意义的象征系统。可这太明显了，且民族学家能够在亲属关系的意识形态用途中找到的表面的肯定信息，无法掩盖所有群体用以重申其不把La‘la的全部后人当作同一家族成员的迹象：由此，不仅为了精确地辨认个体，113
也为了达到与谱学联系所寻求的意识形态神秘化效果精确对应的去神秘化效果，父母和非父母放弃了援引最遥远和最显赫的祖先的做法，以突出确切体现每个个体特色并将其与其他所有人区分开的谱学关系，例如用La‘la n Amara（援引其祖父的名字，因为其父Larbi英年早逝）来指称La‘la后代的两大分支中较大一支当时的族长La‘la La‘la——Ⅷ^{3}，或是用Akli n Amara来指称Akli——Ⅶ^{4}。即便在土地仍然未经分割的情况下，上述现象也存在。

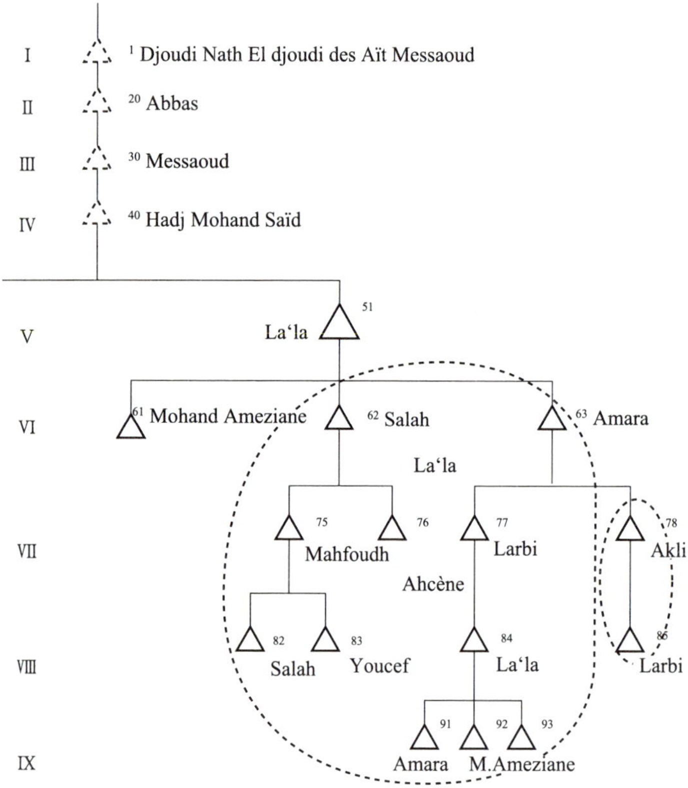

图 3-4　La'La 房群体家谱

我们可以说土地是"X 家的土地"，而男人们则被称为"Y 和 Z 的儿子"（前者自己也是 X 的儿子）。行为者的实践依据现行的划分的实践知识而进行调整，他们把谱学意象作为社会秩序合法化的工具来使用，而分析者则把谱学意象看作社会现实的理论模型，而无法了解只有群体的经济和社会历史能够提供的非谱学的联合与分裂的原则。因此，在这个具体案例中，行为者可能提及的谱学单元，尤其是在与民族学家的关系这个正式背景下，实在地被分为两“房”，即得名于其各自族长名字的 Akli n Amara（Ⅶ^{4}）房和 La‘la（Ⅷ^{3}）房。这次分割发生在一次危机之后，由于危机发生在 La‘la 最小的儿子（Ⅵ^{3}）活着的时候，当时权力正进行着世代交替，所以我们可以称之为结构危机：Amara n La‘la（Ⅵ^{3}）将其掌握的对整个支脉的权力传给了已经拥有祖先名字——而这绝非偶然——的孙子 La‘ala，因此排斥了 Akli n Amara（Ⅶ^{4}），而后者不论是从年龄（他是 La‘la 后代的所有男丁中的居长者）还是从与 114
掌权者的关系（他是 Amara 的儿子）来论，都是正统继承者。人们称为“他祖父的儿子”（相对于只是“他父亲的儿子”的 Akli）的 La‘la n Amara 从祖父那里不仅获得了成为指定继承人——他的名字只是这一事实最显见的标志——的特权，而且得到了特殊培养，要承担起“房长”（aqaruy ukham）的责任：从孩提时开始，他就被免除了田间劳作之苦，转而研习人们姑且可称为家庭对外政策的事务，即研习对外经济交流，掌握市场技能，学习进行有关与其他群体关系的决策，也因此获得了“全体大会男子”（argaz ladjma‘）应有的以语言和修辞为主的能力，以及与此角色相关的权威。因为象征资本，尤其是有关政治和经济游戏的知识，至少在支脉内部是获取政治权力的决定因素之一，而（无论在何地都比经济资本的传承更难掌控的）该资本的带有差别性的传承，是逆转谱学上的优先次序的方式之一。这个很简单的例子能让我们看到正式关系与日常关系之间、正式及公共单元和日常单元之间——两者偶尔也会重合——的关系从根本上来说成问题（problématique）的性质。

谈论族内婚，并且希望以严谨的态度来测算族内婚率，这样做本身就好像是存在一个支脉的纯粹谱学的定义一样。而事实上，每个成年男性，无论其在家谱中代际关系如何，都是可能根据某115 种特殊社会用途而事实上被激活的潜在的分割点。人们越是在时间和谱学空间（espace）（在这个抽象空间中没有任何因素能阻止人们无限远地去追溯）里远溯源头，支脉的疆界（frontières）也就越是会消弭，谱学意识形态的同化（assimilatrice）力量也就越是强大，但其区分（distinctive）功能也就越是弱，而当临近共同先祖的时候，区分功能则又转强。也正因如此，我们对 ath（……的后代）一词进行的运用，遵循一种相对主义或者更确切地说是取决于定位的逻辑，这一逻辑颇似埃文斯-普理查德（Evans-Pritchard）所说的部落单元（cieng①）一词的用法具备的逻辑，即同一个体，可以根据情况、局势、对象，因此也可以根据称谓的同化或区分功能，来自称为 Ath Abba（房，akham），或 Ath Isa‘d（takharrubth）、Ath Ousseb‘a（adhrum），或 Ath Yahia（‘arch）的成员。绝对相对主义赋予行为者一种权力，使其可以无限制地操纵其自身的社会认同或通过操纵各个人群所属的社会界限而同化或排斥对手或伙伴的认同，但这种绝对相对主义恐怕至少与那些不懂如何用拥有直观界限的人群以外的眼光来看待一个群体的人的天真的现实主义相决裂了。然而，仍然囿于谱学逻辑的我们极容易忽视这样一个事实，那就是一个群体的结构（也可扩展至其组成个体的社会认同）取决于其组成和组织的基础的功能。试图摆脱谱学抽象的人们也忘记了这一点，他们摆脱抽象的方法是将两样东西对立起来。其一是单系血统线，或应像路易·杜蒙（Louis Dumont）那样更确切地称其为“图表线”，以表明其仅仅存

① 见于其对今南苏丹努尔人（Nuer）的研究。——译者注

在于图表中；其二是本地线或本地血统线，即居住单元允许以群体身份集体行动的单系血统整体的一部分。[17]

无视空间距离的效果取决于社会关系为之建立的功能这一事 116
实就是再次屈从于现实主义。如果我们能够承认一个事实，例如，一个合作伙伴的潜在用途随着距离缩短而趋弱，而每当由于远离的人之间建立起关系而获取了更高的象征收益——正如在荣耀的婚配中那样——时，这个原理也就不再奏效；同样，如果居住单元促进群体的完整性，那么其为实现共同功能而进行的动员赋予群体的统一性会减弱距离产生的效应。简而言之，尽管我们可以在理论上认为存在多少功能就存在多少可能的群体，但正如我们在婚姻中看到的，并不是在任意场合都能请任何人来办事，人们也不能为了任意目的给任何人帮忙。即便为了脱离相对主义而又不陷入现实主义，我们也能认为，潜在有用——既因为在空间上邻近而事实上可用，又因为拥有社会影响力而有用——的合作伙伴的常量使得每个行为者群体趋于通过持续的维持工作维系一个日常关系的优先网络的存续，这个网络不仅包括保持在运转状态的谱系关系（这里称为日常亲属关系）的全部，也包括能被动员以满足存在的通常需求的非谱学关系（这里称为日常关系）的全部。[18]

如果说能被与家谱中某（任意）一代的某位祖先的相同关系定义的个体的正式整体构成一个日常群体，那么在这个案例中，以谱学为基础的划分在双重语义上涵盖了基于其他原则——生态学的（邻近）、经济学的（共有）、政治的——建立的单元。即便 117
谱学标准的描述性（descriptive）的价值由于共同源头更近、社会单元更小而更大，这也并不意味着其统一效力（efficacité unifica-

trice）相应增加。事实上，我们将看到，谱学上来说最紧密的关系，即兄弟间的关系，也是最紧张的关系场域，只有持续的工作才能维持利益的一致性。简言之，孤立的谱学关系从不足以完全确定关系所涉及的个体之间的关系，只有当与对一种物质和象征性遗产——包括共同的易损性和财产——的共同拥有所产生的利益共同体相联系时，谱学关系才拥有这样的保障性的价值。日常亲属关系的广度，即正式亲属关系和日常关系的整体的交叉，取决于正式单元的成员超越共有的生产和消费共同体内部的利益竞争引发的紧张关系、维持符合任何自认为完整的群体的正式意象（例如借用共同意识中常见的反对派的说法："把他的兄弟当作朋友"）的实践关系以及聚集任何实践关系带来的优势和社会上给予符合实践的正式意象的实践的赞许所确保的象征性收益的禀赋。

我们从中看到了日常与正式的辩证法的意象之一，而这个辩证法恐怕是所有社会互动的最高原则。日常和正式的重合事实上只是表现了任何社会互动的这两方面之间关系的一种特殊状态，而且是种优先状态，因为正如我们看到的，这种重合使得行动者
118 可以同时获得实用性的收益和因符合性带来的利益。我们也明白，在使战略产生双重作用（并将之掩盖）的第二级战略中，最常用的一种就是模拟这种重合。如果民族学家曾经对所谓人们借以"遵守规则"（met en règle）并显示出实践且没有作为原则的规则[19]的实践的客观意义的象征性操纵的存在产生怀疑，他们本可以不那么天真的方式使用规则的措辞，即行为者用来谈论他们的实践的措辞……民族学在有一点上也许说对了，那就是只有在遵守规则带来的利益大大超出违背规则带来的利益时，人们才遵守规则（当规则确切存在时）。但是，民族学家即便信奉最极端的唯

物主义，也只求被精心维护的模棱两可的说法欺骗，借由这些说法，任何一个群体都能肯定其“唯灵论的名誉点”，并通过努力自我掩盖和掩盖其实践的真正决定因素从而在意识形态上建立起统一性，或者更确切地说，肯定其实践屈从于若干决定论，尤其屈从于物质或象征性利益（intérêts）。谈论规则（règle）措辞，意味着相信并让人相信，人们不知道除自己给自己规定的法律以外的法律；也意味着给予和给予自己其动机最值得尊敬的意象，因为最符合群体对值得尊敬的动机的定义，也就是能够正式展示并公开再现的动机。

但旨在产生作为规则的实践（pratiques en règle）的战略自身也只是一类旨在把“自私”的、私人的、特殊的（这永远是个相对概念，这个概念只能在一个单元和一个更大单元之间的关系中进行定义）动机和利益转变为无私的、集体的、可公开承认的， 119
亦即正当的动机和利益的正式化（officialisation）战略的一个特例。在一个缺少依法组织并事实上垄断正当暴力的政治当局的社会里，一个只能通过正式化效应来执行的真正意义上的政治行动要以权限［compétence，意即集体地赋予一个公共当局的资格（aptitude collectivement reconnue *à* une autorité publique）］为前提来操纵局势的定义，以便使其接近于可以动员尽可能大的群体的局势的正式定义，这一权限是必不可少的，而如果采取相反的做法，则又能趋于把相同的局势压缩为单纯的私事。

仪式性的游戏和战斗（对垒各方的划分标准纯粹是人名和神话方面的，例如帮派——ṣfuf，ṣuff 的复数）所导致的暴力的仪式化是战略与仪式的辩证法最典型的表现之一：尽管战斗几乎总因对经济或象征性利益的冒犯（一起牲畜偷窃案或是对群体中任何成员例如牧羊人的侵害）而起，其仪式化模式还是规定了比季节性游戏更严格的界限，而诸如被称为“kura”或“qochra”的那些球类游戏（选手分为两个阵营——东或西，他们要用木球棍把被叫作 kura 的球打进对手的场地）的季节性游戏也是起到一种仪式功能的。我们可以以相同的逻辑（即将之看作旨在缓解由两个有时是世仇的异族群体的接触引发的紧张态势的暴力的象征性操纵）理解所有两个遥远群体间的婚姻引发的异常严格的仪式：随着人们无法再指望惯习和利益的均质性所保障的实践的自动协调化，
120 规则和利益显得越来越必要（由此就能在总体上解释为什么个体或群体间的距离越大，群体的规模越大，互动的仪式化程度就越高）。

拥有对强加局势定义有必要的权威资本，特别是在集体判决无能为力的危急时刻，就意味着能够通过以神圣化和正式化［例如把对一个个别女性的辱骂说成对整个群体的名誉（ḥurma）的冒犯］来将一个私人事件集体化的方式来动员群体，或是通过否定个人，或否定直接被牵涉、由于不懂得遵守规矩而被矮化为个体、由于想要强加其个别道理而显得没有道理的群体［希腊语的 idiôtès 和卡比尔语的 amahbul（无赖）］，来解除对群体的动员。事实上，群体的要求比死抠法律条文主义所以为的不知少了多少，但又比“游戏捣乱者”所想的多很多。游戏捣乱者认为，在负责任人（responsable，注定要因为掌握由被规则调控的惯习产生而直接符合正式规则的实践而被集体任命的发言人）和不负责任人（irresponsable，其不仅违反游戏规则，还公然质疑其合理性并扬言要强加自己的规则）之间，还存在一类善意的违反者（transgresseur de bonne volonté），后者通过遵守规则，表现出符合或者说承认（re-

connaissance）其既不能尊重也不能拒绝的规则的表象或意图，对规则的正式存在做出了贡献。我们明白，政治给予了正式和有用之间的辩证法选择的余地：在获取群体的代表权并从竞争对手那里剥夺代表权的努力中，政治权力的竞争者们只能以仪式战略和战略性仪式来对垒，而产生仪式战略和战略性仪式的又是私利的 121
象征集体化和正式利益的象征化的产物。

但是，围绕着集体道理和个别道理、被集体委托并被集体赏识包围的负责任人和不被赏识的不负责任人之间的对立展开的争夺合法行使暴力垄断权［也就是在一个没有经济积累的社会里，争夺集体承认的债权（crédit）的象征资本］的斗争，不该让人忘记注定是隐蔽的正式与非正式之间的对立。集体思想类别系统的结构以公理的名义认为，针对正式权力的竞争只能在男人之间展开，而女人则可以参与一场针对一种从定义上就是非正式（officieux）甚至是地下和隐秘的权力的竞争。事实上，在政治领域，同一种分工把公开、正式、神圣、集体的宗教交给了男人，也把秘密、地下和私人的魔法交给了女人。在这场竞争中，男人拥有所有正式工具，其中首要的就是神话仪式意象与亲属关系意象，通过调停和把正式与个别的对立简化成外/内即男/女的对立，两种意象建立起了一种把女性实践和从中衍生的一切变为可耻的、地下的或更确切地说是非正式的存在的系统等级化过程：即便女性掌握实权，至少在婚姻问题上就是如此，女人只有在把权力的表象（即正式表现）都留给男人，满足于做幕后心腹的非正式权力（因为只能在正式权威的包装下通过委托来行使）——既相对于正式权力（因为其服务于其所利用的权威）也相对于游戏破坏者的颠覆性拒绝的被支配的权力（pouvoir dominé）——的情况下才能完全行使权力。

122 亲属关系——总是满足一种政治功能的社会世界的结构化原则——的真实地位，在男人和女人在相同的谱学关系领域能采取的不同做法中，尤其在其对谱学上模棱两可（联姻关系越近也就越模棱两可）的亲属关系的不同“解读”中看得最清楚。因此，在所有谱学上模棱两可关系的案例中，人们总可以通过强调起团结作用的东西，即强调男人之间的关系［这就是父亲的兄弟（‘amm）这个称谓的作用］来笼络最亲近的亲属或与之亲近，而与此同时，人们也可以通过强调起疏离作用的东西，即由女人结成的次要关系来与最亲近的亲属保持距离。仅仅由于它们无法蒙骗任何人就认为这些把戏不可靠实属幼稚，这些把戏的关键无论在何种情况下都是明确群体的实际界限，人们可因此根据需要将想要团结或疏远的群体划在界限之内或之外。我们可以通过 khal（专指舅舅）这个词的用法来了解其中的奥妙：如果一位修士对一个世俗农民用这个词，就是通过在礼貌的范围内表示没有任何正式亲属关系来表达与他人相区分的意愿；如果是在农民之间使用，这个称谓就是通过提及一种遥远的和靠不住的联姻关系来表达建议保持最低限度的亲近关系的意图。

123 如果民族学家把第二级父系平行从表亲——其中一人自己也出自与从表亲的婚姻甚至两者都出自类似联姻（例如在妇女交换的情况下，labdil 或阿拉伯语 ras-b-ras，即以头换头——两兄弟的儿子间的交换，一个娶另一个的姐妹）——之间的关系看作和平行从表亲之间的婚姻类似，那他就是受了其素材提供者的蛊惑，接受了正式解读。男性的、主流的解读（在所有公共的、公开的、男人对男人的场合，简言之在所有一个名誉男人对另一个名誉男人说话的名誉关系中，这种解读显得尤其迫切）倾向于强调一个多面的、将所有有关个体与其父系祖先相联系并通过后者将其与所有人的共同父系祖先相联系的关系中最高贵、最配被公开宣布 124
的一面。主流解读将另一个可能的、有时更直接的、往往在时间上更简单的，即通过女人实现的路径变得不被提及、不可想象，换言之根本无法直呼其名。因此，谱学礼节就要求人们认为，Zoubir 娶 Aldja 是娶了其父的父亲的兄弟的儿子的女儿，或是其父的兄弟的女儿的女儿，而不是其母的兄弟的女儿，即便正如在这个案例里，正是最后这一层关系促成了这桩婚事（见图 3－5）；又如，同一谱系里的另一个例子，人们必须把 Khedoudja 看作其夫 Ahmed 的父亲的父亲的兄弟的儿子的女儿，而不是其夫的交叉从表姐妹（其父姐妹的女儿），而后一种关系其实是事实（见图 3－ 125

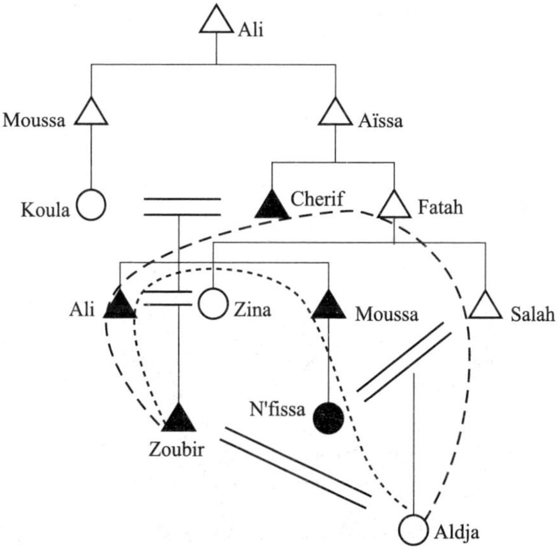

图 3－5 Zoubir 的婚姻谱系图

6)。突出女性层面的关系、被正式言语排除的异端解读仅限于在私人场合使用，除此之外便是在魔法中使用了，和辱骂一样，魔法把要诅咒的人说成“他母亲的儿子”而非“他父亲的儿子”。从妇女视角看待的亲属关系可被感知和表达，甚至可被男人或当着男人的面感知和表达，但绝不在公共场合，仅限于在私密场合。除了一些女人向另一些女人谈论一个女人的亲属关系的场合，或是从女性视角看待的亲属关系措辞显得天经地义的场合，这种措辞也能在家庭生活最私密的圈子里使用，即一名妇女与其父亲、兄弟、丈夫、儿子甚至丈夫的兄弟的谈话，这能起到认定谈话人的亲密关系、认定亲密关系中的人的归属感——至少是象征性的归属感——的作用。事实上，民族学家是唯一痴迷于对谱系空间中两点间所有可能路径的纯粹和无私的搜寻的人。在实践中，把婚姻导向这个或那个支脉的这样或那样、男性或女性视角的路径的选择，取决于家庭单元内部的力量对比，这个选择还趋向于通过捍卫力量对比的正当性对其进行加强。

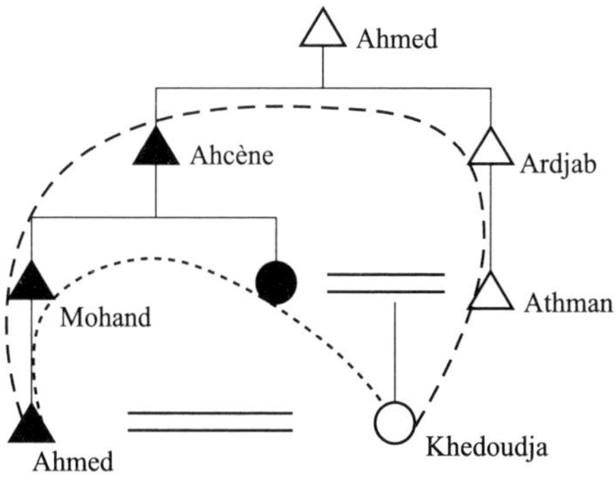

图 3－6　Khedoudja 的婚姻谱系图

集体信仰与虔诚的谎言

没有什么比与平行从表姐妹的婚姻的地位更难定义的了，民族学家如果知道，在生产土著实践理论的表象之下，他们只是复 126
制了日常与正式的辩证法最完备的产物之一，他们玩弄“规则”这个词的各种不同意义就是完全有依据的：与平行从表姐妹的婚姻代表的是一种在实践中几乎从未实现过的完善婚姻的理想，一种强加于所有适婚个体但又是可被违反（例如在不可抗力的情况下）的伦理标准（这里当名誉义务讲），一种需要绝对执行但仅在某些条件下执行的标准，还是仅仅是在某些局势下被推荐的“策略”？事实上，四者都是，这也让这种婚姻成为优先的操纵对象。在婚姻这个案例里面，旨在在遵守规则的表象下掩盖战略及其追求的利益的第二级战略的起源，在于一种可被双重解读评判的实践的模棱两可性，一重解读是备受鼓励的谱学解读，另一重则是经济和政治的解读，而这一种解读甚至没必要去遏制，至少在民族学家那里是这样，因为这种解读要以对所研究的群体间的交换的完整了解为前提。但意识形态陷阱在两重意义上都非常彻底，且无论在何案例中，去神秘化的狂热一旦随性而为，自身也就会被神秘化：一旦过分把土著言语当真，我们就可能把一种简单的意识形态表象当成标准或是实践规则；而一旦过分质疑，我们则可能无视被集体地倾向和鼓励的谎言的社会功能，这种谎言是行为者仅仅通过对象征战略的完美掌握赋予他们的机巧来纠正被强加的战略的后果的手段之一。

正是这样，婚姻谈判中表面看来最仪式化的行动，以及婚庆所伴随的并通过其所拥有的或多或少的庄严性实现宣布婚姻社会 127

意义的功能的仪式性表现（联姻的家庭社会等级越高，在谱系上的关系越远，婚礼就越神圣），就是施展旨在操作一种不完全单义的关系的客观意义的战略的场合，而所采用的方法，要么是选择不可避免的仪式并且尽可能地严格遵照仪式，要么是在婚礼的外衣下掩盖婚姻的客观意义。

毫无疑问，与平行从表姐妹的婚姻之所以在土著言语中也因此在民族学言语中地位突出，是因为其最完美地符合了两性分工特别是男女在群体间关系中的各自功能的神话仪式意象。首先，因为这一婚姻形式最彻底地拒绝承认真正意义上的——不作为血统关系的简单加倍（redoublement）的——与岳父母或与公婆的亲密关系：人们喜欢赞美平行从表亲间婚姻本身的效果，即由此产生的孩子（“家世毫无混杂，血统纯正的孩子”——maḥḍ）无论从父亲还是从母亲论都属于相同支脉（“凡他拥有根的地方，他便能找到舅舅/姨夫”——ichathel，ikhawel；或者用阿拉伯语说，“他的舅舅/姨夫就是他的叔伯/姑父”——khalu ‘ammu）。而另一方面我们也知道，丈夫（理论上）拥有的休妻的自由一定程度上造成了妻子只要没产下男性后代就被当成外人的古怪局面，乃至外
128 甥与舅舅/姨夫（khal）之间关系的两面性：“没有敌人的人只需要等他姐妹的儿子。”（也就是说，此人始终可以无视名誉，索要他母亲那份遗产。）但拒绝承认与公婆/岳父母的关系（“女人既不使两家联结也不使之疏远”，thamaṭṭuth ur thazeddi ur theferreq）也有借口或是依据，那就是女性的神话性意象，依据这样的意象，支脉可能蒙受杂质和玷辱。没有什么完满的事能经女人之手发生；女人只能带来恶（mal）或是小恶（moindre mal），其恶意只能用其弱小来纠正（“神知道他给了驴什么；他没给它安上角”）。这种

小恶，这种恶中的善，只能经由男人，通过其纠正和保护的行动，才能降临到女人身上。也就是说，女人从不会与其相同支脉的男人拥有同等价值。这也意味着，最好的或是最不坏的女人，就是出自本支脉男人的女人，即父系平行从表姐妹，也就是女人中最男性的，其极端例子即父系制度的想象产物——从宙斯头部（tête）诞出的雅典娜。“娶你父亲的兄弟的女儿吧，即便她会咬你，也不会吞下你。”作为有教养、被矫正过的女人的父系平行从表姐妹，与作为自然的、扭曲的、不祥的、不纯的女人的母系平行从表姐妹对立，正如女－男（féminin-masculin）与女－女（féminin-féminin）的对立，其结构（a-b/b_1-b_2）与家宅和农历的神话空间的结构一样。我们明白，当一个女人无法通过一名男性祖先成为支脉的一分子，当其不能被类比为平行从表姐妹时，人们就倾向于将之视为外人，即某人的女儿。（为表示完全没有谱系关系，人们会说：“你对我来说算什么？你甚至不是我母亲的姐妹的女儿的儿子。”——mis illis khalti.）[20]我们也明白，在所有婚姻 129
中，与父亲兄弟的女儿的婚姻是最被保佑、最能给群体带来护佑的。这种婚姻好比婚姻季节的开幕仪式，正如在耕种过程中由每个村子最具德行和被赐福（baraka）的家庭承担的类似仪式那样，负责祛除男与女、水与火、天与地、犁与田交合中包含的——作为不可避免的亵渎的——威胁。

完成与开幕婚姻类似行动的人，即给战争和耕种带来福气的人，不承担任何政治角色（aucun rôle politique），其责任也是纯粹名誉性（honorifique）的，或者也可以说是象征性的，也就是说是既微不足道又受尊重的，从这个事实可以看出一种对赋予平行从表亲间婚姻的意义的间接的肯定。这个拥有赐福（baraka）的人被称为 amezwar（第一）、aneflus（可信任的人），甚至 aqdhim（长者）、amghar（老男人）、amas'ud（幸运者），甚至被更准确地称为 amezwar、aneflus、amghar nat-yuga（第一的、可信任的人、一对牛的老者或是犁的老者）。最意味深长的称谓毫无疑问是 boula 'ras（婚礼的男人），因为它明确地说出了耕种与婚姻的相通性，这个相通性也有无数其他表达方式。另一种说法 mefthaḥ n ss'ad［幸运的钥匙，“开启”（ouvre）的人］也有类似意涵。埃米勒·拉乌斯特（Émile Laoust）则更宽泛地强调：“只有围绕在一名 aneflus，即拥有赐福（baraka）的人周围时，柏柏尔人才进行集体行动或是远征。……因此，组织沙漠商队时，商人和旅行者聚集在一名 aneflus n-umuddu 周围，后者既是他们的向导，也是他们的幸运星。他发出出发和停顿的信号；他第一个给牲畜装上或卸下货物。有了他，才能确保人们平安地穿过中途各地并无恙地抵达目
130 的地。发生灾祸时，部落在其 aneflus elbarud 的带领下投入战斗。人们相信他拥有一种赐福，正是因为有了他，部落才能不为敌人的着数所害，才能保护己方战士。他带着叫作 la'lam 的旌旗，发射头几颗子弹，他的在场就是胜利的保证。而 aneflus elhadert 则用手鼓发出友好部落间的 tinubga（意为‘邀请’）大会的颂唱的信号，会议期间游吟诗人会颂唱历代功业。”[21] 耕种开幕仪式会在历史最悠久的家族的土地上进行，这样的土地一般用于播种最珍贵的种子（小麦和蚕豆），用于三区轮作的集约农业，没有裸露的休耕地，每轮耕作开始时都施肥，靠近村子，有时甚至毗连房舍，是最好的土地。如果“幸运星”不能亲自履行义务，则至少要到场；无论如何，人们都不会把耕第一条犁沟的任务交给一个年轻人、佣人或任何一个不是耕种开幕仪式所用土地的主人的人。

神秘思想的类别在亲属关系上的投射产生了很多对立，如果这些对立产生的分裂不对应家庭政治的一种根本分裂——就是母亲与父亲各自利益差异产生的分裂，母亲趋向于通过把一个她自己支脉的女性娶进门来巩固自己在婆家的地位，而父亲则通过与其男性亲属（诸如兄弟或其他父系亲属）商定自己儿子的婚事，来巩固父系内部的统一并相应地巩固他在家中的地位。事实上，嫁入家门的媳妇（thislith）与其夫母亲（thamgharth）的力量对比取决于她是与其夫的父亲有联系（她是通过自己的父亲或者说是一位男性，或通过自己的母亲与之联系）还是与其夫的母亲有联系（也是通过她自己的父亲或母亲与之联系）。这个力量对比显然 131
还取决于其夫母亲与家庭所属支脉的男人们的谱系关系（例如与其夫的父亲的关系）。因此父系平行从表姐妹如果与一位支脉以外的“老妇人”有直接关联，就会马上占据优势地位，而相反如果媳妇是老妇人自己姐妹的女儿，“老妇人”对媳妇的地位优势就会增强，她相对于自己丈夫的地位也会得到间接的提升，如果媳妇是她兄弟的女儿就更是如此了。由于父亲和母亲有着（在某种关系上）结构对立的利益，儿子的婚事必然会导致带有潜伏性的对垒，因为女人无法采取正式的战略，父亲倾向于支脉内部联姻——作为男性主导的意识形态合理化的神秘意象认为的最佳的婚姻，而母亲则用私下的运作将好事引向自己的支脉，一旦时机成熟，她就会让丈夫公开认定私下运作的成果。当她们儿子的婚事中并不包含其权力颠覆的可能性时，女性通常不会在两性分工保留给她们的至少在男人的正式谈话展开之前可以进行的婚姻对象勘探工作上花那么多才智和力气，而通过这种颠覆，一场家庭经济危机会演变为长久的消耗（lakhla ukham，家庭的空虚），长远看来会演变为共同体的中断。这也就是说“老男人”（amghar）和“老妇人”（thamgharth）的利益并不必然对立：老男人能意识到选择一位完全忠实于一位老妇人——她自己也忠实于自己的支
132 脉——的年轻媳妇对他自己的有利之处，也会允许老妇人在自己的支脉中找一位温顺的姑娘；不仅如此，由于父母间实际关系的整套结构也存在于每组特定关系中，老男人会断然为自己的儿子选择自己姐妹的女儿（父系交叉从表姐妹）或干脆鼓励自己的妻子让儿子迎娶妻子兄弟的女儿（母系交叉从表姐妹），而非让他娶自己的一个已经很强势（由于其年龄或威望）的兄弟的女儿（父系平行从表姐妹）以让其兄弟进一步得势。

在某些情况下，与平行从表姐妹的婚姻可能由于某种必要性而成为必然，而这个必要性却不因此就是谱系规则的必要性。在实践中，这种理想婚姻确实往往是一种人们有时试图当作理想选择的强迫（forcé）的选择，于是这也成了不得已而为之。认为每个个体都有某种对其平行从表姐妹的“优先权”的死抠法律条文主义迫不及待地援引的土著“理论”，恐怕不过就是男性特权意识形态的另一种表达，这种意识形态给了男人优越的地位，也因此给了他们在所有两性关系中，特别是在婚姻中的主动权。事实上，只要紧贴实践的真实处境，就能意识到，与平行从表姐妹的婚姻更多地被领会为一种义务而非一种权利：“拒绝对父亲的兄弟的女儿的提亲不合惯例。但一个姑娘迟迟找不到夫婿是有辱家族的。如果她等待过久，她的从表兄弟就要照俗语说的做。”（Aït Hichem）“要娶叔伯的女儿，即便她无人过问。”很多俗语都表达了类似的意思：“如果道路转弯了，就跟着转弯。如果你的父亲的兄弟的女儿被弃入荒芜之境，那就娶她。”其他变种有：“即便有曲折，

也要走这条路；即便你父亲的兄弟的女儿无人问津，你也要娶她。”“娶你父亲的兄弟的女儿，即便她被弃之不理了；走太平 133
（安全）的道路，即便它曲折。”正如这个比喻［扭曲（tordu）的道路相对于笔直（droite）的道路］指出的那样，与平行从表姐妹的婚姻往往被看作一种被强加的牺牲（类似于与兄弟的遗孀的婚姻），我们恐怕更该将之看作是对一种名誉义务的有指向性的服从：“如果你不娶你父亲的兄弟的女儿，那谁会娶她？不管你愿不愿意都是你来娶她。”“哪怕她很丑且一无是处，她的叔伯/姑父都得强迫自己的儿子娶她；如果他找了个外人当儿媳妇而让他兄弟的女儿被抛下，人们就会笑话他说：‘他找了个外人却抛下了他兄弟的女儿。’”而事实上，在实践中，只有在被高度凝聚的家庭里，与平行从表姐妹的婚姻才包含正式言语所赋予的理想意义和功能，以求这种凝聚的进一步加强，而且也仅仅在存在不可抗力的情况下，诸如这位从表姐妹的父亲是“犯大错者”（amengur），也就是没有男性继承人，只有在这种情况下才会绝对地向家庭内的男性强加这样的婚姻。在这种情况下，利益和义务共同决定了平行从表亲间的婚姻，因为犯大错者的兄弟及其子女们无论如何都不仅将继承“犯错”者的土地和房屋，还将继承对其女儿们的义务（特别是在寡居和休妻的情况下），而且，这种婚姻是唯一能避免与外人的婚姻可能带来的对群体名誉和遗产的威胁的方法。当需要“保护”一位迟迟未婚的姑娘时，从表亲之间的婚姻也同样需要赶紧进行。“有女儿但不把她嫁出去的人就该承受相应的耻辱。”“自己女儿长大却没出嫁，那此人活着还不如死了。”这些在有关从表亲间婚姻的谈话中不断重复的宣示显示出，由于荣和辱不可 134
分割，父亲兄弟及其儿子的义务在这里再次与利益相重合。也就是说，在这些极端情况下，必须极其坚决地选择平行从表姐妹，但即便在此情况下，要理解有意或无意间用于满足特定类型的物质或象征性利益的战略产生的实践，也不需要援引伦理或法律规则。名誉的道德就是象征资本在其遗产中占重要地位的社会团体、群体或阶级的利益道德：把对一种伦理或法律规则的遵守误认为是旨在预防、掩盖或修补受辱行为的行动的原则，只能是对支脉妇女在名誉上的损害可能给群体带来的可怕和持续的损失一无所知的结果。

即便在实践的最基本的原则受到被违反的威胁的极端情况下，该局势和相应的反制措施也从不因为某种伦理义务的绝对必要性而得到战略性的认定。只需要一种被实践的合适的理论引导的追问能够打破调查关系的结构——这种结构使得素材提供者赋予战略的假设以义务道德的典型义务的形式，并陈述规则或手段。这种做法好比向一个初学者传授一种游戏的基本知识，以便传授诡计以及脱身技巧，而后者制度化的程度不亚于相应的“规则”：“某些人，为了逃脱强迫的婚事，就逃走了，有时父母也或明或暗地共谋，他们因此可以拒绝（或食言）而又不违反原则：‘你看，
135 我们的儿子跑了。我们不能为了善待我们的兄弟而失去我们的儿子。’”（变种：“它——对兄弟的义务——重于我的儿子。”）

很多在谱系角度看来相同的婚姻却可能根据其所嵌入的战略有着不同甚至相反的意义和功能，而要解读这些战略，就必须重建两个相联系的群体间关系的完整系统以及某个特定时段这些关系的状态。我们一旦不再局限于谱学家们已经归类和清点过的已经完成的婚姻，转而对有意识和无意识的战略和使其可能和必要的客观条件感兴趣，也就是对战略起到的个体和集体功能感兴趣，

就无法不察觉到下面的现象：根据是祖父生前就确定的［要么共同确定，要么可能由祖父本人确定（两位新人的父亲也同意，或“凌驾于他们之上”）］，还是两位新人的父亲两兄弟间的直接协议，两桩平行从表亲间的婚事可能毫无共同点。而在后一种情况中，婚事的性质也取决于确定婚事时未来新人是孩子，还是已到适婚年龄（更不必说女方已成大龄青年的情况）。根据两兄弟是分开各自工作和生活还是完全维持了共同的劳作（涉及土地、牲畜和其他财物）和家庭经济（“大锅饭”），婚姻的性质会不同，更别提他们只维持了共同生活表象的情况。根据是兄长（dadda）把女儿许配给弟弟做儿媳，还是将弟弟的女儿迎娶为儿媳，婚姻的性质会不同。因为年龄的差距，尤其是排行，与社会等级和威望的差异息息相关。根据嫁女儿的那位兄弟有男性继承人还是犯大错者，婚姻的性质会不同。根据婚事缔结时两兄弟都在世还是只有一位 136
在世，更确切地说，根据健在者是男方的父亲，还是能够利用其主导地位要挟女婿的女方的父亲，事情也有所不同。这种婚姻状态模棱两可，对异质生活艺术的判断无能成了唯一可被认为无可辩驳的东西。我们会看到以下现象并不罕见，那就是牺牲自己、成为“遮羞布”以便保护岌岌可危或失宠的姑娘的义务落到支脉中最贫穷的分支的一位男子身上，对于这个分支来说，强调完成对其父亲的兄弟的女儿的名誉义务或行使其支脉男性成员权利的紧迫性是容易、有用和光荣的。[22]

素材提供者不停地通过其不一致和矛盾本身提醒人们，一桩婚事的定义从不完全取决于谱学，它可以根据限定它的条件而涵盖不同甚至相反的意义和功能。根据是被视作选择还是迫不得已，也就是首先根据有关家庭在社会结构中的相对关系，与平行从表姐妹的婚姻能成为最好或最坏的婚姻。它可以成为最好的（“娶父亲的兄弟的女儿，就像吃到了蜜”），这不仅是从神话的角度来看，而且是出自实践的考虑，因为其经济和社会成本最低（明里和暗里的交易、物质和象征性成本降到最低），且是最稳妥的。人们用形容农民间交易和市场交易的对立的措辞来形容近亲联姻和与外人的联姻间的对立[23]。而它也能成为最糟糕的婚姻（“‘叔伯’间的联姻——azwaj el la‘mum——让我内心痛苦；我求求你，我的神
138 啊，让我免除这痛苦吧！”[24]），也是最不光彩的婚姻，因为当它成了掩盖一个支脉的分化或维持受到威胁的家庭联系的唯一方法时，或当其成为缺乏男丁和土地的家庭的不二选择时，这种婚姻就显得像个万不得已的选择。（“胜过你的朋友们来了，黯淡的你还留在那里。”）简而言之，素材提供者言语（自视甚高的客观主义在其中只看到了所有行为者对其自身实践的意象的构成属性）的明显不一致，确实引起了对一桩单纯谱学性婚事（mariage univoque généalogiquement）的根本性的模棱两可的注意，也因此引起了对这种模棱两可和单一性的结合所允许和促进的操纵实践及其产物的客观意义的注意。

这些操纵的唯一受害者恐怕就是民族学家，后者把所有与父系平行从表姐妹的婚姻（及类似婚姻）归入同一类，而不问其对有关个人和群体能起到的作用，从而把可能在谱学所忽略的方面不同的实践混为一谈（见图 3 - 7）。只需要一个例子，就能大致说明分类学上的平行从表亲间（父亲的父亲的兄弟的儿子的女儿）的谱学关系下可能隐藏的经济和象征性不平等，并说明披上这种关系正当性外衣的真正意义上的政治（politiques）战略。夫妇二人属于“Belaïd 房”，即 Belaïd n Ahmed u Belaïd（V_1）的后代，此

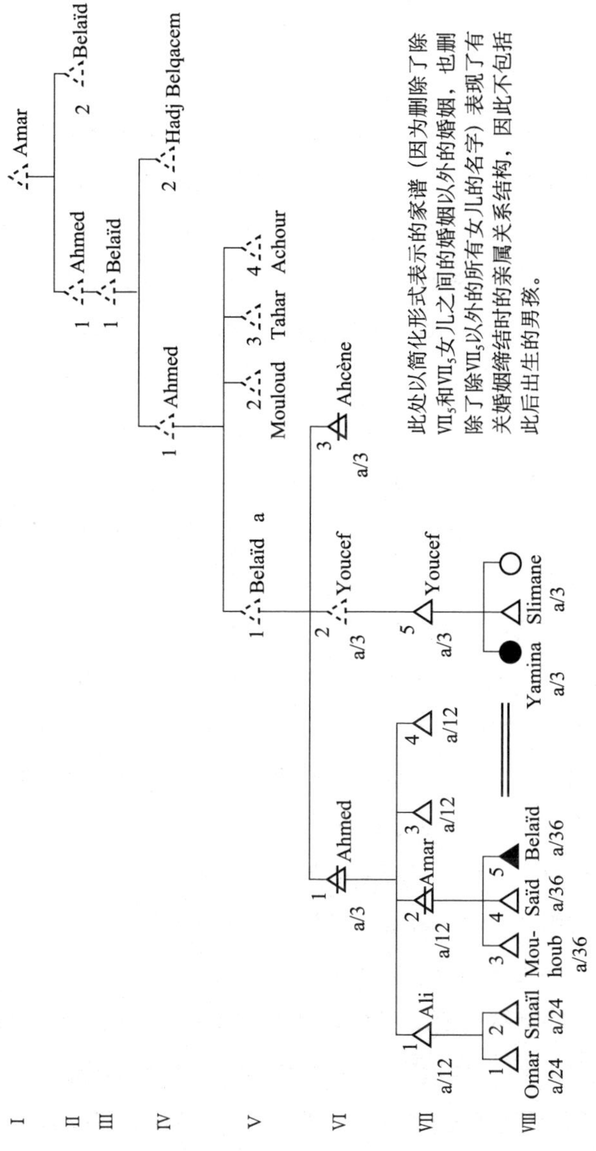

此处以简化形式表示的家谱（因为删除了除VII_5和VII_5女儿之间的婚姻以外的婚姻，也删除了除VII_5以外的所有女儿的名字）表现了有关婚姻缔结时的亲属关系结构，因此不包括此后出生的男孩。

图3-7　Belaïd家谱

房未分家，无论从人丁（10 多名处于劳动年龄的男子，总人数 40 多人）还是从其经济资本来论都是其村庄最大的家族之一。这一
139 “房”的鼎盛要归功于一笔特别可观的遗产，而这笔遗产的历史再次让人们看到，继承人之间的物质遗产分配取决于受赠人或声索遗产者之间的力量对比，而非一种法律标准的严格实施。其中发生过两次大家族统一史的中断。第一次发生在大约 1875 年，Belaïd（V_1）当时拒绝接受其叔父 Hadj Belqacem（IV_2）的权威，并逼迫其父 Ahmed（IV_1）与自己的弟弟分离；第二次则是几年之后他与自己的兄弟（Mouloud，Tahar，Achour）的决裂，Belaïd（V_1）成功获得了一定数量的窃取的特权。他不是让他父亲从共同体中带走属于父亲的原始合法遗产的四分之一，而是要求给他父亲遗产的三分之一（根据公平的分配方法，他父亲和他叔父 Hadj Belqacem 都本该得到四分之一）；而他对自己的兄弟声称，此前分配得到的份额只是为排除父亲买个清净所支付的“代价”，且尽管遭遇过几次压力，但那仅仅让兄弟吐出了几小块贫瘠的土地，他还是获取了远超过按照严格的伦理应该得到的份额。因此，由于从一开始就占有了超过其他分支的遗产，这一支在几代人时间里不断通过众多男丁每年在播种季节的 40 多天里的劳作（且往往用两套犁和两对牛进行）所带来的收益中壮大。这一房也是该村最后几个能炫耀所有农民财富和威望的古老象征物的家族之一。正因如此，该房仍然继续保有一对牛、一头公骡、一群羊（尽管只是一小群，也是当地最后一群），尤其值得一提的是一头仅仅用来
140 产奶的母牛。也正因如此，该房能够维持当地最后两座水力磨坊（一座由溪流发动的冬季磨坊和一座由长年不断的泉水驱动的夏季磨坊）的运转。这个家族的显赫来源于以下事实，那就是它不仅

是这些传统财富的最后保有者（之所以能保有，不仅是由于财富带来的象征性收益，也是由于其带来的不容忽视的经济优势），还是最早在此之上又加入了现代技术（一台与所有族人共有的拖拉机）所赐的同样荣耀的一系列生产手段，以及商业活动和新建的大房屋的家族。共同体从不仅仅是被否认和拒绝的分裂，不同分支各自的潜在“份额”和贡献之间的差距是能让人有强烈感受的：正是这样，Ahmed 的后代分支，即例证牵涉的新郎所属的分支，男丁比新娘所属的 Youcef 的分支繁盛得多，但与此对应，Youcef 分支的土地则较多，因为 Amar（Ⅶ$_{2}$）的三个儿子如果分家的话能得到共同遗产的 1/12（即理论上每人得到 1/36），而同一代的 Youcef 的唯一继承人（Ⅷ$_{6}$）则能分到 1/3。男丁兴盛被认为是繁殖力和日后男丁兴旺的保证，而由此能推导出的是一整套优势（前提是我们明白怎么评估这种资本），其中最重要的是在家族内外食物处理中的权威。人们常说：“男丁兴旺之家胜过拥有牛群之家。”（adham irgazen if akham izgaren.）这一房懂得且能够重新使用家族祖先的名字，除了代代交替使用的 Ahmed 和 Belaïd 之外，还包括有些被遗忘的最远先祖 Amar 的名字（Ⅶ$_{2}$），这就是这一房显耀地位的表征。我们能看到，政治权力可能建立在经济财富以外的原则基础上，例如兴盛的男丁或是对政治策略的完美掌握这 141
一特殊形式的资本。因此，在这一支脉内部，是排行第三的兄弟（Ⅵ$_{3}$）在所有重大外事活动——不论是冲突还是庄重仪式——中充当支脉的代表，而其长兄（Ⅵ$_{1}$）是位“智者”，通过其调停和建议保证支脉的内部统一。而第三分支的首领（Ⅶ$_{5}$）被完全排除在了权力之外，与其说是由于他与他叔父的年龄差［因为即便比其年轻不少的 Ahmed（Ⅵ$_{1}$）的儿子们也能参与决策］，倒不如说是由于他已在男丁数量、额外贡献以及一定程度上的土地耕种的竞争中败下阵来。由于他是独子且没有父亲（其父在他出生前不久去世），或者正如人们所说，由于他是“寡妇的儿子”，所以他作为支脉的唯一希望受到一群妇人（母亲、婶娘/姑母等）的抚爱，为了上学而未经历过其他孩子所有的玩耍和劳动，他事先就被注定了这样的命运，被迫一生陷入边缘化的境地：先是参军，随后在国外当农业工人。拥有大笔遗产却没多少口人要养活，他借此有利局势，在回到村里后，仅仅做些监视、园艺和（磨坊、花园和无花果晒场的）看管这样的不需要主动性和没多少责任的工作，简而言之做些男性工作里最不男性的工作。要理解 Amar（VII_2）的小儿子 Belaïd（VIII_5）和 Youcef（VII_5）的女儿 Yamina 这两个从表亲之间的婚姻对内和对外的政治功能，这就是需要考虑的因素中的一部分：按照惯例，这场婚姻是掌权的 Ahmed 和 Ahcène 商定
142 的，并未征求 Youcef 的意见，后者的妻子虽然对这桩少有利益可图的婚事表示了抗议，但于事无补。通过这样的婚事，主导分支巩固了自己的地位，与富有土地的分支拉近了关系，但又没有损害对外的威望，因为内部权力的结构从不对外公开，而支脉中最穷的成员也分享支脉的荣耀。如此，这场婚事的完整真相包含在其双重真相中，双重真相的前提是这种双重意识，正是通过这种双重意识，一个群体才能满足于其为自己提供的正式真相：正式的形象是，一个希望通过一场美满婚姻展现其团结以便加强团结，并且展现其对最神圣的祖先传统的眷恋的大家族的平行从表亲之间的婚事，而与此并行不悖的是，大家也知道一个客观的真相，那就是这场婚姻表明了两个多少有消极关联也就是有谱学关联的社会单元的被迫的联姻（alliance），其目的是整合其互补的财富

(即便在群体之外的人看来也是如此，而这些外人为了不上人们给出的表象的当，总是在这个熟人社会里保持消息灵通)。

这样的集体恶意双重游戏的例子不胜枚举。因此，在另一个案例中（见图 3－8），人们把一场联姻说成是大家一致赞扬的平行从表亲之间的婚姻，决定婚事的是支脉的主导分支的首领（M'hamed），男方是一个贫穷分支的小伙子（Abderrezaq），女方则是另一个贫穷分支的一位远亲（其父亲的父亲的父亲的兄弟的儿子的儿子的女儿）。女方的父亲在其婚嫁前就去世了，且未留下子嗣，她自己也被置于主导分支的保护之下，主导分支在道德上也有义务把她嫁出去：通过让自己的穷亲戚履行与自己早已缔结的 143
协议中的义务，主导分支以很低的成本挽救了自己的名誉，因为它因此避免了陷入不得不牺牲自己的一个男丁或是支付迎娶外人的代价的境地，与此同时还把一个男丁重新凝聚到了支脉中，这个男丁是他母亲抚养长大的，其母是受自己丈夫的兄弟保护的寡妇，且直到此时他仍然受到其母亲家族的离心力的影响，由于其兄长也娶了其母亲家族的一位姑娘，这种影响也就更大。我们由

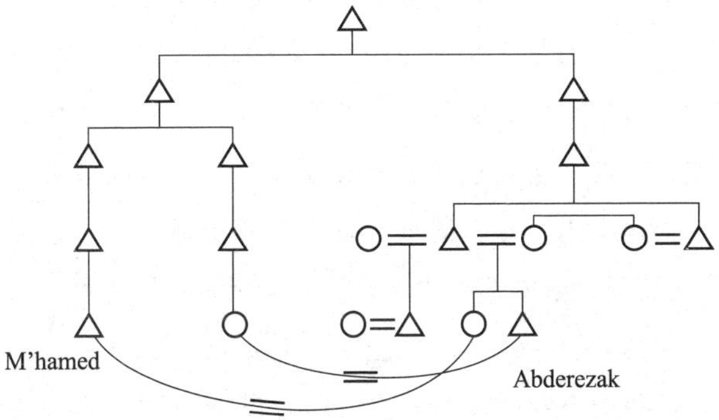

图 3－8　M'hamed 与 Abderezak 家族的联姻

此可以理解，在利弊掩盖艺术如此完善的产物——其表达方式能把即时的阐释学导向道德和义务更不真实却更容易被承认的动机——面前，集体评判是摇摆不定的。

并不存在这样一种案例：一桩婚事的客观意义是如此重大，以至于象征性的曲解无立足之地。因此，人们称为 mechrut（“有
144 条件”）的、一个没有男性后代的男人把自己的女儿嫁给一个“继承人”，但这个继承人需要倒插门的婚姻，仅仅在民族学的故事和书籍中才存在，其形式就是买一个女婿，买的是后者的劳动力和繁殖力，而被机械化应用的卡比尔世界观的原则也能印证这些故事和书籍。[25]谈论这些事的人，无论是在哪个地区，都能理直气壮地说，这类婚姻在自己的家乡并未有过，只在别的地方存在。事实上，即便对家谱和家族历史进行最仔细的排查，也无法发现任何一个完全符合土著定义（“我把女儿给你，但你要来我家”）的案例。我们也能同样理直气壮地声称，不存在任何一个继承人都没有的家族，只是继承人藏在了“联姻者”和“义子”的正式外衣之下：awrith 这个词，即“继承人”，难道不是用来体面地称呼说不出口的东西——在收容他的家庭里恐怕只能被定义为其妻子的丈夫的人——的正式委婉说法吗？当一位知晓习俗的有名誉的人试图把一桩以犬儒式契约确定的婚姻［这桩婚姻是所有婚姻的体面形式的反面，这对于怀着利益计算嫁女儿以换取免费佣人的父母来说令人不齿，对于继承人来说也不是体面的事（人们会说“他才是新娘”）］描述成一次收养时，其所属群体必然会善意地充当掩盖真相的同谋者：群体怎能不急着参与到这场利益驱使的谎言游戏中，以图掩盖这样的事实，即它没能找到体面的避免犯大错者采用这样的极端方式来避免家族“大错”（lakhla）的方法？

但家谱中还隐藏着一些其他案例，我们很难理解这些案例中 145
也存在着类似的同谋行为。正因如此，我们才能在一个显赫支脉的社会史中找到一系列猎取女婿的事件，而这些事件既不会被看作也不会被宣称为有条件的，尽管这些女婿的入赘并无绝对的必要，而几乎系统性地增加男性资本的努力会进一步增强耻辱感。在第一个女婿的案例中，其修士的身份有利于让人承认并乐于赋予他“义子”的身份，尽管其在自己家居住几个月（这是被强加的，以保持体面）后就要到妻子家居住（妻家权威的标志），与此同时也就陷入了继承人的地位。但人们并不因此就少用各种诡计来解决他入赘带来的问题：他会负责磨坊的工作，这样就能离家远些；根据类似情况下通常的做法，人们会把饭送到（冬季或夏季的）磨坊，以便他只作为外人来到家里。随后他会悄悄地被支脉的负责人请到外地劳作，这便是既排除入赘妻子家带来的困扰同时又获取其劳作收益的精妙方法。如果一个妇人丧夫再嫁，与第二任丈夫生了个儿子，第二任丈夫又去世，那么妇人将此子带回自己的支脉。为了拉拢他，其舅舅/姨夫们让他与他们保护下的一位孤女结婚，此子并不会因此更多地被当作继承人来看，因为舅舅/姨夫们“视同己出地”抚养这位半子（半子继续叫他们舅舅/姨父，而他自己也还被叫作 Ahmed u Agouni，即其父的村庄名），并使其与自己的半女之一结合，这样也就充分表达了他们对这位
awrith 作为“继承人”和“义子”的正式地位的认定，从而也逼迫 146
群体来认定这个地位。就这样，趋于把实用关系转化为正式关系，使事实上遵从其他原则的实践显得是从谱系定义推演（déduire）而来的第二级战略，就达到了一个意外目的，其对实践的意象就好像是契合了结构主义民族学家表现实践的形式。

通常与非常

由此可见，婚姻远非在遵循一种在正式亲属关系的整体中指定一名强加的配偶的标准，婚姻的缔结直接取决于通常亲属关系——由对男人有利用价值的男人和对女人有利用价值的女人结成的关系——的状态，也取决于“房”内部的力量对比，即在上一代缔结的婚姻所凝聚的支脉之间的力量对比，被凝聚的支脉倾向于也允许培植男人或女人系统的关系。

如果我们承认，婚姻的主要功能之一是复制产生了婚姻的社会关系，那我们立刻就能明白，我们以被凝聚的群体的客观特征（他们在社会等级中的位置，他们在空间中的距离等）和仪式本身（特别是其庄严性）为标准区分的不同种类的婚姻，严格对应使这些婚姻成为可能且这些婚姻趋于复制的社会关系的不同类型的特
147 点本身。公开命名并被社会承认的正式亲属关系使正式婚姻成为可能且有必要，而正式婚姻又给了正式亲属关系唯一一个实际作为群体被动员和由此重申其庄严性和人为的统一性的机会，也提供了庆祝正式亲属关系的机会。被日常维护和使用的通常亲属关系是通常婚姻的舞台，由于其频率，通常婚姻注定陷入不显著事件的无意义和日常生活的平庸：由于这些日常关系如果不采用正式关系的有些不现实的和人为的存在模式就无法自行获得永恒，所以它们不得不不断（sans cesse）被使用和因此被重新激活，以便被重新使用。一个群体越是在社会等级中占据高位，即越是拥有大量正式关系，也就越是把社会关系复制工作的重点放在复制正式关系上，这是顺理成章的事。而与此相反，卑贱的群体和贫困的家族不需要在庄严性上投入，可以满足于日常亲属关系给予

作为正式家长的穷人的通常婚姻。

在素材提供者的自发民族学固有的遁词中，最狡诈的恐怕隐含在以下事实中，那就是自发民族学把一个不成比例的地位留给了通过一个积极或消极标志与通常婚姻区分的非常婚姻。除去民族学家经常被善意的素材提供者赋予的这些妄念（curiosa），例如交换式的婚姻（abdal，两个男人之间“交换”他们的姐妹）、“添加”式的婚姻（thirni，两兄弟娶了两姐妹，第二个姐妹“加入”第一个，儿子娶其父的第二任妻子的姐妹甚至女儿），甚至是作为“修补”式婚姻的特殊形式的弟娶寡嫂（thiririth，从 err 一词而来，即返还或重获），土著语言还指出了那些极端案例：从神话角度而 148
言最完满的平行从表姐妹之间的婚姻，以及从政治角度最完满地凝聚两个部落或氏族的大佬的婚姻。

正因为如此，故事——半仪式化的说教功能的言语、简单的以作为道德标杆的谚语或俗语中的寓言为形式的改编曲——里只传颂被强调和突出的婚姻。换句话说，首要的就是各种与平行从表姐妹的婚姻，不论其目的是保存一笔政治遗产还是掩盖一个支脉的消亡（在仅有独女的情况下）。随后是明目张胆地与门第低的人联姻，好比灰林鸮迎娶了雄鹰之女，即一个社会地位低下的男人、一个继承人，和一个名门闺秀之间的以卑娶尊（既社会意义上的，也是神话意义上的，尊相对于卑，正如白天、光明、幸福、纯洁、名誉相对于黑夜、黑暗、不幸、污迹和可耻）的婚姻的绝妙典型。在这样的婚姻中，因为夫妻在社会和两性地位上不和谐，传统的妻子辅助丈夫的关系颠倒了过来。给予的即高贵的一方应该扶助获取的即低贱的一方：雄鹰应该帮衬自己的女婿灰林鸮，以免其在与雏鹰的争斗中惨遭可耻的失败。一则谚语揭示了这样可耻的局面："把闺女许配给他，同时也给他些小麦。"

与这些正式表象（民族学传统本身也因为仅仅描述显著的案例，即像韦伯所说的那样使用了非常的仪式的案例而增强了这些表象）相反，观察与数据表明，所有被观察的群体的婚姻绝大多
149 数属于通常婚姻的范畴，这些通常婚姻往往是女性提出的，属于日常亲属关系或使这些婚姻成为可能且又能被纳入这些婚姻巩固的日常关系的范畴。[26]素有频繁往来的家族之间根据长久以来摸索出来并被数代人持续维系的方式缔结的在这一范畴内的婚姻是无可指摘的，正如一切自古以来即是如此的事情那样，除了生物学的生育外，这些婚姻似乎没有复制使其成为可能的社会关系以外的功能。这些通常并不举办仪式来庆祝的婚姻相对于非常婚姻（非常婚姻在不同部落或村庄的男人之间缔结，或更简单地说，在通常亲属关系之外缔结，且因此要以庄严的仪式来认定），就好比日常生活中的交换，即女人们相互交换并用来"结成友谊"的小礼物（thuntichin），相对于非常场合中的非常交换，即庄严的且被庄严宣布的由意象的亲属关系承担的赠物（lkhir）。与平行从表亲之间的婚姻（以此且仅仅以此[28]与通常婚姻相区别）一样，非常婚姻也将妇人排除在外，而通常婚姻则几乎总是意味着女性的参与。与得到族长祝福的兄弟之间，或更广泛地讲，与支脉内部的男人之间缔结的婚姻不同，疏远者之间的婚姻是被正式承认为具有政治性的：在通常关系范畴以外缔结，以众人参与的仪式来庆祝，只有政治才能为其提供合理性，正如我们在用于认定两个部落的"头领"间的和平或联盟的婚姻的极端案例中看到的那样。[29]通常来说，这是市场上的婚姻，市场是中立的区域（因此女性才被排除在外），也是各支脉、氏族和部落始终保持警惕会面的地方。

因而由一名叫卖者（berraḥ）在市场上“发布”这种婚姻的消息也 150
就不是偶然的。这与其他婚姻不同，其他婚姻只有亲属参加，并无尊贵的宾客。这种婚姻把女人当作一件政治工具，当作某种抵押物或是能够带来象征收益的货币。这是个公开、正式因此也是光明正大地展示家庭象征资本的场合，如果大胆一些，甚至可以认为这是个以巨额花费为代价，展示其亲属关系的意象（représentation）并由此增加象征资本的场合，因此其在任何时刻都遵循追求象征资本积累的原则。因此，与一个与其群体断绝了关系并在存在避免的外人的婚姻是完全被瞧不起的，而与一个住在遥远地方的外人的婚姻则很荣耀，因为这表明支脉的威望及于远方。同样，与遵循古老“世交”的通常婚姻相反，政治婚姻不被也不能被重复，因为一旦变得普遍，或者说变得平庸，联姻的价值也就打折扣了。也因为如此，这从根本上是男人的事，新娘的父母也往往意见不一，因为其母没那么关心由此带来的象征收益，但却忧心于女儿远嫁（thaghribth，即流亡或迷失）带来的不便。“远嫁就是流亡。”“外嫁的婚姻就是流亡的婚姻。”女儿被许配给她毫无熟人（thamusni），更不要提哪怕是远亲的亲戚（arriḥa）的遥远群体的母亲们常常这样说。遭遇这种流亡婚姻的新娘也这样唱：“哦，高山啊，为流亡者打开大门吧。让她看到家乡吧。陌生的土地是死神的姐
妹。对男人如此，对女人也是如此。”由于其通过直接相关的家族 151
和支脉将大型的群体、氏族或部落联系起来，这类婚姻完全是正式的，婚礼中没有什么不是严格仪式化并神奇地被程式化的。这恐怕是因为事情太过重大，且有那么多那么严重的导致中断的风险，所以人们无法以约定俗成的方式即兴发挥，每个动作都必须按部就班地进行。

被长老的权威和人们的团结打造成特区的——因此所有的竞拍和竞争都被立即排除了——这种优先的次级市场［房屋（akham）的市场］中缔结的婚姻的物质和象征成本，都毫无疑问地比非常婚姻低得多。多数情况下，这种婚事天经地义般地降临，而当情况并非如此时，家族中女性的私下说合就足以让婚事成功。婚礼被严格降低到只是必要的限度。首先，女方家里接待迎亲队伍的花费（thaqufats）减少了（大体而言，就是20升的面粉，半升黄油，一些咖啡和糖，市场上买来或宰杀牺牲所得的10公斤肉）；被称作消夜（imensi）的用以交付彩礼的仪式仅仅（至少在日常亲属内部缔结的婚姻中）由联姻的两家最重要的代表（大约20名男性）参加；新娘的衣装（ladjaz）仅仅是3条连衣裙、2条方巾和几件借来的其他物品（一双鞋、一件haïk①）；彩礼的金额事先根据女方父母在市场上买来装备自己女儿的物品（一个床垫、一个枕头、一个箱子、床单、母亲传给女儿的家庭手工制品）来商定，交付彩礼并无仪式，不大张旗鼓但也不遮遮掩掩（15 000到20 000旧法郎）；而至于婚礼的花费，人们则通过在节日时举办婚礼来将其降至最低——传统上在这个节日里献祭的绵羊满足了婚礼的需要，而被邀请的宾客由于此时要待在家里，也多数推脱不来参加婚礼。非常婚礼从各个角度上看都与这种古老农村道德称颂的通常婚礼（与包括“寡妇的女儿的婚礼”在内的超出社会赋予每个家庭的底线的婚礼相对）相反。为了拥有去远方寻找新娘的雄心，首先要有维持非常关系的习惯，也因此要拥有一些在这些场合不可或缺的能力，特别是语言能力：需要有雄厚的耗资

① 北非马格里布地区妇女穿戴的覆盖全身的一整块布做成的服装。——译者注

巨大的遥远关系的资本，也只有这样的关系能带来确定的信息[1]并 152
邀请缔结婚事必需的调停者。简而言之，为了能够在必要的时侯动用这笔资本，需要进行大量和长时间的投入。因此，在这类婚姻中，人们登门请求其充当说客的修士家庭的族长会以多种方式获得回报：村里的秀才（taleb），更别提参与到迎亲队伍中的最高级别的宗教人士，会被“婚礼指挥者”穿戴上新衣服和新鞋——通常给予他们的馈赠在宗教节日以金钱的方式出现，在收获时以实物的方式出现，而其额度与其帮的忙成比例；人们今年送给他的节日的绵羊只是他因为去请求一个世俗人士（此人哪怕再有权势，其“内心”也未必通晓《古兰经》）并以其信仰和学识来为婚
礼祝圣所蒙受的“羞辱”（iḥachem udhmis，他脸上蒙羞）的补偿。 153
协议一旦缔结（前提是没有向任何一位女方的近亲支付 thaj‘alts），起到占有仪式（a‘ayam——指定，或 a‘allam——做标记，类似于对第一块被耕种的田地的标记，或更确切地说是 amlak，即与土地占有类似的占有）功能的“订婚”仪式（asarus，下聘礼）本身就起到了婚礼的作用。参与者要带礼物，不仅给新娘（新娘获得给她的“聘礼”，如一件贵重首饰，并从所有这一天见她的男人那里获得金钱——tizri），也给房中所有其他女性；其中还要加上食品（粗面粉、蜂蜜、黄油等）、几头牲畜，牲畜要么被宰杀并由宾客享用，要么成为属于新娘的一笔资本。宾客人数很多，家族的男人通过他们打出的步枪子弹来展示力量，婚礼那日也是如此。这个仪式和婚礼之间的时间内庆祝的节日就都成了给媳妇“份子”（el ḥaq）的机会：相距遥远的几个家族无法满足于只是交换几盘古

① 疑原文 infirmations（撤销）为 informations（信息）之误。——译者注

斯米，礼物是与其所凝聚的人挂钩的。但即便被许配，也就是被“给予”（athnafka：“她被给予了”）、“被占有”（malkants：“他们占有了她”）和“被（众多给她的‘份子’）唤起记忆”（thaswafkar：“她被召唤了”），这位姑娘也还是未被获取：在姑娘家族愿意等待和愿意让人等待的时段里，其家族要被赋予一个名誉点。婚礼显然是两个群体象征性交锋的顶点，也是开销最大的时段。人们会
154 把 thaqufats，即两公担[①]粗面粉和至少半公担面粉、大量肉类（我们也知道肉不会都被吃掉）、蜂蜜（20 升）、黄油（10 升）送去姑娘家里。人们提到，曾有一个姑娘家里收到一头小牛、5 头活绵羊和一副绵羊骨架（ameslukh）。迎亲的代表团竟有 40 人，他们拿着步枪，外加所有由于过于年迈而不必再开枪的亲属和乡绅们，这又是 50 多位男性。新娘的衣装可能有 30 多件，另外还有送给家族中多位其他女性的衣物。如果说我们经常听说，家长间并无 chrut（父亲在同意许配女儿前要求的条件），那是因为两家的地位本身就是种保障，明确规定的“条件”无论如何会被超出。尽管彩礼的金额总是受到社会的严格控制，例外的婚姻还是能够无视由群体默认的限制。如今听起来像是挑衅的一些说法便是证明：“你当自己是谁？是 14 块大洋的女人吗？”所谓 14 块大洋是妇女的最高额彩礼。“14 块大洋的女人”也就是最富有、男丁最多的家族的女主人。对 1900—1910 年左右结婚的妇女来说，同样的说法意味着 40 杜罗（douros）的彩礼，根据民间的换算法（我们可以将其换算为“相当于两对公牛”，elḥaq nasnath natsazwijin），这相当于两对公牛的价钱；在第二次世界大战前夕，彩礼的金额通常是

① 1 公担约为 100 千克。——译者注

2 000 法郎左右。1936 年的一场部落几乎所有男人参与（一队 tbal 演奏了三天两夜）的盛大婚礼不但让其举办者花掉了所有现金，155
还让其搭上了最肥美的一块土地的价值。举办者为了宴请宾客，宰杀了两头公牛、一头小牛和六头绵羊。事实上，与消夜的象征成本相比，经济成本恐怕只是小事。交付彩礼的仪式是两个群体全面交锋的场合，而经济因素在其中只是象征和借口。为了嫁女而要求高额彩礼或是为了儿子的婚事而支付高额彩礼，都是为了显示威望，并由此获得威望：两家都认为这是在证明自己的“身价”，其手段要么是让人看到懂得欣赏的有威望的男性把他们的联姻抬到怎样的高度，要么是通过展示他们为了获得门当户对的亲家愿意支付的价钱来高调表示其自我估价。通过一种通常的讨价还价外衣掩盖下的逆向讨价还价，两大群体默契地同意提高彩礼金额，因为他们都倾向于提高这个他们在婚姻交易市场上交易的产品象征价值的毋庸置疑的指标。

然而，近与远的对立掩盖了另一种赋予了与平行从表姐妹婚姻暧昧性的对立。最远距离的婚姻完全没有疑点，因为至少直到离现在很近的年代，人们即便无法在近距离内婚配，也绝不能为了负面的原因进行远距离联姻；像所有近距离婚姻一样，作为通常婚姻中唯一被积极和正式地载入史册（marqué）的婚姻的与平行从表姐妹的婚姻可能包含相反的意义，这取决于其是自愿选择还是被迫。如果说拥有积极和自愿迹象的家族中有这样的婚姻，最贫穷的支脉或是强势支脉中最贫穷的分支（佃户）也会有此类婚姻。

这个对应每种婚姻战略类型的模态化仪式的恰当特征的概要性表格（见表 3 - 2）不应让人遗忘，第二级战略的原则之一即为给予某种特定类型的婚姻的庆典至少某些属于更高庄严等级的婚姻的特征。

156 **表 3-2　婚姻的类型和仪式的类型**

	“共有”(indivise)家庭中的婚姻	在……中的通常婚姻			非常婚姻
		实用亲属关系	亲近的实用关系	疏远的实用关系［维持关系(frayages)］	
探索					
1. 搜寻（Aqalab）	—	—	—	+	—
2. 审查（Anqadh）	—	—	—	—	+
谈判					
3. 宣布意图（Assiwat wawal）	—	—	—	+	—
4. 正式请求（Akhṭab）	—	+	++	+++	++++
5. 调停者的游说（Ahallal）	—	—	+	++	+++
6. 协议（Aqbal）	—	+	+	+	++
应允					
7. 新娘的应允（Asarus af thislith）	—	—	—	+	+++
8. 对新娘的赠予（Elḥaq n ‘thislith）	—	—	+	++	+++
9. 新娘被订亲（Amlak thislith）	o	o	+	++	+++
10. 筹备工作（Ahayi）	+	+	++	+++	++++
11. 糕饼（Aghrum）	+	+	++	+++	++++
认可					
12. 迎亲（Aquffi）	—	—	+	++	+++
13. 礼物（Awran）	—	—	+	++	+++

续前表

	“共有”(indivise)家庭中的婚姻	在……中的通常婚姻			非常婚姻
		实用亲属关系	亲近的实用关系	疏远的实用关系［维持关系(frayages)］	
14. 消夜 (Imensi)	+	+	+	++	+++
15. 职业乐师 (Aṭbal)	−	+	+	+	++
16. 火药 (El barudh)	+	+	+	++	+++
17. 射击 (El ghart)	−	−	+	++	+++
18. 请柬 (A‘arut)	+	+	++	+++	++++
19. 分发“碟子”(Achachchi)	+	+	++	+++	++++
20. 赠予金钱 (El khir)	+	+	++	+++	++++
21. 礼物 (Lahdhiyath)	−	−	+	++	++++

1. Aqalab：搜寻（年轻女孩）。 157

这是女性的专属事务（除非因为战略目的，搜寻需要进行模拟）。

2. Anqadh：（对年轻女孩的）审查。

当对年轻女孩的家族一无所知又不可能间接打听时，就会委托一位与家族关系密切的老妇对年轻女孩进行“审查”。从给予“审查者”饮食，哪怕只是饮料，以及她接受赠饮这一事实，就能看出在有关的婚事中的制度倾向性对女性有利。

3. Assiwat wawal：宣布意图。

这个步骤的内容是“传话”，标志着在远距离联姻中谈判进程的开始。如果没有立即给予答复，那么就不能再给予负面答复，否则就是冒犯。除去这些情况[①]，这个最初的步骤就已经是一种刚刚揭晓的请求了。

4. Akhṭab：正式请求。

在实用亲属关系中，这个请求不怎么含蓄，有时以开玩笑的形式进行，在实用关系范围内由婚事的负责人明确和直接地说出；在非常婚姻中，在这之前则要进行漫长的秘密操作。

5. Ahallal：调停者的游说。

除亲属关系之外，还要通过礼遇和请求（礼遇和请求要由在谱系关系和威望等级中地位较高的调停者来操作）来“酬谢”。

6. Aqbal：协议。

达成协议所花时间越长，协议也就越是神圣。

7. Asarus af thislith：新娘的应允。

只有在不存在亲属关系且婚礼要推迟时，这个仪式才会举行，且会在非常婚姻中成为一种“小婚礼”。

158 8. Elḥaq n'thislith：对新娘的赠予。

在疏远群体的关系中必需的、神圣的（为她自己以及必须为年轻女孩考虑的场合、每年举行的大型节庆等）和花费巨大的赠予；在实用关系的范围内变得朴实的但更频繁的、比女性间通常交换的礼物（食物）略贵重些的赠予（戒指、腰带等）。

9. Amlak thislith：新娘被订亲。

① 即负面答复。——译者注

这是“应允”和婚礼之间的时段。在疏远群体间的婚姻中，女方家族尽可能地拖长这个时段，以便保持其相对于亲家的优势。

10. Ahayi：筹备工作。

这些是在女性范围内的、祈福的仪式（例如为首次耕田进行的仪式——献上小麦和煮熟的蚕豆；庆祝新娘嫁妆和献祭牲畜到来的仪式），在通常婚姻中相对不重要；首批用以在“家庭”中或近亲中正式宣布婚事的神圣仪式。

11. Aghrum：糕饼。

亲属所属的群体对新郎家族的宴请（有时也宴请新娘家族），所有被指定参与迎亲的人都参与。

12. Aquffi：迎亲。

婚事越是荣耀，迎亲队伍的阵容也就越是强大，其中的男性也就越是尊贵。

13. Awran：礼物（“面粉”）。

在盛大婚礼中，由精心挑选的成员（主要是女性）组成的面粉长者代表团（imgharen wuren）浩浩荡荡出发，随行一头专门驮运礼物的公骡子。

14. Imensi：消夜。

两大群体借此机会全体见面，并进行聘礼（douaire）交换。在通常婚姻中只是父母和“近人”间的见面，交付的聘礼也相对不那么贵重，甚至是象征性的（如果是未分家 159
的家族内部的婚姻）。消夜是一种名誉的交锋，如果是显赫的婚事，则必有一场口才的比拼，且聘礼金额可以非常高。

15. Aṭbal：职业乐师（演奏）。

这是婚礼中能够进行的最盛大的庆祝活动：近亲家族间的婚姻并不举办，如果举办会受诟病。

16. El barudh：火药，放枪。

如果没有迎亲队伍，通常进行这个仪式。

17. El ghart：射击。

在与外来群体会面时，在迎亲队伍行进途中“射中”竖立的靶子——这犹如发起一个挑战——是件荣耀的事。在通常婚姻中就变成亲属和近人间的普通游戏了。

18. A‘arut：请柬。

19. Achachchi：分发“碟子”。

在通常婚姻中仅限于亲属内部。

20. El khir：（向新娘和新郎）赠予金钱。

21. Lahdhiyath：（给新娘家中女性送）礼物。

无论婚姻的庄严程度如何，女性参与仪式的方式基本不变（urar 即祝贺新娘的歌舞、在新娘家中以散沫花装扮新娘和为其进行准备工作，在新郎家中以散沫花进行装扮等）。

160 通过这种最经济的联姻，这些支脉或是分支以最佳方式（避免让群体崩解）让群体免除了让自己的两名在婚姻市场上没有优势的成员婚配的义务。这种婚姻总是能起到加强最低限度的团结以及相对于其他群体认同的客观效果，也成了有强烈的宣示其负面团结——其自身个性（distinction）——愿望的群体的成就。可能由于其功能的双重性，它也被预设了让穷人有美好婚姻的功能：我们恐怕也就能理解，正如那些无法用在象征领域以外的方法表明其不愿有失身份决心的没落贵族一样，进行这种婚姻的，主要是那些在严守戒律的外衣下找到了宣示其身份的方法的人。但代价是这看似一种双重否定，例如某个分支要脱离其原属群体，致力于维持其独特性，某个家族妄图通过更严格地执行戒律来宣示其支脉的独特性（教士社群的特定家族往往如此），某个氏族希望通过更严格地遵守传统来彰显其相对于对立氏族的独特性（Aït Madhi 相对于 Aït Hichem 即是如此）等。由于这看起来可能是最神圣的婚姻，甚至在某些情况下是最“高贵”的婚姻，因而它也是人们可以以低成本实现的非常婚姻形式，不必为仪式大肆花费，不必进行很冒险的谈判，也不必承担过高金额的彩礼：没有更好的迫不得已遵守规则（即符合规则），又自然而然地让人相信这么做是为了遵守规则的方式了。

但无论何种婚姻，其意义仅在相对于所有可能的婚姻（或者 161
更具体地说，是相对于所有可能的配偶）时才能显现。换句话说，一桩婚姻处在一系列婚姻可能性中，从平行从表亲婚姻直到最冒险但也是最荣耀的不同部落成员联姻，因此衡量婚姻的价值也必然具有两重维度，即一定程度的对团结的加强和一定程度的对联姻关系的扩大。上述两种婚姻在两个维度上分别达到了最高值，所有婚姻都试图将两大维度最大化，要么最大化小群体的团结和安全感，要么最大化联姻和威望，也就是最大化对外、对外人的开放。裂变和聚变之间、内和外之间、共同资源分享的互助性（mutualité）和各自占有但对等的资源的交换的互惠性（réciprocité）之间、安全与开拓之间的选择，是每桩婚姻必须考虑的事：如果其为小群体保证最大限度的团结，与平行从表姐妹的婚姻则只是通过婚姻加强了血统关系，这样的重复，浪费了通过婚姻创造新联姻关系的权力；与此相反，与疏远者的婚姻只有在牺牲支脉团结和兄弟间关系——父系家族团结的基石——的前提下才能带来荣耀的联姻。而土著言语也不厌其烦地强调这一点。向心运动，也就是对内部、安全、自给自足、血统优越、父系团结的鼓励，也总是呼唤——甚至是为了反对向心——离心运动，即对荣耀的联姻的鼓励。在严格的义务的外衣下，总是隐藏着对最大化和最小化的计算、对不妨碍维持和加强兄弟间团结的最大化的联姻的
162 追求。这能从言语的句式——总有一种倾向性（préférence）的句式——中看出来："宁可隐藏起名誉点也不要示人。""我不会为aghrum（饼）而牺牲adhrum（支系）。""内优于外。""最大的疯狂（大胆、冒险行为）：把父亲的兄弟的女儿许配给别的男人；第二大的疯狂：不带货物去市场；第三大的疯狂：在山顶上对抗狮子。"最后这个俗语最是意味深长，因为在对与疏远者联姻的绝对谴责的表象之下，它也承认了这种婚姻的逻辑，即开拓、英勇、荣耀的逻辑。不拿钱就去市场上买东西是需要疯狂的傲气和胆魄的，要挑战狮子也要有疯狂的勇气，而根据很多起源神话，城邦创始者们都是以疯狂的勇气从勇敢的异邦人手中夺回自己的妻子的。

婚姻战略和社会再生产

一桩婚姻的特点，尤其是它在从政治婚姻到与平行从表姐妹婚姻的婚姻光谱特定点上的地位，取决于集体战略自我设定的目标，而集体战略则是这桩婚姻的各种利益有关者赋予婚姻的目的和他们为实现战略可动用的手段的总和。更确切地说，由于目标本身高度取决于可用的手段，所以对导致了各种婚姻的操作的分析就成了对婚姻可能应满足——可想象和可实现——的条件的分

析：就像一局牌那样，胜负一方面取决于发牌，取决于手上握有 163
的牌（牌的价值又由游戏规则即特定社会的特点决定），另一方面取决于玩家的技巧，婚姻战略的逻辑和效率也一方面取决于有关家族掌握的物质和象征资本，更确切地说是他们的生产工具和男丁（男丁被同时认为是生产力、生育力、政治力，因此也被认为是象征力）的丰富程度，另一方面取决于采取这些战略的人通过对资本巧妙投资将利益最大化的能力，即对某种特定生产方式暗含的（最广泛意义上的）经济公理体系的实际掌握，这种掌握是产生在群体内被认为是“合理”且被（物质财富和象征财富的）市场客观规律认可的实践的条件。导致这样或那样的“策略”（在婚姻的例子中或在其他实践领域里）的集体战略只不过是有关行为者战略的组合的产物，而这个组合趋向于给予他们有关时段在家庭权力关系结构中的地位相应比重的利益。事实上，值得注意的是，婚姻谈判确实是整个群体的事，每个人都在适当的时候扮演自己的角色，并能够因此导致计划的成功或失败。首先是女性，她们负责非正式和可反悔的接触，有了这些接触才能启动由男人
操作的半正式的谈判，这样就可避免遭到粗暴拒绝之辱；而作为 164
意象的亲属关系的最具代表性的要人们则作为受到群体意志明确委托（mandatés）的保证人和被明确认可（autorisés）的代言人，进行调停和游说，他们同时也是一个能劳动如此显赫人物的家族的象征资本的显著的证人；最终，两大群体整体对婚姻计划、对游说代表所提建议的回应的总结和对日后谈判的指导意见进行讨论，并由此进行决策。也就是说，正是因为通过并特别针对满足于只通过谱系决定就对一桩婚事定性的民族学家们，两大群体才通过意象的亲属关系提供的近乎戏剧化的意象，进行一场旨在建

立不仅是两位新人也是其群体的具有特色的变量（年龄，尤其是年龄差，此前的婚史、排行、与家庭权威持有者的理论和实践上的亲属关系等）的完整体系的系统性调查，即联姻的两家及其所属的更大的群体的经济和社会史、象征遗产（尤其是两家掌握的名誉和名誉男子资本）、两家能指望的联盟网络及其传统对立群体的性质、家族在其群体中的地位（这尤其重要，因为显耀亲属的炫耀可能会掩盖被一个显赫群体支配的地位）、家族与其群体其他成员的关系的状态——家族融入群体的程度（如未分家等），以及在家庭单元中的力量和权威关系的结构（在嫁女的情况下，尤其是指在女性圈子中的力量和权威关系的结构），等等。

165 在一个趋向于其自身基础的简单再生产，即趋向于群体的生物学再生产和生产令其得以存在和进行生物学再生产的必要数量财物，即必然也趋向于生产活动进行和获得合理性所处的和所借由的社会和意识形态关系结构的再生产的社会群体中观察到的实践，可以被当作个体或群体借以试图满足与对一种物质和象征遗产的占有相关的物质和象征利益——并由此趋于保障这种遗产以及有关的社会结构的再生产——的（有意或无意的）战略的产物来分析。更确切地说，在一个家庭单元中（在婚姻等情况中）利益可能相悖的不同种类的行为者的战略遵循由自然和他们掌握的遗产的价值——支配生育、血统、居住、遗产和婚姻通过履行群体的生物和社会再生产的功能而客观上协调的特定再生产模式（mode de reproduction）的组成原则的系统[30]——所客观为他们指定的利益系统的原则。

在一个（往往整体由家族占有的）生产资料相对平均分配、生产力弱而稳定且无法产生和积累大量剩余也无法出现明显的经济实力分化（尽管在“劳役－互助”所代表的劳动抽取中，我们能看到一种被伪装的劳动力出售）的经济系统里，家庭经营的目标是家庭的维持和再生产，而非价值的生产。如果我们非要把 166
thiwizi（帮助）看作一种劳役（以便实现包括把现实更好地放进生产模式的现实主义的和物化的定义的框架中在内的目的），那就必须考虑到，这种劳役隐藏（déguise）在互助（entraide）的外衣下。在现实中，帮助主要有利于最富有者和秀才（其土地被共同耕种和播种）：穷人在收获时不需要帮助；但在建造房屋（运输石料和房梁）时，帮助也可能有利于一个穷人。“一个受尊敬的人为某一天请求帮助。他上午在参与者出发劳作前在家里为他们提供食物。他也为他们提供他们带去工作地点的食物。有时也会为了一次大规模的橄榄收获劳动全村人。这就要花费很多。不讨人喜欢的人是被排除在帮助之外的：帮助他是被禁止的，即使是帮他往骡子身上装货。互助是不可或缺的。被排除的人什么也干不了。”被隔离是种可怕的且不仅仅是象征性的制裁：由于技术不足，很多活动如果没有群体的帮助是无法进行的（例如建造房屋，石料的运输、磨坊轮的运输需要40多人在数天内不断轮班工作）。此外，在这种不安全的经济中，给予的帮助和赐予的礼物所形成的资本构成了抵御“万一”的最好和唯一的保障，正如马克思注意到的那样，工作条件的保存和失去取决于这些“万一”：从一头牲畜发生的意外直到导致歉收的突发的坏天气。在这样的情况下，如果以
严格的经济眼光看，人们只把人看作“人手”和“肚子”（由于卡 167
比利亚始终有一支在大规模劳作时段走村串巷的流动的穷人劳动力队伍，也就尤其如此），丰富的人力恐怕就是额外的负担了。事实上，由于对战争、争吵、偷窃或是复仇（reqba）进行的报复引

起倾向性，因而政治持续不安全，这恐怕也导致人们把男人看作“枪”，也就是不仅看作劳动力也看作战争力量：土地的价值不仅来自耕种它的人，也来自保卫它的人。如果说姓氏所象征的支脉的遗产不仅体现于拥有作为珍贵、易损财产的土地和房屋，也体现于拥有保卫它们的手段，即男丁，那是因为土地和妇女从不仅仅是简单的生产或再生产工具，更不仅仅是商品或“财产”：对土地、房屋甚或妇女的侵犯就是对其主人的侵犯，对其名誉点即对其群体定义的存在（être）的侵犯，而不仅是对其财产的侵犯。未复仇的强奸或谋杀以及被让与的土地是同一种侵犯的不同形式，无论如何都要求对名誉点的相同的反击：正如根据变本加厉的象征逻辑，对谋杀要通过尽可能打击与谋杀者最近的人或是有关群体中最显赫者来“复仇”，人们要不惜代价（à tout prix）地“收回”一块哪怕并不肥沃的祖传土地，以便消除对群体名誉点的长期挑战[31]；正如在遭到挑战的逻辑中，在技术和象征角度看来最好的土地是遗产中最不可分割的部分，人们可以借打击他来以最庄严因此也最残酷的方式冒犯一个群体的人，也就是群体里最具代表性的人。

168 由于男丁构成一种政治和象征力量，这力量是遗产受保护和扩大、群体抵御暴力侵犯、群体确保主导地位以及群体满足其利益的条件，也由于除了女性不孕外，对群体力量唯一的威胁是男丁间的不和导致的物质和象征遗产的分裂，因而旨在（通过早婚）尽可能多和尽可能快地产出男丁的生育战略和趋于灌输对支脉和名誉价值——名誉价值是行为者与极端易受损和始终被威胁的物质和象征遗产之间客观关系的变相的表达——的狂热信奉，有利于巩固支脉团结和将冲突倾向向外转移。“土地是铜（neḥas），人手是银。”这则俗语的模棱两可——铜也代表嫉妒——通过让男丁依附（attachant）于土地，揭露了继承习俗引发的矛盾的原理。尽管旨在通过保证继承权的平等和通过剥夺妇女的继承权来确保遗产的统一性从而让尽可能多的男丁依附于遗产的继承战略客观趋向于实现相同的功能，但这些战略带来了一种不可避免的矛盾，因为让人数众多的继承人平均分割遗产恐怕会让祖传土地分崩离析，也因为家庭经济和政治权力的竞争原则成了系统的核心：首先是父与子之间的竞争和冲突，只要族长健在，这种权力传承的模式就会让父子陷入一种不负责任的状态（大量平行从表亲联姻是这个“老家伙”在没有征求新人父亲们意见的情况下决定的）；其次是兄弟和从表亲之间的竞争和冲突，他们至少在自己成了父 169
亲的时候，会不可避免地发现各自的利益相悖。[32]同族成员的战略受到一对对立关系的支配，这就是政治统一的象征利益和保障统一的经济共有，与不断被计算精神唤起的分裂能带来的物质利益之间的对立，计算精神在男人那里遭到压抑，而在结构性地被预设为对政治统一体获得的象征利益相对不敏感且能更自由地进行真正意义上的经济实践的女性那里可以更公开地被表达。女性之间的借贷被认为是无名誉的商业的象征；而且，事实上，这种商业比男性的商业更接近交换的经济真相。对于过分轻易地去借贷尤其是借钱的男人（相对于不希望浪费自己的“信誉”资本的有名誉的男人来说），人们会说：“对他来说借贷（arrṭal）就跟女人间的借贷一样。”每次请求借贷都深感耻辱、“面色发黄”，让贷款者和借贷者之间的名誉关系失去了神圣性和魔力。两种“经济”的对立如此明显，以至于在男性措辞中，用表示完成了复仇的表达法 err arrtal 来表示归还馈赠（restitution de don）、交换，而同一个表达法在女性措辞中则表示“还贷”。女性可以为任何用途向别人借或借出任何东西，借贷在女人中确实要频繁和自然得多；在女性的交换中，期限更加明确（“直到我女儿分娩”），借贷数量计算更精确，交换关系中包含的经济真相在女性交换中也更明显
170 地显露出来。简而言之，与地产统一体、扩展联姻关系、家族群体物质和象征力量、铸就 akham amoqrane——大房——的名誉和威望价值的象征和政治的（symboliques et politiques）利益会有利于加强社群联系；相反，货币交换的普及和（与此相应的）计算精神的传播导致分家持续增加，这显示，（狭义上的）经济的利益尤其是触及消费的利益促进分家。

象征价值的大幅贬值导致的凝聚力量的衰微，以及与货币收入来源的出现和农村经济的连续危机相关的碎裂力量的加强，导致对长者权威和农村生活中艰苦、简朴的一面的拒斥，也导致人们期待用劳动所得购买消费财产而非能给家族带来更多威望和影响力的象征财产。我们可以从以下这些证言中看到这一点：“我知道这（决裂）总有一天会来。这是不可避免的。现在没有两兄弟住一起（zaddi）了，我们还不是同母兄弟，那就更不用说了。我发誓我都不知道我和兄长（dadda）布拉哈姆（Braham）间有什么亲缘关系。早晚有一天，这会发生的，每个人内心深处都希望这样，每个人都觉得自己为了别人受了太多苦，所以就更是会发生。‘如果我没有妻儿，我就不会受那么多苦’，甚至我本该登上‘神的宝座’（七重天）。人一旦开始这么想，那就是终于完结了。这是果子里的蛀虫。愿神对这样的家庭慈悲！因为一旦这么想，男
171 人就会与女人合流，会帮助女人，然后就完蛋了。所有女人都希望这样，她们是共同体的敌人，因为她们被魔鬼附体了；她们试

图传染男人。在这种心态下，她们难免会成功。能拯救我们的，能维持共有的办法，是我们懂得调整；我们每个人都有个专业，这样就不会分裂，不会有太僵化的权威，每个人都是自己领域的主人，也负相应的责任。没有对权威的争夺，男人不会，女人也不会。我们的所有男人都能在自己愿意的时候去市场，也没有任何一个我们的女人‘把仓库的钥匙挂在自己腰带上’。而且我们是 Aït Amara 族人中最后未分家的（izdin）的家庭。Aït Ali 还保持团结，Aït Ahmed 也是，甚至 Akham Youcef 也是，这种情况下如何能接受分裂的风险。只要看看 Aït Hamana 和 Aït Chikh 所发生的事就够了：他们的土地一直延伸到家门口（thamurth arthimira，从家乡到胡须），尽管如此，他们已经完了，他们不再是个大房（akham amoqrane），他们也不再是‘家族’。”而对古老价值崩塌的描述则比任何分析更能显示古老价值所依托的基础：“如果我们想用丁烷气炉做饭，家里就只能有四口人。而为 20 个人做饭，就无法享受这样的便利……要么就得每顿饭用一瓶气。如果要 20 人一起生活，就得接受去找木柴，去伐木，把木柴挖出来，就得接受 kanoun，即木柴的烟火，以及其污秽。如果要享受便利，就得放弃共同体。其他所有事都是如此：穿衣、劳作，等等。我想吃烤排骨，我就得独居，就得像在城里那样买小包装的排骨，我做它的时候也得掩人耳目，即便我住的房子也很小，只是为我一人所使用。没人能看到我做什么或我吃什么。当大家住在一起时，就得 172
接受共同的规矩，年成好的时候，每隔四到五个月能享受一次大餐，一次能煮十公斤肉。我们需要选择。看看 Abderrahman 的例子，他是个孩子，他父亲大概 15 年前去世了。由于他母亲希望能进城去她姐姐家里（那里生活更好），也由于他自己想在工地干活儿并且享用自己的工作所得，他拒绝了跟可能担当他父亲角色的兄长一起生活。但他还是要求拿到他那份遗产，他也拿到了。没人拒绝他，没人觉得不正常。以前，没有人敢于要求分家。从前年长者有权威。从前我们打击敢于要求的人，把他赶走，并诅咒他：'他是败家（lakhla ukham，家族的空虚、家族的荒废）子。''他为分家找理由。'人们拒绝给予他'自己那份'。现在，每个人都知道，寡妇的家庭比（有名誉的）男人的家庭更富有。从前的孩子当家做主了！"

即便家庭权力掌握者通过左右众人的憧憬，通过将每个兄弟引导向在家庭劳动分工中适合他的"专长"，来长时间地准备其传承大业，家庭权力的竞争还是几乎不可避免，尤其在长子没有被明确指定为家长的情况下，只有男子们不断自控，群体也不断控制每名男子，这种竞争才能升华为名誉竞赛；但土地共有和家庭团结——大量相互加强的制度——构成的凝聚力量持续与裂变力
173 量碰撞，后者包括权力或责任的不平等分配甚至个体对生产和消费贡献的不调和（"勤劳者的劳动成果被靠墙倚着的家伙吃掉了"）[33]引起的"嫉妒"。总体而言，经济层面——包括劳动的分配或支出的控制和财产的管理——和政治层面的权威在事实上或按道理都归于一人，这样此人也就独享各种象征利益。能带来象征利益的有赶集、参与氏族大会或相对少见的部落显贵会议、通常发给家族中被认为承担最多责任和最具代表权的男人的请柬等。这还没算上以下事实，那就是这些责任免除了其承担者持续的、没有期限、没有中断、最不高贵的劳作之苦。

兄弟们虽客观上被团结起来，但其实不管往坏了想还是往好了想，他们主观上在共同体中还是被分裂的。"我的兄弟，"一位

素材提供者说，“是我的名誉点可能出问题时捍卫我的名誉的人，也就是通过让我感到耻辱来让我免受耻辱的人。”“我的兄弟，”另一位转述他认识的一个人的说法，“是如果我死了，可能娶我的妻子并因此被颂扬的人。”惯习（即存在的物质条件和教育行动）的产生模式的均质性，导致了制度倾向性和利益的均质化，后两者不只没有排除竞争，反而能在某些情况下诱发竞争，诱发的方式是让自身也就是作为生产条件产物的人，去承认和追求相同的财产，财产的稀缺性必然导致这种竞争。正如马克斯·韦伯所说，家庭单元是排他地占有一种特定类型财产（土地、名字等）的垄断性联合，是对此资本，或者更确切地说，对支配此资本的权力的竞争的场所。值得注意的是，很少干预家庭生活的习惯法明确 174
支持共有制度（thidukli bukham 或 zeddi）：“以家族形式聚居的人，他们即便打架也不支付罚款。但如果他们分家，那就像其他人那样付罚款。”[34]

兄弟间的关系是家庭结构的拱心石，但也是其中最脆弱的点，有一整套的机制致力于对其给予支持和巩固，最重要的机制就是平行从表亲之间的联姻，这是一种再生产模式的特殊矛盾的意识形态决策，但在某些情况下也能在实践中实现。一切就好像，这一社会结构为了从意识形态上缓解其核心存在的紧张状态，不得不正式确认了这种可能性，而多数社会把这种可能性看作乱伦。如果我们注意到父亲的兄弟的女儿（ben‘amm①）最终是指定了敌人，或至少是指定了亲密的敌人，且敌意被称作 thaben‘ammts——“叔伯的孩子的敌意”，我们恐怕就能更好地理解与父亲

① 应为 bent‘amm 之误。——译者注

的兄弟的女儿的（ben‘amm①）婚姻的狂热。事实上意识形态凝聚的力量在长老的人格中找到了着力点，长老的权威建立在剥夺继承权的权力和诅咒威胁的基础上，尤其建立在通过先祖（thadjadith）对象征化价值的归附基础上，而长老只能通过在兄弟（及其配偶）间维持最严格的劳作（例如女性轮流承担家务劳动、做饭、担水等工作）和消费的平等来保障兄弟间的平衡。只要这个积极凝聚的因素还维持着，兄弟间的关系的紧张状态就转化到了父子关系中，而一旦父亲去世，所有儿子都成年但又没有任何一个儿
175 子拥有（根据年龄差或任何其他原则确立的）明确的权威，这个因素就会骤然消失。这种建立在长老或先祖基础上的权威和积极的凝聚原则与同龄人之间平均主义的竞争和竞赛的关系之间的对立存在于社会结构的所有层级：聚变和裂变趋势的极端多变的相对力量首先在家庭统一和更大范围统一（例如氏族或部落）的层面上取决于群体和外部单元之间建立的关系，不安全提供了一个能够弥补积极原则的不足的消极凝聚原则。[35]“我恨我的兄弟，但我也恨他的敌人。”共同感受到的威胁造成的且每次有对共有物质或象征财产的威胁时就得到加强的消极和被迫的团结，与其在特定时段反对的分裂趋向基于相同的原则，即家族成员间竞争的原则，以至于从未分裂的家族到最大规模的政治单元，被神话和谱学意识形态不断激发的凝聚只剩下了能够包含个别利益的力量对比，即“把他们分开以便仇恨不把他们分开”或“分裂破解了仇恨的缘由”。

既然已经重申了推导出了婚姻领域集体战略的定义的且定义

---

① 应为 bent‘amm 之误。——译者注

了家庭力量对比中牵涉的各类行为者利益系统的原则，那么要理解在婚姻中相对立的战略的基本原则，就只要理解为系统的运作越是完整地服务于其利益，行为者就越是趋于服务于系统的运作。[36]虽然说婚姻确实是保持、增加和（通过解除联姻）减少一种 176
强大的凝聚赋予的权威资本和与一个扩大的盟友网络（nesba）有关的威望资本的主要机会之一，但是并不是参与婚姻缔结的家庭单元的所有成员都在相同程度上承认其在支脉的集体利益中的个别利益。

由于婚姻是处心积虑的战略的产物，且人们对战略的期待绝不仅仅是简单的生物性繁衍，而是旨在再生家庭和政治力量对比的外部和内部联姻，尤其是由于人们特别注意“舅舅/姨夫”的选择，即某种既是短线也是长线的投资，因而婚姻不能被轻佻地解除（最古老和最荣耀的关系显然最受保护，以免被草率地打破），并且，在不可避免的休妻的情况中，人们会采用所有形式的诡计来避免浪费联姻资本。人们可以去“恳求”女方父母以便他们归还女儿，把这次离婚算在年少无知、轻率冒失、言语莽撞、过于年轻而不懂得联姻价值的不负责任的丈夫头上；人们会提及，休妻的表述未说出三次，仅仅是因为冒失而说了一次，且没有证人。离婚就成了 thutchḥa（生气的妻子回娘家），人们甚至会重新举办婚礼（包括消夜和嫁妆）。如果休妻不可挽回了，那么也存在几种“离异”的方式：婚姻越是重要、神圣，在其中的“投入”越多，人们就越倾向于维持与已离异方的关系（要么通过家长间的团结，要么通过邻里间的团结，要么通过利益计算），离异也就越低调；女方也不立即要求获得女方应得的夫家财产，但也不会拒绝［baṭṭal（“免费”）休妻是一种严重的冒犯］，甚至一直等到女儿再嫁；人 177

们避免进行过于严格的计算，也避免让证人尤其是外人参与离婚的清算。

将妇女排除在遗产继承之外的继承传统，只给妇女低等的存在方式并从不给予其全面参与婆家支脉象征资本权利的神话世界观，将家务劳动留给女人而把意象职能交给男人的两性分工，都有助于把男子利益等同于支脉的物质尤其是象征利益，如果男子拥有群体内部的更大权威，就更是如此。事实上，与平行从表姐妹的婚姻和政治婚姻就是男人的婚姻，两者毫无疑问地证明了男子的利益被更直接地等同于支脉的正式利益，而他们的战略也更直接地服务于家庭单元的凝聚或家族联姻网络的加强，且在这两种目的中都有利于增加支脉的象征资本。

与平行从表姐妹的婚姻是一件男人的事，符合男性的利益，也就是说符合支脉的高级利益，且经常在女性不知情的情况下缔结。如果两兄弟的配偶不和睦，其中一个不希望迎娶另一家的女儿，另一个也不愿意让自己的女儿处在自己妯娌的权威之下（这并不妨碍她们忍辱负重，并懂得以不违逆男人意志的有名誉的女人的姿态行事），那么这往往是违背他们的意愿的（contre leur volonté）。这是如此地天经地义，以至于父亲常常这样告诫儿子："别听你们媳妇的，你们要保持团结！"这就很自然地引申为："让你们的孩子相互通婚。"儿子还没学会走路，父亲就已经定了他的
178 婚事。一天晚上，吃过夜宵之后，Arab 到他兄长家去。两兄弟进行了交谈。他的嫂子把女儿抱在膝头上，小女孩把胳膊伸向自己的叔叔，叔叔一边把她抱过来，一边说："愿神让这女孩成为 Idir 的女人！不是这样吗，兄长，你不会拒绝吧？"他哥哥回答说："你想要什么，瞎子？光明！如果你免除了她给我带来的烦恼，那

就让神解除你的烦恼。我把她连同她的粮食和稻草都给你，白给！”而对于女人，她们负责的婚姻属于通常婚姻，或更确切地说，人们仅仅把没有历史也没有仪式的婚姻的责任留给了她们。这绝非偶然[37]：由于从意象亲属关系中被排除，妇女被限于实用亲属关系并趋于亲属关系中的实用习俗，她们在为自己的儿子或女儿寻找配偶时比起男人更追求（狭义的）经济实惠。[38]恐怕在嫁女儿时，男性和女性利益最容易发生分歧：比起父亲来，母亲对倾向于把女人看作增强家庭群体凝聚力的工具或能够与外部群体建立荣耀的联姻关系的象征交易货币的“家庭理性”没那么敏感，而且，当把自己的女儿嫁到自己的支脉并因此强化了群体间的交易时，母亲趋于提高其在家庭单元中的地位。对于家里的老女主人来说，儿子的婚事首先是提出了自己对家庭经济的主导地位的问题，而其自身利益与支脉利益的对比必然经历对自己不利的调整，而原因则是，如果娶了一个与自己相同来源的儿媳，母亲就遵循了支脉给她描画的轨迹，而错误的选择导致的婆媳不和会在远期威胁家庭群体的统一。 179

当家族群体的凝聚力更强（在支持共有的论据中，有一条就是能更好地监控女人，说这样的话时便是间接指凝聚力更强），且父亲的支脉在社会等级上至少与母亲的相当时，在正式视角看来且至少从趋势上看来在事实上居主导地位的男人的利益也就更具有主导性。如果说整部群体的婚姻史都存在于每次婚姻计划的内部交易中，那也仅仅是有点夸张而已：支脉的利益，也就是男性利益，需要避免一个男人因娶了一个地位明显高于自己的女人而在家庭中处于被支配地位（人们说，男人可以抬举女人，但不能反过来；人们把一个女孩许配给一个地位平等或更高的男子，而娶一个女孩则要考虑地位低的人）的情况，承担婚姻（至少是正式的）责任的男子自己如果没有娶地位高于自己的女性，那么支脉利益也就更可能居于主导地位。婚姻越荣耀就越烦琐的一整套机制，包括未来可从亡夫那里继承的遗产的金额和聘礼，趋于排斥在经济和象征资本关系中过于不平等的群体间的联姻［往往有这种情况，一对新人中一人的家族富有一种资本（例如男丁数），而另一人的家族则富有另一种资本（例如土地），这恰恰不是例外，而是完全符合规律］。俗话说："人们联姻会选择门当户对者。"简而言之，作为男人或女人并作为特定支脉的成员的负责婚姻决策的亲属之间的客观关系的结构，有利于确定计划中的婚姻
180 所联结的支脉间的关系的结构。[39]事实上，如果认为，待婚个体所属支脉与给予联姻可能性的支脉之间的决定性关系总是由家庭权力关系的结构进行调节的，恐怕更为确切。因为要完整描述两个群体间不能被简化为亲属关系的多维度、多功能的关系，只考虑在（以男丁和名誉男性数量以及家庭凝聚程度等测量的）经济资本和象征资本力量对比关系下两个群体之间在联姻时的空间距离和经济、社会距离是不够的，还需要考虑在当时双方之间物质和象征交换的收支状态，即包括婚姻在内的已兑现的或至少由男性们确认的正式和非常交换的完整历史，以及与男性协同进行、有时也在他们不知情的情况下进行，且由女性持续承担的非正式和通常交换的完整历史，促使两个群体联姻的客观关系正是通过上述交换酝酿和成形的。如果说经济资本是相对稳定的，象征资本则更为易变：一位德高望重的家长的去世便足以在某些情况下对象征资本产生强烈影响，更不必说分家了。相应地，家族希望自己拥有的整套意象以及婚姻——联姻或亲上加亲——要达到的目

的会随群体的象征财富的起伏而变化。因此，在两代人的时间里，
一个经济状况改善了的大家族（见图 3－8）从男性婚姻——近亲
联姻或非常联姻（由男性缔结的、超出家族范围、起联姻作用的
婚姻）——转向通常婚姻（通常由女性在其自己的关系网中策
划）。就在婚姻政策的变化过程中，最年长的两兄弟（Hocine II_2 181
和 Laïd II_3）去世，最年长的男性长期不在家（去了法国），失明
的老妇人的权威被削弱，事实上的权力落到了 Boudjemâa（III_3）
手里，时不时也落到 Athman（IV_5）手里。事实上，由于对主持秩
序和肃静（ta'an thamgharth，da-susmi——对老妇的服从便是肃
静）的老妇人的继承未能进行，妻子间关系的结构就反映了丈夫
间关系的结构，家庭女主人的位置空缺：在这种情况下，婚姻对
象趋于倾向女性各自的支脉。

从属性上确定了婚姻交易市场上一个支脉的产品价值的结构
特性显然为次要特性所明确，次要特性包括待婚个体的婚姻状态、
年龄等。根据待婚男性是“适婚”单身者、“大龄”、已婚再寻
妻[①]，还是鳏夫或离异寻求续弦或再婚者（根据其第一次婚姻是否
有孩子，情况也不同），群体的婚姻战略及其产生的婚姻会大不相
同。对于一个姑娘来说，变化的原则是相同的，但所不同的是，
此次婚姻之前的婚姻造成的贬值（dévaluation）要严重得多（这是
由于童贞的价值，尽管“休妻男人”的名声和“要被休的女人”
的名声一样糟糕）。这只是男女在婚姻面前不平等状态的一面而
已。人们说：“男人永远是男人，不管他处在什么状态（而女人则 183
可能丧失价值或陷入耻辱之中）；男人有选择权。”由于有战略的发

① 指多妻制背景下已婚者寻找其他妻子。——译者注

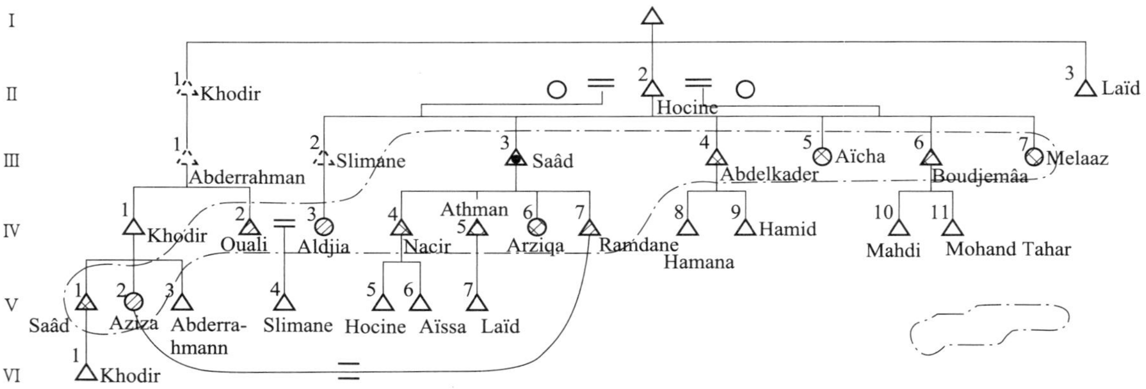

缔结有关婚姻前去世的男性

曾拥有通常婚姻的男性

在未分家族内婚配的族内男性和女性

曾进行非常婚姻的族内男性和女性

为家庭政治目的迎娶其母亲家族成员的男性

1940至1950年间由Hocine（II_2）和Laïd（II_3）两兄弟缔结的所有婚姻（其他婚姻在他们死后，即1960年后，由其继承者缔结）

图3-8　Hocine和Laïd家族的婚姻缔结状况

起权，男人可以等待：他肯定能找到妻子，尽管他要为晚婚付出娶一个已经结过婚、社会地位低或有某些残疾的女人的代价。由于传统上姑娘在婚姻中是“被提亲”和“被许配”，所以父亲为自己的女儿主动找夫婿恐怕是最荒谬的事。另外一个区别是，“男人可以等女人（等到她适龄），女人不能等男人”：要嫁女儿的人可以操弄时间，以便让被求婚地位带来的行情优势持续，但这要有限度，否则会因为被怀疑“卖不出去”或是因为女儿人老珠黄而让他的货物贬值。婚姻战略需要考虑的最重要的局限因素之一就是婚姻的紧迫性，越是紧迫也就越是不利。使婚姻紧迫的理由可以是父母已年届高龄，希望参加自己儿子的婚礼并有个能照顾他们的儿媳，也可以是不想看到已经相中的姑娘被许配给他人（为避免这种情况，父母“赠送一只鞋”，以此在年幼时就“指定”此女，有时父母还让人念诵《古兰经》法谛海章[1]。独生子也会早婚，以便他尽早延续支脉香火。离婚后抢在前配偶之前再婚所能带来的象征收益往往让离婚双方都赶紧再婚（如此缔结的婚姻很难稳定，这就是为什么某些男人或女人“执着于”再婚）。根据寡妇是没有过孩子、把孩子“留给”前夫还是自己带孩子（在这种情况下她更不自由，因此也不倾向于再婚），她的情况大有不同。这是 184
婚姻战略的有趣案例，根据情况，寡妇可以再次嫁入前夫家（这是正式做法，如果她有儿子那就尤其推荐这样做），或由其父亲家（她没有孩子时这是更通常的做法）或其前夫家做主改嫁。确定左右特定战略的“选择”的全部变量（其中恐怕包括地方传统）是很难的。但要摒弃把每桩婚事当作孤立单元的传统，要意识到，

[1] 《古兰经》第一章，又称开端章。——译者注

同样家庭单元（例如同一个父亲的孩子或同一个祖父的孙辈）的每个孩子的（在让孩子结婚、放到婚嫁市场上的操作的积极意义上的）婚姻取决于所有其他人的婚姻，因此也随着每个孩子在待婚孩子的整体的特殊构成（configuration）内部所占据的位置（position occupée）而变化，而这个构成又取决于其规模和性别构成。因此，对于一个男性而言，其与对婚姻拥有法定决定权的人的亲属关系越近（从父子、兄弟，直到远房从表亲关系），其地位也就越有利。此外，尽管人们不正式承认任何居长者（显然特指长子）的特权，一切却都对其有利而对居幼者不利，共同体倾向于使其尽早、尽好地结婚，也就是说尽量对外联姻，而居幼者注定更多进行生产而非进行市场或全体大会的交易，进行田间劳作而非决定家族的对外政策。而根据他是诸多儿子中的长子，还是因为是独子或只有姐妹而担负起了家庭的全部希望，长子的地位也不同。[40]有很多女儿，尤其是有很多未（受儿子们）良好“保护”于
185 是很难进行联姻、易受伤害、行情不被看好的女儿的家庭，处于不利地位，不得不向接收其女子的家庭欠债，而男丁兴旺的家庭在游戏中处于有利地位：后者可以选择根据行情以不同方式出售每个儿子，可以选择用一个儿子来增加联姻关系，用另一个儿子加强内部凝聚，甚至可以迫使一位只有女儿的从表亲把一个女儿嫁给自己的第三个儿子。[41]在这种情况下，主事者可凭娴熟技巧游刃有余，并如同在游戏中那样，让不可并存的凝聚的加强和联姻的扩大变得可以两全其美。相反，只有女儿或有太多女儿的人不得不采取消极战略，其技巧仅限于让市场绷紧，操弄可能的联姻对象阵营和可能的竞争者阵营之间的关系，让亲疏对立，让近人的提亲与外人的提亲竞争（为了以不冒犯的方式拒绝或为了让人等

待），以便保留选择最体面选项的权利。

我们很快就能看到，对婚姻方面的集体战略的目的和手段之间的划分是多么地人为：事实上，一切就好像是，这些战略客观上趋于在维持扩大联姻的前提下寻求巩固或增强凝聚，或与此相反，这取决于主要强调两个大方向中的哪一个，同时在逻辑和效率上取决于特定社会单元的物质和象征资本，也就是既取决于其物质遗产的价值，也取决于其象征遗产的价值，而后一个价值本身又一方面取决于（由物质财产的生产和消费的共有等因素来表现的）家族群体的规模和凝聚力，另一方面取决于其掌握的联姻资本，两种象征资本形式的每一种又明显取决于整个婚姻史。其 186
次，任何婚姻都趋于（tend）复制使其成为可能的条件。[42]婚姻战略客观上趋向于保持或增加一个或大或小的群体共同拥有的物质和象征资本，是复制战略系统的一部分，这个系统即个体或群体用以在客观上趋于通过复制和提高其在社会结构中地位复制与特定生产方式联系的生产关系的战略的集合。[43]

我们离“婚姻规则”和“亲属关系的基础结构”因无限简化而变得纯粹的世界还很遥远。由于已经定义了行为者以之为基础产出被调节和规律化的婚姻实践并从实践层面理解其他行为者的婚姻实践的原则系统，我们可能可以要求用一种可靠信息的统计学分析来确定客观对应这些信息的结构性或个体性变量各自占的比重。事实上，重要的是，一旦我们能建立起行为者在快速识别出了在婚姻市场的特定状态下从社会学角度可婚配的个体时采取的原则和这些原则的组合法则的体系（换种措辞来说，就是变量和操作者的体系），行为者的实践就变得可认知了；或者更确切地说，当考察一个特定男子时，行为者指定了几个在实用亲属关系内部对他来说在某种意义上应许的（promises）女子，以及若干严格意义上被允许的（permises）女子，而这一切如此清楚、如此不容置疑，以至于任何对最可能的路径的背离，例如与另一个部落的联姻，都被认为是对有关家族以及整个群体的挑衅。

注　释

［1］该调研是1960年至1970年间进行的一项研究的成果，这一研究后期曾被其他一些工作打断。通过首先在卡比利亚的多个村庄，随后在科洛地区，最后在契立夫河谷和瓦尔塞尼斯山区进行的对经济和社会结构的分析，我们搜集了一些家谱，这些家谱试图大体上确定婚姻所联结的群体的相对经济地位。通过1962年至1964年进行的对这些家谱的数据分析，一些极其粗略的关系得以建立起来，例如修士家庭族内婚更多，经济上不平等的群体间婚姻交换不对称。可一旦我们希望计算与平行从表亲结婚的比例，我们就感到我们不得不进行的区分或是归并有多人为化和抽象。于是我们放弃了对仪式的分析只带来反面教材的家谱调研，并很快察觉到在我们一开始趋于当作简单“变种”看待的仪式进行中观察到的“变异”（variations），在婚姻的案例中对应结构和功能上不同的联姻，在不同部落的大家族之间婚姻中完全使用的仪式在平行从表亲之间的婚姻中简化为最简单的表达：每桩婚姻（以及仪式所采取的每种形式）都显得像一种战略的运用时刻，这个战略的原则在于一种特定的客观条件类型，而并不在于一种被明确提出和遵守的标准，也不在于一种无意识的“模式”。除了搞清配偶间纯粹的谱学关系，我们要解释婚姻交换，只能通过建立联姻的群体在社会结构中地位之间的客观关系，建立群体间经济和象征交换的历史，建立婚姻谈判期间这些交换的状态，建立这个谈判的历史及其在配偶双方生命中所处的时段（童年还是少年）、谈判的持续时间、负责谈判的人、谈判缔结的交换，尤其是嫁妆的金额，等等。也就是说，对婚姻交换

的调研几乎等同于有关家族的经济和社会史，而其谱学结构只能还原婚姻的骨架。我们开展了研究家族社会史的工作，但又未能真正将这项任务进行到底，因为即便我们满足于收集从婚姻视角来看的可靠信息，这些任务也确实是永无止境的：这项工作使我们得以具体测量所有普通的谱学家弃之不理的问题，也提供了对本文提出的理论分析的大部分阐释。

［2］ Cf. C. Lévi-Strauss，"Le Problème des relations de parenté," *Systèmes de parenté*（intervention aux entre-tiens interdisciplinaires sur les sociétés musulmanes），Paris，École pratique des Hautes Études，J. Mergue éd.，1959，p. 13-14.

［3］ 人类学越来越清楚地察觉到从往往对应于若干特殊地区文化的半抽象理论过渡到涵盖所有这些理论的普世理论的困难。我们察觉到了统一群体理论与非洲诸社会或者与至少某些非洲社会之间存在的相当紧密的关系。同样，对于东南亚诸社会来说，联姻理论恐怕是不可或缺的。相反，在进行父系平行从表姐妹婚姻的阿拉伯诸社会，这个理论就无法适用。两大理论在所谓母系或未分化的系统面前都显得无力，借用列维-斯特劳斯本人的话，在这些系统中，"我们可以说亲属关系跟与土地的关系不离不弃，我们也能模糊感到，需要把两大理论结合起来才能隔离出一个真正的'系统'。总之，正如常言所说，我们仍然处于一个很低的抽象水平上，我们所掌握的最有趣的理论仅仅各自适用于一种社会或是特殊系统。"（L. Dumont，*Introduction à deux théories d'anthropologie sociale*，Paris，Mouton，1971，p. 119.）

［4］ R. Needham，"The Formal Analysis of Prescriptive Patrilateral Cross-Cousin Marriage," *Southwestern Journal of Anthropology*，14，1958，pp. 199-219.

［5］ 关于把亲属名称或称呼系统和亲属态度联系起来的推演关系，可参看 A. R. Radcliffe-Brown，*Structure and Funcition in primitive Society*，Londres，1952，p. 62；*African Systems of Kinship and Marriage*，

1960, introduction, p. 25; C. Lévi-Strauss, *Anthropologie structurale*, Paris, Plon, 1958, p. 46。有关“与法有关的”这个概念和拉德克利夫-布朗对它的运用，参看 L. Dumont（如前引著作，41 页）：“与法有关的”关系就是“确切、正式的规定的对象”的关系，“无论是关于人还是关于物”。

［6］F. Barth, “Principles of Social Organization in Southern Kurdistan,” *Universitetets Ethnografiske Museum Bulletin*, n°7, Oslo, 1953.

［7］R. F. Murphy and L. Kasdan, “The Stucture of Parallel Cousin Marriage,” *American Anthropologist*, vol. 61, February 1959, pp. 17-29.

［8］H. Granqvist, “Marriage Conditions in a Palestinian Village,” *Commentationes Humanarum, Societas Scientiarium Fennica*, vol. 3, 1931; H. Rosenfield, “An Analysis of Marriage Statistics for a Moslem and Christian Arab Village,” *International Archives of Ethnography*, 48, 1957, pp. 32-62.

［9］由此，墨菲指出，尽管数据材料稀少，但我们很久以来就知道与平行从表姐妹的婚姻不是一种“恒定的做法，且仅适用于首次婚姻”，虽然这是“‘受偏爱’（préférée）和‘起规范作用的’（normative）的联姻形式”。

［10］J. Cuisenier, “Endogamie et exogamie dans le mariage arabe,” *L'Homme*, Ⅱ, 2, maiaoût, 1962, p. 80-105.

［11］“我们很久以来就知道，且昆特施塔特（K. Kundstadter）及其团队所进行的计算机模拟已经证实这一点，主张某种类型亲属间婚姻的社会仅在少量案例中能够符合其标准。生育和繁衍率、两性人口平衡和年龄金字塔从未提供在规定的等级上确保每个个体在适婚时段找到合适伴侣所需的美妙和谐和规律性，哪怕亲属关系术语系统庞大到足以混淆同样类型但疏远程度不等的等级，且这些等级往往疏远到共同后代这个概念变得完

全停留在理论上的程度。”（C. Lévi-Strauss，*Les Structures élémentaires de la parenté*，préface de la 2e édition，Paris，Mouton，1968，p. XVII.

［12］让·居伊瑟尼耶在此追随了列维-斯特劳斯，后者指出“从结构的角度来看，我们能把与父亲的兄弟的女儿的婚姻和与父亲的兄弟的儿子的女儿的婚姻看作同等的”（C. Lévi-Strauss，“Le Problème des relations de parenté”，*loc. cit.*，p. 55）。让·居伊瑟尼耶写道：“……相反会有这么一种事发生，‘自己’（Ego）与其舅舅/姨夫的孙女或者叔公/姑爷爷的女儿结婚。从结构的角度来看，这些联姻可类比，一个可与和叔伯/姑父的女儿的婚姻类比，一个可与和叔公/姑爷爷的孙女的婚姻类比。”（J. Cuisenier，*loc. cit.*，p. 84.）当民族学家把错将称呼系统的严密性当作倾向性与实践的实践逻辑的唯血统论的唯名论和一种建立在一些抽象划分基础上的统计学的形式主义结合起来的时候，他们就被引导着去进行了一些谱学操纵，这些操纵在实践上等同于行为者用来掩盖其婚姻实践和他们对其所做的理想化意象或他们希望给予它的正式形象之间的不一致的操作。如此，他们就能为了事业的需要，不仅把叔伯/姑父的女儿，也把第二甚至第三级的父系从表姐妹——例如父亲的兄弟的儿子的女儿或父亲的父亲的兄弟的女儿，甚至父亲的父亲的兄弟的儿子的女儿，以及以此类推（也可参看他们对亲属关系词汇进行的操纵，例如当他们把‘amm 的概念当作可能用于任何年龄更长的父系亲属的礼貌称谓的时候）——归入平行从表姐妹的名下。

［13］有关模拟模式和类比模式的区分，参见 P. Bourdieu，J. -C. Chamboredon et J. -C. Passeron，*Le Métier de sociologue*，Paris，Mouton，1968，p. 82-83。

［14］对各个谱系级的“族内婚率”的计算——抽象“类别”的不真实的交叉——导致通过一种第二级的抽象化把很多个体看作是一样的，尽管这些个体处在家谱的同一级，但他们年龄各异，也因为年龄各异，其婚姻可能是在对应婚姻市场的不同状态的不同行情中缔结的；或者与此相

反，这也可能导致把在谱学上相区分但时间上同时发生的婚姻看成是不同的，例如一个男人可能与自己的一个叔伯/姑父/舅舅/姨夫同时结婚。

［15］E. L. Peters，"Some Stuctural Aspects of the Feud Among the Camel-herding Bedouin of Cyrenaica," *Africa*，vol. XXXVII，n° 3，July 1967，p. 261-282. 墨菲并无其他意见，但当他注意到，家谱和家谱的操纵的主要功能是加强社会单元的垂直凝聚，而与平行从表姐妹的婚姻趋于分割社会单元并令其自我封闭时，他没有指出相应的后果。

［16］显然，"作为实践的实践的理论知识"（connaissance théorique de la pratique en tant que pratique）与"实践知识"（connaissance pratique）毫无关系，尤其与所有自发主义和民粹主义意识形态所酝酿的实践知识无关，这些意识形态认为实践知识拥有一种奥义经验的神奇美德，而与参与型观察的意识形态甚至某些形式的"当地"的神秘狂热就更没有关系了。作为实践的实践理论是避免唯物主义和唯心主义交替的唯一方法，这一理论反对实证主义的唯物主义，重申知识的课题是建构起来的，也反对唯智论的唯心主义，重申这一建构的原则是以实用功能为导向的实践活动。

［17］L. Dumont，*op. cit.*，p. 122-123.

［18］这从根本上就是正式亲属关系和日常亲属关系之间的对立，这一对立又包含在 thaymats（从 ayma 即兄弟这个词派生，意即所有拥有共同父亲或母亲的人）和 thadjadith（从 djedd 即祖父这个词派生，意即自称源出相同的真实或神话祖先的人的共同先人）之间的对立之内，尽管前一种对立仍然是以谱学措辞来表达的。人们常说："thaymats 属于今天，thadjadith 属于昨天。"当要与另一个群体对立时，例如在氏族受攻击的情况下，人们就会搬出 thaymats 的概念，它是建立在由于不断被激活而真正被感受且现在得到承认的亲属联系基础上的当下的和积极的团结。但是 thaymats 团结起来的群体只是建立在 thadjadith 基础上即建立在共同起源——共同起源可以因为从意识形态上捍卫一个"正式单元"（unité officielle）的原因而被援引——基础上的单元的一个组分（这个组分的扩张

取决于一整套因素，一方面依赖于群体的结构，另一方面依赖于动员的时机）。

[19] 我们在此无法对民族学的措辞方法进行真正的逻辑分析（这一分析恐怕在此也是认识论批判最极端的形式），仅满足于引用准备此次研究期间读到的一篇文章，尽管这篇文章恐怕不比其他文章更富含死抠法律条文主义的典型特征，但确实是如此明确地将正式标准错当成了实践的原则，以至于其该把利益——在文章末尾重新提及——当作规则例外的原则："在 Tiyâha 人看来，与平行从表姐妹的联姻既是'权利'（droit）也是'义务'（devoir），准确来讲，因为它是'义务'所以它是'权利'。从表兄弟确实有保护他的从表姐妹、像亲姐妹那样帮助她、在她孀居或是离婚时供养她并照顾她的孩子的'义务'和'权利'。一个素材提供者说，这是我的'ar，这个词字面上是'耻辱''不名誉'，但事实上是双刃剑，因为这个'ar 在游牧民看来，可能同时是不名誉或名誉的对象，这要取决于这位从表姐妹的行为。当其行为符合习俗，那就'该由'父亲兄弟的儿子劝说她甚至利用其脆弱性来更好地说服她。如果她无论如何都固执己见，且其不合规矩的做法有伤家族名誉，那么为此报仇雪恨的责任就'落到'（incombera）她的从表兄弟身上。如果她嫁给了外人，他就'应该'（doit）在她受欺负的时候帮助她。最佳的、能求得精神安宁的做法就是娶她。从女方来看，比起对外人，父亲的兄弟的女儿对自己的从表兄弟不会那么苛刻，在有什么需要的时候会满足于必要的东西。一个六十岁的游牧民总结了上述说法：'如果一个男人有个保守他的秘密、维护他的名誉的血脉相连的从表姐妹，那他还可能娶一个外人吗？'这是不是说男人的行为总是被这样高尚的情感所驱使？从表兄弟的行为似乎证明他更多考虑最有利于其利益的一面。"（J. Chelhod，"Le Mariage avec la cousine parallèle dans le système arabe，" *L'Homme*，Juillet-décembre 1965，n° 3 et 4，p. 113-173.）

[20] 谢罗德曾写道："在阿勒颇的俗语中，妓女被称作'姨母/舅母

的女儿'。"他也引用了一个叙利亚格言，这则格言表达了对与母亲的姐妹的女儿的婚姻的反感："由于他不纯洁的品质，他娶了自己姨母/舅母的女儿。"

[21] Cf. É. Laoust, *Mosts et choses berbères. Notes de linguistique et d'ethnographie*, Paris, Challamel, 1920.

[22] 对于一个严格地不给没有丈夫的女人甚至没有妻子的男人（鳏夫应该赶紧再婚）任何社会地位的群体来说，物质和精神上的失势都会带来严重的问题。如果感知和解读失势是通过神话-仪式类别进行的，那问题就更是严重：在这种逻辑中，人们会想象与左撇子、独眼的、跛脚的、驼背的（这种畸形正好与怀孕相反）或虚弱的女人结婚带来的痛苦，那充满了绝后或恶毒的兆头。有时女人被休仅仅因为她被认为会带来厄运。

[23] "给予小麦，拿回大麦。""他们给的小麦品相差。""用你的土塑造你的后代，如果不出个大锅，那就出个做古斯米的锅。"在我们能搜集到的对于平行从表姐妹的婚姻的颂词中，我们会记住以下这些非常典型的："她不会为自己向你要很多东西，婚礼也不必花费很多。""他能随心对待他兄弟的女儿，她不会带来任何坏事。随后与他兄弟的团结会加强，正如他们父亲从前关于兄弟之情对他们做的劝诫一样：'别听你们的老婆的！'""外来女人会看不起你；她认为自己的祖先比你的祖先高贵，因此侮辱你的祖先。而如果是你父亲的兄弟的女儿，你的祖父和她祖父是同一个人，她永远不会说'让你父亲的父亲受到诅咒吧！'。你父亲的兄弟的女儿不会抛弃你。如果你没有茶，她不会管你要茶，即便她在你家饥肠辘辘，她也会忍受，不会抱怨你。"

[24] A. Hanoteau, *poésies populaires de la Kabylie du Djurdjura*, Paris, Imprimerie impériale, 1867, p. 475.

[25] 法律专家对母系亲属关系遗存的热情让他们也对继承人的案例感兴趣，借用他们的话来说，他们将其看作"成年男性的收养契约"（有关阿尔及利亚的情况，参看 G. H. Bousquet, "Note sur le mariage

mechrouth dans la région de Gouraya," *Revue algérienne*, janvier-février 1934, p. 9-11, et L. Lefèvre, *Recherches sur la condition de la femme kabyle*, Alger, Carbonel, 1939; G. Marcy, "Le Mariage en droit coutumier zemmoûr," *Revue algérienne*, *tunisienne et marocaine de législation et jurisprudence*, juillet 1930; "Les vestiges de la parenté maternelle en droit coutumier berbère," *Revue africaine*, n°85, 1941, p. 187-211; Gapitaine Bendaoud, "L'adoption des adultes par contrat mixte de mariage et de travail chez les Beni Mguild," *Revue marocaine de législation*, *doctrine*, *jurisprudence chérifiennes*, n° 2, 1935, p. 34-40; Capitaine Turbet, "L'adoption des adultes chez les Ighezrane," *ibid.*, p. 40, et n°3, 1935, p. 41)。

[26] 小卡比利亚的艾格巴拉村（2000居民）的一个大家族的婚姻统计数据显示，在218个男性婚姻案例（都是首次婚姻）中，34%都是与部落以外的家庭缔结的；其中仅有8%是与地理和社会地位层面上遥远的群体缔结，它们都有显赫婚姻的特征：一个家庭希望通过不寻常的婚姻来使自己区别于其他支脉，这便造成了这些婚姻；其他远距婚姻仅仅是延续已经建立的关系（通过婚姻、出发远行、远行归来、葬礼甚至大型工程等机会获得持续维护的"通过女人"或通过"舅父/姨夫"建立的关系）。三分之二的婚姻在（由九个村庄组成的）部落的范围内缔结：如果排除罕见的且由于两个群体间的世仇而总带有一种政治意义（特别是对长辈来说）的与敌对氏族的联姻（4%），则其他联姻都属于通常婚姻。

[27] 有个具有特别意义的证言："自打她有了第一个儿子，法蒂玛(Fatima)就开始苦心为他寻找未来妻子，她尝试了很多选项，不错过任何机会，不论是在女邻居那里，还是在她自己的家族、在村子里、在朋友那里、在各种婚礼上、在朝圣过程中、在汲水时、在外地甚至在她应该出席的吊唁活动中。她正是这样让所有孩子顺利婚配，而又没有察觉。"(Yamina Aït Amar Ou Saïd, *Le Mariage en Kabylie*, Fichier de documen-

tation berbère，1960，p. 10.）

［28］如果将围绕着纯粹家族内婚姻的神话式理想化（血统、纯粹、内部等）和伦理鼓励（名誉、美德等）进行评论，那么对于这些通常婚姻，我们只能做出对与平行从表姐妹婚姻一样的评价。因此，与父亲姐妹的女儿的婚姻就被认为能够像与平行从表姐妹的婚姻一样，保证女性间的和睦，保证媳妇尊敬丈夫的父母（她的 khal 和她的 khalt），而这样的成本又极低，因为在这样的亲近程度下，疏远群体之间婚姻暗中引发的有关给予媳妇的地位和生活条件的对立制造的紧张关系无法出现。

［29］这些非常婚姻逃脱了通常婚姻的局限，但也没有其便利（例如通常婚姻没有“后续”）：除了战败群体（氏族或部落）向战胜群体献上一个女子，以及两个群体为了表示并无胜者、败者之分而交换女子的案例，战胜群体也可能将一个女子许配给另一方而不要回报，但这种婚姻不会在最显赫的家族间进行，而是在地位差距悬殊的家族间发生，即战胜群体的一个小家族把一个女子嫁给另一群体的一个大家族。战胜群体希望通过门户差距的悬殊显示，自己最小的家族比对手最大的家族还大。

［30］复制机制中的失败的机制，即“去联姻”（mésalliance）、引发支脉凋零的“不育”（stérilité）、“共有的终止”（rupture de l'indivision），恐怕是经济和社会等级转化的主要因素。

［31］胡搅蛮缠（chikayat）数不胜数，有些甚至要对簿公堂，但它们并非源自一种“无理取闹”的精神，而是来自引发或是应对一个挑战的意图：（非常罕见的）为了以收购优先权的名义取消一项土地买卖而提起的诉讼就是如此。

［32］习惯法毫无例外地都规定要对杀害自己要继承其遗产的人的人进行制裁，而习惯法也证明，公开的冲突非常频繁：“如果一个人没理由地杀害了一个亲人（前者是后者的继承人）以便继承遗产，村庄就会获得凶手的所有财产。”（Qanun de la tribu des Iouadhien，rapporté *in* A. Hanoteau et A. Letourneux，*La Kabylie et les coutumes kabyles*，Paris，Imprimerie nationale，1873，t. Ⅲ，p. 432；cf. aussi p. 356，358，368，etc.）

［33］如果在此不对这些事情之间的关系的意义持任何立场，我们可以注意到“尖锐的‘嫉妒’病”特别受到父母尤其是母亲们的关注，母亲们有的是办法预防和治疗这种红眼病。要表达一种无法缓解的仇恨时，人们会提到因为弟弟/妹妹出生而在母亲那里失宠的小男孩的感受，失宠男孩像垂死的人（am‘uṭ）或是“便秘的人”（bubran）一样瘦弱和脸色苍白。

［34］A. Hanoteau et A. Letourneux，*op. cit.*，*t.* Ⅲ，*p.* 423.

［35］谢罗德很中肯地重申，所有观察都在一件事上达成一致，族内婚在永远处于战争状态的游牧部落比在定居部落更多，且在战争威胁或冲突的情况下趋于重新出现或加强（如前引页码）。

［36］这个公理的功能就是逃脱无用的把功能主义者和反功能主义者对立起来的辩论（主导者是功能主义者，因为功能——从功能主义派的意义上来说——就是主导者的利益，也就是主导者趋于将一个符合其利益的系统长久化的利益）：那些从效果上去解释婚姻战略的人——例如墨菲和卡斯丹主张的裂变和聚变是我们无法称为功能的效果——并不比那些指望规则的有效性的人离现实更近。认为与平行从表亲的婚姻有裂变和/或聚变的功能，却不思考“为谁”（pour qui）、“为什么”（pour quoi）、在多大程度上（这需要测量）以及在何种情况下，那就是可耻地用“最终原因”（causes finales）进行解释，而没有思考一个社会组织的特征性的经济和社会条件如何导致其必须寻求某种特定类型的利益的满足，这种满足本身又会导致一种特定类型的集体效果的产生。

［37］“老妇人”可能借助秘密谈判插手完全由男人执掌的婚事，并让“儿媳”许诺把家中权威保留给自己，否则婚事将不成。儿子们经常不无道理地怀疑自己的母亲让自己娶她很容易支配的女人。

［38］穷人（特别是缺乏象征资本的人）的婚姻之于富人的婚姻，就好比女人的婚姻之于男人的婚姻。众所周知，穷人的婚姻不应该显得过于

苛求名誉。“穷人只剩下显得嫉妒了。”也就是说，就像女人们一样，穷人对婚姻的象征和政治功能的考虑少于其“实用”（pratiques）功能，例如更注意新郎或新娘的个人优点。

[39] 女孩在婚姻市场上的价值在某种意义上是其所源于的两个支脉的社会价值的直接投射。如果父亲的孩子源自多次婚姻，那这就更明显了：男孩的价值与其母亲的价值无关，但如果女孩的母亲来自更高地位的支脉并在家族中占据更高的地位，那么女孩的价值也就更高。

[40]“自发心理学”完美描述了“女孩们的男孩”（aqchich bu thaqchichin），后者被家里的女性养育和疼爱，相对于其他男孩，女性们会趋向于将其留在身边更久，最终这样的男孩也会认同人们留给他的社会命运，变成一个娇弱多病、“被他众多的长头发的姐妹们吃掉”的孩子：以一切办法照顾和保护这颗掌上明珠，以便其少冒险，并且避免其干农活，令其受更长时间教育的理由就将其与伙伴分开，他的措辞更文雅，衣服更干净，饮食更精致，这些理由也会令其早婚。

[41] 女孩如果有更多作为其名誉（尤其是其贞操）捍卫者和其未来丈夫潜在盟友的兄弟，其价值就更高。民间故事这样描述有 7 个兄弟、像“叶子中的无花果”那样受到 7 倍保护的女孩引发的嫉妒：“有幸拥有 7 个兄弟的女孩可能非常自豪，且‘不乏追求者’（prétendants ne manquaient pas）。她确信自己‘炙手可热且备受欣赏’（sûre d'être recherchée et appréciée）。一旦结婚，她丈夫、丈夫的父母、全家甚至男女邻居都会‘尊重’（respectaient）她：她不是有 7 个男人站在自己一边，她不是 7 个兄弟、7 个‘保护者’（protecteurs）的姐妹？即便发生微不足道的口角，兄弟们也会过来恢复秩序，而如果他们的姐妹‘错’（fautiv）了，或她刚刚被‘休’（répudiée），他们会把她接回家，她会得到礼遇。他们不会被认为‘不名誉’（reprendraient chez eux，entourée d'égards. Aucun déshonneur ne pouvait les atteindre）。没人敢于进‘狮穴’（antre des lions）。”

[42] 由于特别精妙的战略能从一笔特定资本中获取最大收益，无论

是通过虚张声势（如果不脱离熟人圈，这很难做到），还是干脆巧妙利用象征遗产的模棱两可或遗产不同组分之间的不一致。尽管我们可以认为能力也是象征资本的一部分，而象征资本本身相对于狭隘的经济资本具有相对的自主性，能从遗产中取得最大收益并通过例如成功的婚姻的巧妙投资来让遗产增值的能力相对独立于象征资本。正因如此，有些除了自己的美德一文不名的穷人可以从自己女儿的婚姻中受益：通过把名誉出售给身居高位者，结交显赫盟友或至少结交有用的保护者。

［43］考虑到婚姻战略属于复制战略，它们在逻辑上并无独特之处，这一逻辑无外乎旨在保持或增加象征资本，也遵循名誉的辩证法，无论战略的对象是购回土地还是回击冒犯、强奸或暴力（谋杀）：无论在哪个案例中都能观察到相同的（土地、女人、房屋，简言之就是名誉的）脆弱性和（通过男人、枪，简言之就是名誉点来得到的）保护之间的辩证关系，这一关系能够保护和增加象征资本（威望、名誉，简言之就是名誉）。

第二部分

实践理论大纲

从前的一切唯物主义——包括费尔巴哈的唯物主义——的主要缺点是：对事物、现实、感性，只是从**客体**的或者**直观**的形式去理解，而不是把它们当作**人的感性活动**，当作**实践**去理解，不是从主观方面去理解。所以，结果竟是这样，和唯物主义相反，唯心主义却发展了**能动的**方面，但只是抽象地发展了，因为唯心主义当然是不知道真正现实的、感性的活动本身的。

——卡尔·马克思，《关于费尔巴哈的提纲》

221

前　言

写作这篇对科学实践的思考的文字是为冲击两类人的思想：思考人文科学而不运用者，以及运用人文科学而不思考者。科学实践逃不出这里所述的实践理论的范畴：最好的实践者可能谙熟科学操作的实际运用，但却既无闲暇也无必要的工具去走出这种“广博的无知”；认识论或方法论的思考专家则必然不得不更多考虑操作成果（opus operatum）而非操作方式（modus operandi），这就不仅导致了一定的延迟，也导致了系统性的偏差。除偶有例外以外，本文既不参考实践者也不参考思考专家们的意见，而且会更少参考那些自认为在科学和意识形态间的交界地带——或者说在这两者特别难以区分的地带——进行很前卫的斗争的人们的意见。这就是为什么我们要在此记述所有能从这些巧言当中抽取出由科学实践所导致并填充和引导了科学实践的思考的东西，至少是仅仅按照话语意涵的现状所规定的影射意义。

因为坚信实验室方法不必然严谨，正如校园中的创举不必然导致发明，所以我们要把源于其产生条件本身的双重性保留给这篇工作论述，或者说是工作中的论述：如果借用雅克·德里达（Jacques Derrida）的风格，我们可以说，如果我们能完整出版这些记录所辅助的研究成果（对经济结构和仪式实践的分析），那么这些处于边缘地位的记录本身就能充满意义，就能发挥全部效果。但我们在这里只能偶尔以简略和暗喻的方式提及这些研究成果。因此这一双重陈述也很可能带来双重的失望，因为一方面理论建构（下文中还将再次被运用）如果无法完全脱离其构建时所论述的对象，就无法达到其最普遍和最有力的形式，而另一方面，理论建构所依托的经验研究只以隐晦的方式获得了陈述。 222

虽然作为这些思考的根基的科学实践无疑在很大程度上来自一段人生经历的特殊性，但这科学经验并不一定因此该将其逻辑归因于偶然。因为与被观察世界在很多方面很接近的农村世界的第一印象不断影响和引导着 1957 年到 1963 年间在阿尔及利亚多个农村地区进行的民族学研究，这避免了外国观察者固有的客观主义倾向，所以我们设计了一种认识论实验，即考察人们在熟悉的环境里遇到的一个问题［贝阿恩（Béarn）地区年长者的单身问题］。这一实验与人类学家的做法完全相反，是引导我们观察和分析我们可以称作客观化效应的现象，也就是将熟悉的关系转化为学术知识：我们在数据背后看到一张张脸，在传记背后看到集体记忆中抽离出来的离奇故事，从制图符号中看到一个个农民，我们不断面对那些“业余社会学家”，他们以实用主义的轻蔑鄙视系统的精神，看重个别案例、例外、微小差异这些意义并不小于数据的异常情况（différences）而非自己的抽象理性，在这样的时候，我们并不觉得客观主义（这并不意味着客观）科学建设配得上其过早和过高地自诩的赞誉。 223

225 被观察的观察者

我们不是不知道，在围绕着一整套两两对立物组织起来的认识论范围里，一切对客观主义的质疑都首先显得像是对主观主义的平反，因此我们很犹豫是否只对存在客观主义谬误的人类学和社会学基础进行草草的分析——虽然想要把那些成见连根拔除就必须做这样的分析，不管这一谬误是出现在民族学家对外国人境遇的观察中，还是出现在艺术史学家对观众的境遇的分析中，抑或是更广泛地出现在摆脱了束缚和实践急迫性的知识分子的状况中，而这两种摆脱又是对事物进行学术观察的必要条件：我们恐怕是要进行把客观主义的严密性和神奇的“参与式观察”的美德对立起来［根据柏拉图所述的分割（拉丁化希腊文 chorismos）与参与（拉丁化希腊文 methexis）这对概念］的解读，或是进行另一种解读，这种解读认为实践乃是理解实践的唯一方法，把两种实践理论（théories）的对立简化为理论与实践的对立，不管这种对立是贵族式的还是平民式的。

226 我们已经重申，作为严密的实践科学条件的实践理论从理论和实践上都与实践相脱离，因此它不比明确地被纳入客观主义范式的实践理论更不具有理论性，那么，我们也就可以自问，为使一类因素能够暂时被搁置以便进行一种理论类活动而应该在事实上（en fait）满足的社会条件是否并不利于某一确定类型的实践理论的无意识的适用。奥古斯特·孔德（Auguste Comte）曾有很著名的分析，他注意到，无产阶级是“直接操作者”，“孤独地直接与自然做斗争”，也因此容易讲求实际；而与此不同的是，资产阶级“主要跟社会打交道”。[1] 如果发展一下这一著名分析，我们可能可以认为，一个我们能以近乎神奇的方式以符号——语言或金钱——换言之以他人的劳动操纵的社会世界的经验，完全不会使人把社会世界看作必要性（nécessité）之地。这一经验也与一种行动理论有某种契合，这种理论把行动看作某种机械模式的机械性执行或是自由决策的纯粹发生，而看作是前者还是后者取决于主要着眼于自我还是主要着眼于“他人”。一种更精确的对知识分子的社会地位的分析大体上认为，知识分子是统治阶级内部的被统治者，他们很容易承担弗吉尼亚·伍尔芙（Virginia Woolf）所说的中等水平文化（middlebrows）的角色，也就是集团或阶级间的中介的角色：他们是使者或代表，为别人说话，也就是为别人的利益代替（à leur place）别人说话，他们被驱使着去欺骗——往往也出于善意——他们所谈论的人和他们谈话的对象；至于知识分子中出身于被统治阶级的人，不论是因为投靠还是突然发迹，他们之所以能说话仅仅是因为他们抛弃了他们所代言的人们的无发言权的位置，而所用的方法则是在口头上表示代表他们，而为了 227
获得承认（以承认的双重含义去理解），他们会趋向于出卖他们所携带的信息资本。[2]简言之，我们应该至少重申，特权是一切理论性活动的原则，因为理论性活动不仅前设了一种认识论分割，也前设了一种社会分割。而特权只有在不以特权的面目出现，且衍生出一种因为遗忘了理论可能性的社会条件而产生的暗含的实践理论时，才能灵巧地操纵理论性活动。

民族学家与其研究对象之间的特殊关系还包含着一种潜在的理论扭曲，也就是说译码者和诠释者趋向于对社会实践进行阐释学解释，这就会把所有的社会关系都简化为交流关系，而把所有互动都简化为象征性交流。夏尔·巴里（Charles Bally）注意到，在研究母语和外语时，语言学研究会走向不同的方向。由于主要通过理解主体而非表达主体的角度去理解语言，换言之主要将语言当作解码工具而非“行动与表达手段”，所以外语研究趋向于唯智论（intellectualisme）：“聆听者是在语言这一边的，他用语言来诠释话语。”[3] 外在性之所以引发对距离的崇尚，其原因恐怕是把民族学家的客观地位——用胡塞尔（Edmund Husserl）的说法就是“不偏不倚的看客”的地位——变成认识论选择。这一地位使得民族学家把所有现实和实践，包括他自己的实践，都看成一场演出。

只要民族学家没有认识到自己看待研究对象的视角的固有局
228 限，只要他并不掌握被证明有效的（理解）能力，他就不得不借用以规则汇编（répertoire de règles）或是社会学家所称“角色”——也就是符合某种“做法”[4] 的言语和行动的前设章程——的形式出现的明确的或至少半正式化的替代品，因此也就定然会在不知不觉中以自己的方式看待一个个体或一个群体不得不采取的行为意象。饶有意味的是，人们有时把“文化”描绘成一张地图（carte），这就好比一个要在陌生国度辨明方向的外国人，由于没有本地人对地形的熟悉，所以需要了解所有可能的路线：因为没有任何优先方向和中心［就好比是在家谱中的自己（ego），这个自己跟笛卡尔坐标系中的原点（origine）一样不真实］，所以这个虚拟、抽象的空间和实际路线的真实空间之间的距离，或者说和正在行进的路线之间的距离非常之大。而当我们无法把虚拟空间的轴线和庞加莱（Poincaré）所说的“与我们的身体始终联系，被我们随身携带，且确定左右上下前后的轴线系统”重合起来的时候，我们甚至无法在一张平面图或地图上找到我们熟悉的路线。也就是说，人类学不仅仅应该与这一体验中的本土经验和本土变形形式决裂；还应该有第二种决裂，也就是人类学应该质疑外国观察者地位所固有的前设，因为致力于解读（interpréter）行为方式的外国观察者趋向于将其与研究对象的关系原则掺入研究对象中，其对交流与认识功能（无论是对言语、神话，还是对婚姻）的重视就是这一掺杂的明证。认识并不像初级的相对主义认为的那样，仅仅取决于一名“特定地点和时期”的观察者对研究对象的特殊观点，而是取决于一个更基本的事实，那就是，作为在某 229
个视角（point de vue）观察一个行为的旁观者，观察者为了能从远处和高处观看，需要把实践活动看成观察与分析对象（objet d’observation et d’analyse）。建筑师们花了很长时间才发现，建筑平面图和模型的俯视角度使得他们不是为了真正的居住者而设计城市，而是为了神一般的观察者而设计：没有视角的绝对科学视角类似于莱布尼茨所描述的上帝的视角。就像一个预先掌握下属行动（行动需要符合军事规律）的将军，这位上帝能实在掌握的本质，是亚当和恺撒需要花很长时间才能了解的东西。客观主义总是包含着本质主义的虚拟性。

在分析外国群体和社会阶层时还是有避免种族中心主义的方式的，而那可能不过是保持距离的方式，且至少是勉为其难地把事实排除变为方法选择的方式。因此，如果我们能对我们已经在实践上掌握的某社会阶级的社会行为有理论上的掌握，我们恐怕就不大容易仅仅把名誉交换或最为仪式化的礼物交换放在被物化或使物化的范式里考察。举例来说，对于从外部观察结构必要性的幻象的人来说，恐怕没有比被迫的交谈（conversation obligée）更好的例子了。为了能够延续下去，被迫的交谈必须不断创造和重新创造——且往往动用一切资源——谈话者之间的关系。谈话

者的关系忽远忽近，他们不得不抱着相同的真诚且虚伪的信念，去寻找共同点和不同点。他们轮流占据上风，佯装争吵但又很快
230 恢复冷静，以妥协或回归共识的方法终结争吵。可一旦彻底转换视角，我们也可能像马克思在《关于费尔巴哈的提纲》中大胆提出的那样“以主观视角”看待这一系列的姿态与言语，或者说以一种把实践当实践来看（en tant que pratique）的恰当的实践理论[相对于把实践看作客体（objet）的暗示或明示的理论，也相对于把实践看作可以通过反躬自省来理解的亲身经历（expérience vécue）的理论]来看待它们：正如全身心投入军事演习的战士那样，只有保持警惕，才能在游戏中“随波逐流”，但又不被游戏外的游戏“迷惑”，这一点证明，明显是被规限和强迫的行为，却和虚张声势（bluff）或是引诱（séduction）之类看似偶发的行为遵循着一样的原则。这些偶发行为尽模糊、一语双关、象征映射之能事，以产生一旦稍有退缩或拒绝信号即可撤销的试探性的行为，同时也为了维持始终介于虚与实、放弃与距离、殷勤与冷淡之间的意图的不确定性。只要相应地将视角翻转过来，就能看到，我们可以意识到所有真正能被观察到的（或有被观察潜力的）名誉行为，这些行为因无穷的多样性和几乎结构性的必要性令人震撼；看到这一点并不需要兴师动众地开启“机械性”模式，机械性模式之于有名誉的男人的有规律的即兴发挥，顶多相当于生活艺术教材之于生活艺术本身，或是相当于音律著作之于音乐创作。要产生能为存在的挑战所召唤的名誉行为，并没有必要拥有这种罗曼·雅各布森（Jakobson）所说的用以“选择”适合每种情况的
231 “提前生产的意象文件”[5]，只要实际掌握名誉平等原则（principe d'isotimie）即可。根据这个原则，任何人，只要跻身于名誉人的

行列并按名誉人的准则行为，那么也会暗含地要求别人以名誉人的身份对待自己，比如他发起一个挑战的时候，就会要求对方回击。从这个原则可以推导出，不回击就会令名誉受损，要么是让挑战者的名誉受损，因为这明摆着是不屑于回击，要么是让被挑战者的名誉受损，因为他受到的挑战已经暗含了把他归入名誉人阶层的意思，而无力回击的事实又把他排除出了这个阶层。

规则与范式的术语用来描述陌生实践的时候尚且显得可以忍受，但还是无法呈现社会互动中符号体系在实践中表现出的控制，这些社会互动包括最为日常的社交博弈所必然包含的身体接触、手指的动作、实用技能或名誉感，同时又融入了自发的符号学，也就是一系列戒律、方法和符号化标志。这种解码工作通过把他人列入按年龄、财富、权力或文化排序的等级体系，让使用者在不知不觉中趋向于形式和内容上都最适合互动个体的客观关系的交流方式。其中最好的例证就是双语环境下的对话者，他们在完全无意识的情况下，根据局势、谈话内容、对方社会地位（因此也根据他的文化水准和双语程度）等因素决定采用两种语言中的哪一种。我们所观察到的实例是一个法语和贝亚恩方言并存的村庄，我们发现，村中语言的使用和性别、年龄、居住地（在镇子 232
里还是在村子里）、职业（或教育水准）等因素有密切的统计学联系。在一个大家都互相熟悉的群体里，个体甚至不需要通过解读社会特征来使他们的表达形式更适合听话者，因为听话者的所有社会特征他们都了然于胸。可以说，整个交流的内容（不仅仅是使用的表达方法）都在无意中被说话者之间的关系结构改变了。交流所处的客观的社会情势的压力是如此之大，以至于某些措辞、开玩笑的方式、语调甚至有时重音都会在特定情况下自然地被使用，而相反，在其他一些情况下，哪怕再想提起，也不能使用这些措辞或方式，恐怕每个人都有这样的经历。例如，我们都知道，在某个特定社会背景下发生的奇遇的种种跌宕起伏，想要在一个全然不同的社会环境下再现是非常困难的。夏尔·巴里认为，交流的内容、措辞的性质和所采用的表达方法的一切形式（态度、步骤、模仿等），且可能尤其是它们的风格（style），都受经历这奇遇的人们之间的社会关系结构的影响，更确切地说，是受他们年龄、权力、声望和文化的相对关系的影响："当与某人说话或是谈论某人时，我会情不自禁地提醒自己与此人的特殊关系（不论是亲近的、过得去的、不得已的还是正式的），我会不由自主地不仅仅想起此人能对我采取的行动，我会提醒自己他的年龄、性别、
233 资历、所属的社会圈子。所有这些考虑都能改变我表达的选择，并让我避免所有能引起话题转移、冒犯或使人悲伤的话。有必要的时候，措辞会显得有保留和谨慎，言语会缓和和委婉，一语带过而不是咄咄逼人。"[6]这种实用知识建立在对已采取的行为的回应的"感觉到"而非"意识到"的征兆的持续破译的基础上，且持续进行监控和修正，以便让行为和表达适应其他交流参与者的期待和反应，其运行机制是种自动调试机制，即根据发出信息的接受度和该信息产生的效果持续调整行动的方向。我们看到，典型阐释学的话语交流范式恐怕没有乔治·贺伯特·米德（George H. Mead）所采用的交锋范式恰当[7]：狗之间的打斗，跟小孩或是拳击手之间的打斗一样，每个动作引发反应，对手的每个身体姿势都被看作在初露端倪时就该理解的意图的征兆，这个征兆能在攻击或躲闪的初期就显露出其趋势，也就是能判断是真正的攻击还是佯攻。不论是在拳击赛还是在交谈当中，无论是在名誉交换

还是在婚姻交易中，佯攻的前提都是存在一个能根据初露端倪并可能遭到回击的动作提前准备反制措施的对手。忘记自身地位带来的后果的观察者很容易忘记一些事情，特别是，参与比赛的选手不能等到动作结束才去解读动作的意图，否则就会为此迟钝付出现实的代价；他们还忘记了，正如约翰·奥斯丁（J. L. Austin）所说，我们可以“用词语来做事”，也就是不仅仅告知他人的思想，也告知他人的行动（informer l'action）；最后，他们还忘记了， 234
对于其本身并非终极意义的信息来说，它的意义不是别的，就是它所引发的行为的全部。

三种理论知识模式

社会世界可以成为三种理论知识模式的探讨对象，每个模式都是一系列经常是暗含的人类学假设。尽管三种模式至少在法律上讲并不具有排他性，但它们唯一的共性是与实践知识模式相对立。我们称之为现象学的（phénoménologique）（或者，如果用目前存在的学派的名字称呼，要叫作“互动主义的”或“常人方法论的”）知识阐明了社会世界的第一经验的真相，也就是熟悉性（familiarité）和熟悉的环境之间的关系，把社会世界看作自然的、不言自明的世界。这个世界从定义上来说就不被反映，也排除了其自身可能性条件的问题。我们可以称为客观主义的（objectiviste）知识（其中结构主义阐释学是个特例）建立起调整实践和实践的意象之间结构的客观关系（例如经济的或语言的关系），所谓实践的意象就是实践的和心照不宣的对熟悉世界的第一手知识，而所付出的代价是与一手知识的决裂，也因此与给社会世界赋予显然和自然特性的暗含的先决条件决裂：事实上，只有提出了社

会世界的信念性（doxique）经验从定义上就排除的问题，也就是
235 使这一经验成为可能的（特殊）条件的问题，客观主义知识才能建立起社会世界的客观结构和这些结构的明示（explicite）知识的第一手且私人的经验的客观真实。最后，我们能称为人类行为学的（praxéologique）知识的对象，不仅是客观主义知识模式建立起来的客观关系系统，还包括这些客观结构与客观结构实现所处的和趋向于复制客观结构的结构化倾向性之间的辩证（dialectiques）关系，也就是外在性的内化和内在性的外化的双重进程：这种知识意味着与客观主义知识模式的决裂，也就是说对可能性条件进行质问，并且由此对把外部实践当作已完成事实而不是通过身处于其实现过程中来建立起其发生原则的客观的和使客观化的观点的极限进行质问。

如果说人类行为学的知识模式就像是向现象学知识模式的纯粹且简单的回归，如果说人类行为学引发的对客观主义的批评极可能跟天真的人文主义以感受经验和主观性权利的名义对科学客观化的批评相混淆，那是因为人类行为学是一种双重理论移位（double translation théorique）的产物：人类行为学实际上是再次颠覆了社会世界的客观科学以及意识和个人意志的客观和独立的关系系统通过自己提出第一经验和这一经验的现象学分析趋向于排除的问题而建立起来的或然判断。正如客观主义知识提出第一经验的可能性条件的问题，并由此揭示出这一经验从根本上能被定义为不提出这个问题，人类行为学知识是通过提出这个问题
236 （理论和社会条件）的可能性条件问题来重振客观主义知识，并且由此显现出，客观主义知识从根本上能被定义为排除了这个问题：在其反对第一经验即对社会世界的实践性理解的条件下，客观主

义知识脱离了社会世界的实践知识理论的构建，通过生产社会世界的理论知识，反对社会世界的实践知识所暗含的预先假定，客观主义知识至少是消极地制造了社会世界实践知识理论的缺乏；人类行为学知识并没有消弭客观主义知识的成就，而是通过囊括这一知识曾经排除的东西，保存并超越其成就，最终获取其成就。[8]

这种社会世界的交叉经验，也就是在人文科学研究过程中居于主要地位的与一个异世界的熟悉过程（familiarisation）以及与一个熟悉世界的超脱过程（déracinement），绝不仅仅是回到主观主义的神秘和幻象中：对最熟悉的世界和对这个世界上的土著经验的客观探索同时也是对所有客观探索的极限的探索。这个探索意味着，只有对使得一个客观上可理解的行动成为可能的实践掌握的生产与运作方式发问，只有用与实践所历经验的现象学重建无关的实践以及实践的第一经验的理论（théorie），并同时用一种客观理解和这种知识模式的极限的理论与社会可能性条件的理论，来解释所有科学实践操作，我们才能走出一直到今天还禁锢着人文社会科学发展的、客观主义与主观主义之间的仪式性的取舍。237
尽管人类行为学知识囊括了现象学知识的成就，但它与后者在一个关键点上有区别：与客观主义一样，人类行为学知识认为，科学的对象是通过一个建构过程而被征服（conquis），从而打破显而易见的所谓常识的，而这个建构过程必然是和所有诸如预先设定的分类和官方定义之类的“预先建构”的意象的决裂（rupture）。这就意味着要绝对拒绝像阿尔弗雷德·舒茨（Alfred Schütz）那样，把社会科学的建构矮化为“第二级概念，社会舞台的行为者们概念的概念”[9]，或是像哈罗德·加芬克尔（Harold Garfinkel）

那样，将其矮化为人们生产出来并赖以生产出其所属世界的意义的“说明（accounts）”的说明（accounts）[10]。只有当我们不把对社会世界的前科学意象科学的贡献错当作社会世界科学本身时，才能把为诸多记录制作一个记录当作目标。事实上，这样说依然是让步过多了，因为一门不把自己矮化为简单描述的常识意象科学的先决条件是起支配作用的结构的科学，以及其伴生的实践与意象，而这个先决条件就是建构这门科学主要的障碍。[11]简而言之，我们有权拒绝把社会科学矮化为客观机构的更新，但条件是绝不忘记经验的真实性存在于决定经验的结构之中。事实上，客观结构（价格曲线、接受高等教育的机构或婚姻市场的法则）的建构使得我们能对结构跟与其伴生的实践和意象之间的关系赖以建立的机制进行思考，而不是把这些被认为是“理由”或“动机”
238 的思考出来的对象（thought objects）当作实践的决定性原因。确实，一旦在分析中只考虑象征性互动逻辑和行为者因预判其他其直接面对的行为者的行动而所做意象对实践和意象的影响，互动主义就把客观结构中不同立场的关系简化为不同立场的行为者之间的主体间关系：通过心照不宣地排除这些结构对行为者可能有的互动和意象的影响，互动主义暗含地肯定了行为的自发理论，这一理论把行为者或其意象当作能够产生和改造社会世界的战略的最高原则（也就是把小资产阶级将社会关系看作人们施予别人和被施予的东西的看法加入社会世界理论的序列）。

如果像常人方法论那样认为科学只能是由陈述或者说用普通用语（langage ordinaire）组成的通常经验的概念化，那就是把社会科学当成了一五一十对已知的记录（enregistrement du donné tel qu'il se donne），也就是对既有秩序的记录。在此重申，我们有足够的理由把目标设定为给出对所有的说明的说明，只要头脑中对这些说明在实践中被赋予的功能保持清醒：被赋予普通用语的组成性权力并不来自普通用语本身，而是来自许可并赋予普通用语权威的群体；官方用语，也就是被许可的用语和权威的用语，兜售和强加它所表达的东西，暗中规定着可想的和不可想的之间的界限，并由此维持象征体系的秩序以及赋予了官方用语权威的社会秩序。记录这样的用语，而不考虑其执行的功能和确保其效力 239
的社会条件，那就意味着让一种社会实在的建构在科学上存在，并由此获得合法性，而这种建构从来不是简单的私密且个人化的经验，而是最符合特定群体利益的实在的意象。更深入地说，从根本上离构成社会世界“原初经验”的“自然观点的普遍正题”的现象学分析最远的，是这种“一五一十对待‘实在’（法文 réalité，德文 Wirklichkeit）”[12]的信仰（croyance）的经济和社会条件问题，而一经“矮化”，这种信仰未来可能就以“正题”或者更确切地说以悬置判断（epokhe）的面目出现，也就是怀疑自然态度的世界可能是另一种模样。由于不对现象学试图阐释的经验的条件即其有效范围提出问题，现象学就将某种社会世界经验普世化了，而这种经验与一种特定的经济和社会条件相联系，局限在简单复制循环中的社会培训机制就是这些经济和社会条件中的典型。[13]在分为若干阶级的社会里，对实在（réel）的定义是公开的或潜伏的阶级斗争的关键点，意见领域，也就是明确成为问题的领域（有了一种意见，无论其是正统意见还是异端邪说，也就意味着需要思考另一个群体捍卫的另一种意见是否可能以及是否合法），以及信念（doxa）领域，也就是不能质疑和所有行为者都通过行为遵守社会习俗的方式同意其现状的领域之间的严格区别，

本身就是这种阶级间政治斗争形式的关键，而斗争的目的就是把占主导地位的阶级区分系统强加给社会：居于被支配地位的阶级
241 会倾向于缩小信念（doxa）领域的疆域，并倾向于表现理所当然（taken for granted）的泼皮态度；而居于支配地位的阶级则倾向于捍卫信念的完整性，而一旦做不到，就退而维护其天生就不完美的替代品，也就是正统（orthoxie 极可能是 orthodoxie 之误，因后者中就有 doxa 这个词根）。我们看到，对社会世界的天真经验如此一番的分析可能给知识的社会学带来东西，而知识的社会学必定是政治的社会学，因为知识的社会学表现出有利于维持既有秩序的认识论机制。

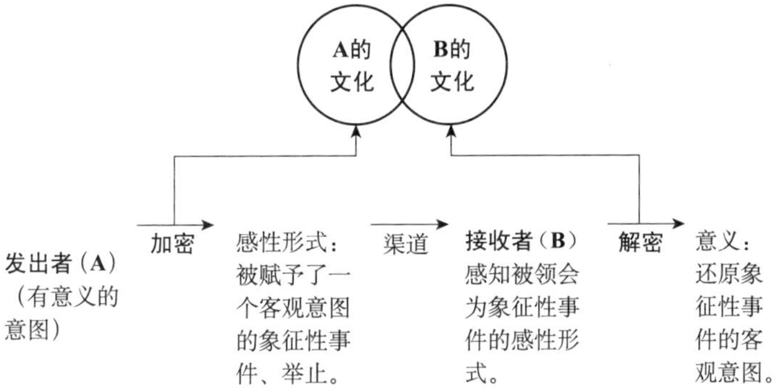

不过我们还是尤其应该略微谈一下作为客观主义理论的主战场的索绪尔（Ferdinand de Saussure）以降的语言学以及符号学。当索绪尔认为语言是独立自主的且不可等同于其具体体现，即不可等同于说话行为的客体时，或当潘诺夫斯基（Erwin Panofsky）认为他继李格尔（Riegl）之后称为艺术的意图（德文 Kunstwollen）——大概就是指作品的客观意义（sens objectif）[14]——的东西可以被等同为艺术家的“意志”，也可以被等同为“时代意志”

以及作品在观赏者心中勾起的亲历经验的回忆时，他们其实是在说话这一特殊行为以及艺术作品这一行为的特殊产物的领域完成了关系所有客观主义科学得以形成的操作，客观主义科学的形成有赖于建立起一套体系，这一体系无法等同于系统完成和自我体现时所处的实践，无法等同于主体的意图，也无法等同于主体对于系统的局限和逻辑性的意识。正如索绪尔让人们认识到，主体间交流的真正手段并不是作为可以在可被观察的物质性中被考虑的即时数据的言语，而是作为令交流得以实现的客观关系结构的语言以及言语的产生和解读，潘诺夫斯基也展示出，伴随着其所引起的情感经验，寓意解读把艺术作品的可感知属性看作简单的“文化症候”，这些文化症候只有在对作者隐含在 242
作品中的文化密码进行有准备的解读（lecture armée）时才会完全展露其意义。

即时的“理解”意味着，无意识的解码操作只在行为者中的一方在其行为或其作品中动用的才能与另一位行为者在感知这一行为或作品时客观调动的才能完美对应时才完全恰当。也就是说，将一种意义变为行为或作品的加密行为和相应的解码行为同时发生。理解就是这样无意中的解码行为，只有历史上被产生和被重复产生并让（无意识）解码成为可能的密码被感知者立即和完全掌握（作为被培养出来的倾向性）并与使行为或被感知的作品的产生成为可能（作为被培养出来的倾向性）的密码是一回事的时候，“理解”才有可能且能真正被实现。在其他所有情况下，部分或完全的误解就是铁定的，即时理解的幻象导致虚幻的理解，而种族中心主义的幻象就是对密码的误解。简言之，当这种幻象建立在天真的对人性统一的信仰之上，当其除了胡塞尔所说的“对他人的意图转达”之外再无别的知识工具时，那最“善解人意”的解读也可能只是一种无懈可击的种族中心主义。

结构主义民族学家在理论上仰语言学之鼻息，他们经常在实践中犯认识论无意识（inconscient épistémologique）的毛病，而这
243 是因为他们忘记了语言学史如何建立起自己的研究对象：他们继承了一份他们没有自己去建立也始终不知道如何重建其产生条件的思想遗产，他们过分满足于语言学术语体系的字面解释，而这套体系已经脱离了其源学科的思维秩序，这样他们也就并未从认识论角度思考过把索绪尔那一套搬过来在何种条件和范围内有效。如果我们排除掉爱德华·萨丕尔（Edward Sapir）——因为他兼通语言学和民族学，天然会思考文化与语言的关系问题——那么值得注意的是，任何一位人类学家都没有试图去理清把语言、话语和文化、行为、作品混为一谈［莱斯利·怀特（Leslie White）大概是唯一指出这一现象的学者］的后果。客观主义分析认定，只有在行为者被客观协调起来，也就是说给同一符号（话语、行为或作品）赋予相同含义，或以相同符号来表述同一含义，或者说在其加密和解码/行为和解读的过程中采用相同又单一的、稳定的、独立于意识和个人意志且无法等同于它们在实践或作品（代码或密码）中的执行（exécution）的关系的系统时，交流能够即时，因此客观主义分析并没有在真正意义上反驳对社会世界第一经验和他人话语和行为即时理解的现象学分析：客观主义分析只是通过阐明自身得以实现且现象学忽略的特殊条件，明确了现象学分析的有效界限。借用胡塞尔的话说，人文科学必然是“拥有双重重大方向的主题的科学，这一主题一贯将科学领域的理论与
244 这一理论的认识的理论结合起来”[15]。或者换句话说，有关人类学

可能性条件的认识论思考是人类学不可分割的一部分，那么首先应承认，一门以使其自身成为可能的东西——例如语言或文化——为对象的科学，无法在不讨论其可能性条件的情况下存在，这同时也意味着对科学的条件或者说对科学得以从象征意义上掌握一门语言、一个神话或一种仪式的操作的完全认识，也就意味着对作为这些操作的执行的初步理解的认识，但后一种认识是基于另一种模式，是建立在对赋予这一认识特殊性的普遍和特殊条件完全无意识的基础上。

但如果要更新所有把实践或作品当作需要解码（déchiffrer）象征存在或者更广义地说当作被生产的作品而非实践的认识模式的隐含的前提，则只需要再次拷问索绪尔是如何通过把语言建立为独立于话语中的应用的独立客体的方法来建立语言科学的理论操作的。尽管我们能够想到，由于存在死语言和在年龄较大时患上的缄默症，然而人们完全可以在仍然保留语言的情况下丧失话语，尽管语言的错误使得语言成为话语的客观标准（如果不是这样的话，任何语言的错误都能修改语言，那也就不存在语言的错误了），话语还是语言的条件，不论从个体还是从集体的角度来看都是如此，因为没有了话语，语言就无法被领会，因为语言的学习要通过话语进行，也因为话语是语言创新和变化的源头。但这里提到的两个进程在重要性上并无差别，只有时间先后，而且，245
当我们为了解解码的逻辑条件（conditions logiques）而像客观主义阐释学所做的那样离开个体或集体历史（histoire）的领域的时候，这个关系就反过来了：作为媒介的语言保证了说话者采用的音意对应关系的一致性，保证了互相的理解，因此语言是话语的可理解性（intelligibilité）的条件。换言之，在可理解性的逻辑顺序里，话语是语言的产物。[16]因此，由于话语是以严格的唯智论的观点或者说是以解读的观点被建立起来的，索绪尔的语言学优先考虑符号的结构（structure）或者说符号之间的关系，而忽略了它们的实用功能（fonctions pratiques），而正如结构主义暗含地认为的那样，它们的实用功能绝不能被等同于交流与认识的功能，因为在表面上最严格地趋向于为了交流的交流功能（应酬功能）或是为了认识的交流功能，例如节日、仪式、礼节或在另一个完全不同领域的信息流动，也都是以一定程度的公开的方式趋向于政治和经济功能的。

索绪尔的建构只有在给出去人格化的、可互换的，也就是任意的发出者和接收者，并且暂时搁置每个信息因为在某种从社会层面被结构化的互动（interaction socialement structurée）中运用而产生的功能属性时，才能将某一信息的结构性属性原本地建立起来，即建立为一个系统。事实上，我们通过各种方式都能知道，任何群体内部的象征性互动都不仅像社会心理学阐释的那样[17]依赖于互动所处的互动群体的结构，也取决于互动中的行为者所被
246 嵌入的社会结构（例如阶级关系的结构）。如此，很有可能一种能够像查普（Eliot Dismore Chapple）和昆（Carleton Stevens Coon）[18]那样区分只发出（originate）信息的人、只回应信息的人和回应前者所发消息并发出要后者回应的消息的人的测量，就能显示出象征力量对比结构对政治力量对比结构的依赖。纯粹和完美的竞争模式在此处或是他处都一样不真实，象征性物品的市场也有其垄断和统治结构。

简言之，一旦我们从语言的结构过渡到语言承担的功能，也就是说过渡到行为者实际对语言的应用，我们就会感受到，如果

只是单单认识代码（code），就只能部分理解实际发生的语言互动。事实上，正如路易斯·皮埃托（Louis Pieto）观察到的那样，一个语言元素的含义受非语言因素的影响与受语言因素的影响至少一样多。所谓非语言因素就是指含义所处的上下文（contexte）和处境（situation）。其原理如此，在抽象地对应于一个发音的众多词义当中，接收者“挑选”一个在他看来与他所感知到的情境相匹配的词义。[19]也就是说，信息的接收（信息的发出毫无疑问也适用）很大程度上取决于互动行为者社会结构中客观立场间关系的客观结构（竞争或客观对立关系，或者权力和权威关系），这一结构决定了在某一特殊情境中观察到的互动的形式［例如莫斯科维奇（Moscovici）所表述的口头信息发出量和社会等级之间的相关性］。那些借助于“上下文”或“处境”来在某种意义上“修正” 247 结构主义模式中在他们看来不真实和抽象的成分的语言学家或人类学家，还是为他们试图超越的理论模式的逻辑所囿（尽管这一企图是正确的）。因此，被称为“处境分析”（法文 analyse situationnelle，英文 situational analysis）[20]的方法虽然旨在“观察不同社会处境中的行为者”，以便确定“个体如何能在某一特定社会结构的限制下做出选择”[21]，但它似乎仍然被局限在了规则和例外的交替出现当中，这一局面埃德蒙·利奇（Edmund Leach）（“处境分析”的支持者们很愿意自称受其启发）有清楚的表述：“我认为，所有社会行为的途径都被严格制度化的结构系统是不存在的。在任何可维持的系统中，都应该存在这么一个空间，其中的个体可进行自由选择，以使系统对其有利。”[22]

一旦陷入模式和局势、结构和个性变体等各种模式和执行之间的对立与交替的模式，我们就不得不简单地反对结构主义抽象，结构主义抽象是把被当作简单变种的变体消解在结构中的：劳神于“把变体、例外和意外融入（integrate）对现实的描述中”并展现“一个特定结构中的个体如何迎战他们所面对的抉择，就像所有社会中的个体一样”[23]，就导致退回到了个体及其抉择的前结构主义阶段，并且掩盖了结构主义谬误的原则[24]。

事实上，正如索绪尔所说，没有什么比实践理论无法将所有属于执行范畴的事物归入理论这一事实更能展现让语言学（以及
248 民族学）结构主义深感不安的实践理论的不足，而这一不足的关键在于无法思考话语，或者更广泛地说是无法将实践看成执行以外的东西[25]：客观主义建构了一种（作为执行的）实践的理论，但这一理论仅仅是客观关系系统建设的负面的副产品，或更大胆地说，是客观关系系统建设的立刻被丢弃了的垃圾。正是这样，由于希望在措辞事实的内部划定“语言的疆界”并提取出一个“明确限定的客体”，一个“均质的”“我们可以单独研究的客体”，索绪尔分离出了“交流的物理部分”，也就是作为预先建构的客体的话语，这样的话语能用来阻碍语言的构建，随后他在“话语的回路”中分离出了他称为“执行部分”（le côté exécutif），也就是由某种声音的特定组合中某种意思的现实化所限定的作为被建构客体的话语，但他最后又摒弃了执行部分的概念，因为他认为“执行从不由大众进行”，而“从来都是个体化的”。这么一来，一样的话语概念，就被理论构建弄得有了双重性（dédoublé）：一方面成了预先构建的且可被即时观察的假定（donné préconstruit），而理论构建的操作正是与这个假定对立着进行的；另一方面成了被建构的客体（objet construit），也就是构成语言本身的或者说通过建立两个客体得以被限定的对立关系而产生了这两个客体的操

作的负面产物。我们恐怕也不难展示出，（在文化人类学意义上的）文化或［在拉德克利夫-布朗（Radcliffe-Brown）和社会人类学意义上的］社会结构的概念的建构也意味着建构一种运作的概念，这里的运作是作为一种执行，这种执行使得运作的原初概念——作为仅仅具有票面价值的行为——有了双重性。有关“文化”（或“社会结构”）和运作之间关系的辩论中出现的最极端的混乱主要表现为，辩论带来的运作的建构意义和实践理论无论在 249
文化人类学的支持者还是反对者的言论中都隐约存在：事实上，像拉德克利夫-布朗这样的“文化”概念的最激烈的反对者也不过就是用一种天真的现实主义来反对心智的现实主义，后者把“文化”看作一种超验的、具有自主性的，并在其自身历史中遵循其内部法则的现实。[26]客观主义也就在这个理论所处的隐含状态[27]保护下，避开了唯一具有决定性的质疑，那就是对其实践理论的质疑，而其实践理论正是有关“文化之地”、有关“结构”的存在模式和有关系统史的无意识目的论的所有形而上谬论的关键，更别提著名的“集体意识”了。

简言之，由于不能以否定——把实践当作执行（exécution）——以外的方式来建构实践，所以客观主义要么不得不把规则性生产原则的问题放在一边，仅仅记下有这么个问题，要么通过处理科学建设的客体的谬误推理来使抽象物化，不论这种抽象是“文化”“结构”“社会阶级”或“生产模式”等，还是被赋予了社会效力，能够作为为历史行动负责的主体或作为能够限制实践的权力来行动的自主现实。如果说实践至少能够使最粗放的意识以现实的形式远离，无意识的假设其实趋向于隐藏实践理论的不确定性引发的矛盾，而“结构性人类学”，当其无法通过表面上被结构化但无法

使结构化的原则的结构世俗化的形式重建社会形而上学的古老的
250 “隐德来希”时，至少是通过遗漏来接受这些不确定性的。若我们不愿意像涂尔干那样认为任何限制主体的规则“都不完整存在于由个体制造的应用中，因为这些应用可能甚至没有在现时被采用”[28]，不愿意把涂尔干赋予所有集体“现实”的超验和永久的存在赋予这些规则，除非玩弄“规则”这个词的多种词义，我们就无法逃脱死抠法律条文主义（juridisme）的最粗野的天真，而死抠法律条文主义把实践当作遵守标准的产物：规则通常表述明确设定和明确被承认的社会标准（norme）的含义，例如道德或法律法则，有时也有理论模式（modèle théorique，也就是科学为解释实践而进行的建构）的含义，规则这个词偶尔也会有实践内在的图式（schème）（或是原则）的意思，也就是说规则存在于行为体实践的实践状态中，而不是存在于行为体的意识中。

要相信这一点，只需要重新读一下《亲属的基本结构》第二版前言有关区分“优先系统”和“规定系统”的段落即可，从中我们可以认为有关标准、模式或规则的术语的使用都受到高度控制：“鼓励（préconise）与母亲兄弟的女儿结婚的系统可以被称作规定性的系统，即便这一规则（règle）很少得到遵守：它只是规定应该（il faut）做什么。一个特定社会的成员在何种程度上遵守标准，他们中多少比例的人遵守标准，这一问题很有趣，但这与另一个问题有区别，那就是从类型学角度来说，在这个社会做这件事有多合适。因为，如果要承认在这个社会的运作中我们称之为母系操作者（opérateur）的东西起到了引导作用，只需要根据真实性的原则承认规则的意识（conscience）在规定（prescrit）的方
251 向上同等地或很少扭曲选择（choix），并承认正统（orthodoxes）

婚姻的比率高于自然联姻的比率：某些联姻至少遵循了母系操作者规定的途径，而这足以在家谱中画出一条特殊曲线。也许会有很多本地曲线而不是单单一条曲线；很可能，这些本地曲线经常会简化为一些开端，而仅在极少的情况下才成为闭合循环。但只需要看看这里或那里的结构的草案就能把这一系统做成更严格系统的或然版本，这一版本的概念是完全理论性（théorique）的，在那里，婚姻可能严格遵守社会集团乐于声称的规则。"[29]这一段落以及整个前言的关键词就是标准，而《结构人类学》强调的则是模式，或者说是结构；但并不是说在这篇前言里没有模式或结构这类字眼，因为主要段落当中充斥的数学-物理隐喻（"操作者""某些联姻至少遵循了母系操作者规定的途径""家谱"中的"曲线""结构"）唤起了理论模式的逻辑，以及被教授和被放弃的模式（modèle）与标准的对应物："当我们在模式层面考察一个系统时，一个优先系统就成了规定系统，而只在现实层面考察一个系统时，一个规定系统就只能成为优先系统。"[30]但对于还记得《结构人类学》有关言语与亲属关系之间联系的文字（例如"'亲属系统'和'音位学系统'在无意识思想的层面被精神制定出来"[31]）以及导致土著生产的"文化标准"和所有"理性化"或"次要制定"消弭而有利于"无意识结构"的蛮横的清晰有记忆的人—— 252
何况有人甚至还记得承认来自族外婚的规则的普世性的文字——来说，此处对"规则意识"所做的让步以及与这些"概念是完全'理论性'的"的严格系统所保持的距离，还是会和前言中另一段落一样令人感到意外："所谓规定性系统的经验真实还是只有在与土著人自己在民族学家之前制定的理论模式（modèle théorique élaboré par les indigènes）发生关系时才有意义。"[32]甚至和以下段落一样令人感到意外："实践这些系统的人很明白，这些系统的精神不仅仅是一种套套逻辑，也就是每个集团从'给予者'那里得到妻子，而把女儿给予'承受者'。他们很清楚，与单边交叉从表姐妹①结婚是规则最简单的注释，是最能保证规则永存的方式，而与父系交叉从表姐妹结婚恐怕就是对规则无可救药的违反。"[33]我们不得不提及维特根斯坦（Wittgenstein）的一段文字，其中戏谑式地提及了结构人类学避开的所有问题，从更广泛的意义上说也是被所有唯智论避开的问题，唯智论把科学建立的客观真相传递到了将能使建立这种真相成为可能的态势排除在外的实践之中[34]："我怎样称呼'他操作所遵循的规则'？以满意的方式描述我们观察到的词语使用方式的假设，或是使用符号时参照的规则，抑或我们询问其规则时他对我们所回答的规则？——但要是我们的观察无法使我们清楚地识别出任何规则，我们的问题是否也就什么都无法确定？因为对于我想知道他对'N'的理解的问题，他确实
253 给出了解释，可他准备好了要重新回答或是修正解释。那我怎样才能确定他所遵循的规则？连他自己也不知道。或者更确切地说，以下的话在这里确切的意思可能是什么：'他操作所遵循的规则'？[35]"把以相当程度上可测量的频率（fréquence）发生的事情，即把规律性（régularité）变成有意识地颁布和遵守的规章（règlement）（也就是说我们能解释规则的起源和有效性）或是大脑和（或）社会机制无意识调整（régulation）的某种谜一般的产物，就等于从现实的模式滑向了模式的现实："考虑一下'火车规律性地（régulièrement）误点两分钟'和'规定（il est de règle）

① 即父系或母系的交叉从表姐妹，与同两系均有关系的交叉从表姐妹即双边交叉从表姐妹相对。——译者注

火车必须误点两分钟’”：……在后一种情况下，我们认为火车误点两分钟这一事实符合某种政策或是计划……。规则是遵照计划和政策，而非规律性……。认为在自然语言里应该有规则，就等于认为道路应该是红色的，因为它们对应地图上的红线。[36] 蒯因（Quine）提供了解释这段文字中包含的区分的方法：“想象一下有两种英语语法系统：一种是奉拉丁语法学家圭臬的老派系统，另一种是叶斯柏森（Jespersen）的新潮语法。假设两个系统在以下意义上是全面对等（extensionally equivalent）的：它们能以递归的方式规范同一套无穷的形式完整的英语语句。在丹麦，一所学校的男孩用其中一套语法学英语，而另一所学校的男孩用另一套语法学习。最后，男孩们看上去都一样。两套规则都适配（fit）所有男孩的行为，但每套语法都只指导半数男孩的行为。两套系统也都适配我们这些以英语为母语的人，这也是两套系统之所以正确的原因。但任何一套系统都不指导我们这些以英语为母语的人，也没有规则指导我们，除了可有可无的对作业的一些指导意见以外。”“正如你们所见，我对适配和指导的区分是明显和断然的。 254
适配指的是一种确实的描述，而指导是指因果关系。当行为符合规则而规则真实地描述了行为时，行为就被规则适配了。可行为并非被规则指导，除非行为者知道规则并能陈述规则。行为者遵守规则。”[37]

以这个区分为起点，蒯因讨论了乔姆斯基（Chomsky）趋势并承认“考虑到‘即便我们无法说出这些规则，英语的话语也在某种意义上受一些规则指导（rule-guided），无论是在丹麦学生的情境中还是在我们自己的情境中’，简单调整（即适配，fitting）和完全指导（guidance）之间就出现了中间位置，即‘暗含的指导’

(implicit guidance)”。蒯因还得出结论，“只有当谈论调适过程的时候”，可以承认“暗示地或无意识地符合某种规则这一概念（的存在)”。事实上，所有社会学表述中的命题前面都该加上一句“一切就好像是……”这样的话，且这句以逻辑量词的方式存在的话不停提醒着客观科学所建构概念的认识论特性。事实上一切都有助于使概念物化，其中最重要的就是普通言语中的逻辑，这一逻辑倾向于推断出名词的本质或是赋予概念在历史中行动的权力，正如作为历史主体的指称历史描述的句子的词语在句子中的行动一样：正像维特根斯坦注意到的那样，只需要把副词“无意识地”（“我无意识地牙疼”）变为名词“无意识”（或者以某种方式使用形容词“无意识的”，例如“我有种无意识的牙疼”）就足以制造出有
255 形而上深度的奇迹。[38]同样，我们也能看到集体的人格化（personnification des collectifs）（例如说“资产阶级认为”或是“工人阶级不接受……”）能产生的理论化（和政治化）效果，这样的人格化必然会导致假设存在一种集体或阶级的“集体意识”——涂尔干的同道们也会同意：当把只能在个体意识中形成的倾向算到团体或是机构的头上时——即便这些倾向是集体条件的产物，例如阶级利益的意识形成（prise de conscience）——我们忽略了对这些条件的分析，特别是决定有关集体的客观和主观均质性程度及其成员集体意识程度的条件。

谬误推理（paralogisme）是上述内容当中非常有意思的变体，也是死抠法律条文恶习这一社会人为主义的源头，其机理是暗自在个体行为者的意识中置入只有通过反对这一经验才能构建起来的理论知识，或者换句话说，是将人类学描述的价值赋予建构的理论模式，以便解释实践。如马克思所说“为物的逻辑而设的逻

辑的物”，当由于马克思所说的不可能的经济人（homo economicus）以理性计算的方式来做决定，其行动者根据模式来扮演角色或行为或是其说话者在现象中进行选择，客观主义把实践或作品的客观意义变成这些实践或作品的生产者的行动的主观终结时，作为模式的简单执行的行动理论（具有标准和科学建构的双重意义）只是客观主义导致的想象中的人类学的诸多事例之一。

结构、惯习与实践 256

因此，作为所有研究的必要阶段并作为与第一经验和客观关系建构决裂的工具的系统客观主义需要被超越。要逃脱因为误把客观关系系统转化为已经在个人历史和集体历史之外组建起来的整体而把客观关系系统误认为现实的结构的现实主义（réalisme de la structure），只需要从操作成果（opus operatum）走向操作方式（modus operandi），从数据规则性或是代数结构走向这种被观察的秩序的生产原则，并建构实践理论，或更确切地说，建构实践生成模式的理论，而这一理论是构建内在性和外在性辩证法（la dialectique de l'intériorité et de l'extériorité）——也就是外在性的内化（l'intériorisation de l'extériorité）和内在性的外化（l'extériorisation de l'intériorité）——的实验科学的条件：组成某种特殊环境类型（例如某种阶级条件特有的存在物质条件）并可以以与某种被社会结构化的环境相联系的规则性的形式凭经验的方式捕捉的结构会产生惯习，惯习是可持续的倾向性系统[39]，是先期被结构化且作为使结构化结构——也就是作为可以被客观“支配”且“规则的”但又不是遵守规则（这些规则客观适应其目标，但并不意味着有意识的目的和明确掌握为达目的所需要的操作，因此这些规则是被整体协调的，但又不是协调者组织行动的产物）的产物的实践与意象的产生与结构化原则——来运作的结构。

257 即便当实践显得是为未来所决定，也就是为某个计划或规划的明确的和明确提出的目的所决定，作为令人得以应对不可预见和不断变化的局势的战略的产生原则的惯习所产生的实践是由暗含的对局势后果的预见所决定的，换句话说是为过往的局势的生产原则的产生条件所决定的，以便实践总是趋向于复制最终产生了实践的客观结构。具体来说，因为如此，所以在拥有相同惯习的两个行为体或者两组行为体（A和B）之间的互动中，一切的规律就是，任意一方的行动（即A的行为a1）都以呼应其引发的有相同惯习的任意行为者的反应（即b1，也就是B对a1的反应）的方式进行，以至于这一反应客观地引发对其所引发的反应的预备（即a2，也就是A对b1的反应）。但最天真的看法就是认同一种目的论的描述，这种描述认为，每个行动（如a1）的目标都是使对其引发的反应的反应成为可能（即a2对b1的反应）。惯习原则上是一连串"行动"，这些行动以战略的形式被客观组织起来，但惯习绝不是一种真正意义上的战略意图的产物（例如，这些行动可以被理解成很多可能性中的一种战略）。

如果说，并不完全排除这种情况，那就是，惯习的回应伴随着一种趋向于以几乎有意识的模式实现惯习以另一模式实现的操作的战略计算，而所谓另一模式就是对过往效果转化为预期未来的几率预测，那么还得认识到，这些回应首先是按照立即能映入现时的客观潜在性来确定的，所谓潜在性就是能做的和不能做的事、能说的和不能说的话，而判断能与不能的依据就是是否将发生（à venir），这个将发生与黑格尔所说的由"否定性自由"的纯

258

粹计划所规划的“绝对可能性”（absolute Möglichkeit）相反，其基础是排除了商议过程的存在的紧急性和抱负。那些象征性刺激，也就是惯例性的和条件性的只在遇到被调试为可感知刺激的行为者时才启动的刺激，趋向于在专断的反复灌输消弭了反复灌输和被灌输意义的专断时以无条件和必要的方式确立地位：紧急性、已实现的目标和诸如工具的具有胡塞尔所说的“永久目的论性质”的客体、需遵循的过程、被完整描述的进程和被物化的价值的世界，也就是实践的世界，只能给予一种有条件的自由［如果我可以，我就会（liberet si liceret）］，这一自由很像磁针的自由，在莱布尼茨的想象中，磁针在指北过程中可能是自得其乐的。如果我们周期性观察科学地建立起来的客观概率（probabilités objectives）（例如进入高等教育或是博物馆等的机会）和主观憧憬（aspirations subjectives，即“动机”）之间的紧密相关性，就会发现，并不是行为者有意识地将其憧憬调整到符合其成功机会的精确评估的程度，调整到像一名选手根据有关其获胜机会的完全信息调节战术那样的程度，当忘记了“一切就好像是”这一前提，我们做得就好像（fait comme si）游戏理论或概率计算这两个有悖于（contre）即兴倾向性的东西构成了实践的人类学描述似的。一旦完全逆转客观主义的趋势，我们就能够在概率或战略的科学建构的规则里面寻找因为规则清楚地以有悖于这些暗含规则建构（例如突出早期经验的倾向）而使规则必然包含的自发数据（statistique spontanée）的暗含规则的否定性描述（description négative），而不是一种实践的人类学模式。不同于科学以一定方法 259
和可控经验为基础、根据以准确规则获得的数据建立起来的概率估计，对特定局势下的特定行为的成功机会的主观评估利用的是一整套半形式化的智慧体系，即格言、老生常谈、伦理戒律（“这不是为我们而设的”）以及更深层次的精神的无意识的原则，这一套体系具有普遍的和可换位的倾向性，是被一种被客观规律性决定的类型主导的学习的产物，为所有从属于这些规则性的行为者决定了“理智的”或“非理智的”行为（“疯狂”）。[40]休谟在《人性论》中说：“我们刚刚知道不可能满足欲望，欲望就自己消失了。”[41]而马克思则在《1844年经济学哲学手稿》中说：“如果我没有供旅行用的货币，那么我也就没有旅行的需要，就是说，没有现实的和可以实现的旅行的需要。如果我有进行研究的**本领**，而没有进行研究的货币，那么我也就**没有**进行研究的本领，即没有进行研究的**有效的**、**真正的**本领。”实践可能客观地被调试到适合客观机会的程度［“一切就好像是”（tout se passant comme si）根据以往经验获知的某一事件逆推的（a posteriori）或是根据过往经验分析的（ex post）概率，决定了事件的先验（a priori）的或根据预期而变化的（ex ante）被主观赋予的概率］，而行为者没有进行哪怕是简单的计算或是多少有意识的对成功机会的估计。由于持续被客观条件灌输的倾向性（科学可以通过诸如与某一团体或阶
260 级客观相关的概率那样的数据规则性来理解客观条件）引发了可以客观与这些客观条件兼容并在某种意义上事先与客观条件的客观要求相适应的憧憬与实践，所以最不可能的事就被排除了，要么是由于不可思议（impensable）而在任何检验开始前就被排除，要么在付出双重否定（double négation）的代价后排除，双重否定导致不得已而为之，也就是导致拒绝被拒绝的并喜欢不可避免的。精神或者说是不得已而为之的事（nécessité faite vertu）的产生条件导致风气引发的预防措施趋向于无视概率计算有效性所受的局限，这一局

限就是未被改变的经验条件：与每次经历后都会根据严格的计算规则修正的学术性估计不同，实践估计很大程度上取决于初期经验，因为是特定的存在条件类型的特征性结构，通过其附加给相对独立的家庭关系领域的经济和社会必要性——或者更确切地说是通过（au travers）这些外部必要性的严格的家庭表现（例如禁止、忧愁、道德课、冲突、品位等）——产生了惯习的结构，而惯习的结构也导致所有日后经验的感知和评价。因此，由于在惯习构成逻辑中必然会出现的迟滞（hysteresis）效果，当实践真实面对的环境与其客观适应的环境差距过大时，实践总是可能受到负面的认定，也就是一种“负面的次要性加强”。根据同一逻辑，我们也能理解，代际冲突并不是让在属性上有区分的不同年龄组对立起来，而是让不同惯习对立起来，这些惯习由不同的代际模式（modes de génération）产生，也就是由存在条件产生，通过强加不同的对不可能、可能、或然或肯定的定义，这些存在条件让 261
一些人感到某些实践或憧憬是自然的或理智的，而另一些人则觉得这些实践或憧憬不可思议或令人齿冷，或是反过来。

也就是说，需要抛弃所有明示或暗示把实践当成直接被先前条件确定并完全被简化为事先建立的组装的机械运作的机械性反应的理论，所谓事先建立的组装是指“模式”“标准”或“角色”这些我们应该能举出无数例子的东西，例如能从外部引发这些组装的刺激的偶然的配置，这些配置因此专注于这位民族学家伟大但令人绝望的事业，他怀着实证主义的勇气把他对妻子在厨房的活动的观察变成20分钟时长的480份行为基本单元记录。[42]但对机械主义理论的拒绝并不意味着，根据客观主义和主观主义的必然的非此即彼关系，我们要赋予一位自由的造物的裁判者在事件发生时构建处境意义的自由和专断的权力并最终转化权力，也不意味着我们要把客观意图和行动与人类作品组成的意义简化为行动与作品主体的有意识的和审慎的意图。实践相对于从其即时性角度考虑的处境来说既是必要的又是相对自主的，因为实践是一种处境与一种惯习之间辩证关系的产物，惯习被理解成一种可持续可换位的倾向性系统，通过综合所有过往经验，这一系统每时每刻都像一个感知、评估和行动的框架（matrice de perceptions, d'appréciations et d'actions）那样运作，并使无限区分的任务的完成成为可能，完成的方式或是能解决相同形式问题的模式类比转
262 移，或是对获得的结果不断修正，辩证地说，这些修正也是由这些结果产生的。

我们通常所说的隐喻（métaphore）只不过是这些图式转移（transferts de schèmes）的产物之一，模式转移通过应用于新的感知和行动的实用模式领域而产生新的意义：通过不断将适用于人际关系的模式应用于人与自然界的关系，同样的戏法不断地把相同的分类图式（schèmes classificatoires）从一类事物（如人体）转移到另一类上（如房屋或是自然界）。一个有完美结构的灵魂于是就封闭在了一个隐喻圈（cercle de métaphores）里，隐喻圈与无限世界相互映照：源于因运用相同类型而产生的建构的完美叠合的客观性的幻象被加强，例如对相关性的信仰，原因是如此组成的客观世界包含着许多客体（工具、房屋、纪念建筑等），这些客体是真实客观化操作的产物，进行操作根据的分类标准与客体被领会所依据的分类标准相同。客观性的融入因此必然也是集体模式的内化和对集体的融入，因为被内化的东西是同样被结构化的主观性外化的产物。代际的延续性是通过内在性的外化和外在性的

内化之间的辩证法建立起来的，这一辩证法的一部分就是逝去的几代人内在性客观化的产物。[43]

不断地为处于一定规范中的临场应对所充实（principium importans ordinem ad actum，正如经院哲学家所说的那样），惯习作为生成的依据，生产着实践。这些实践既无法从看似直接发动了这些实践的客观条件（暂且定义为促因）推导出来，也无法从它们自己的生产过程的持久依据的生产条件中推导出来。实践趋向于再生产其产生原则生产过程中的客观条件所具有的内在的规律性，但在这一基础上会根据以客观潜在性的名义嵌入直接面对的 263
处境的要求而作出调整：我们论证这些实践的方式就只能是把确定了产生实践的惯习的生产的社会条件的客观结构与这一惯习的实施条件联系起来，也就是与除彻底变形以外代表这一结构的特殊状态的局势（conjoncture）联系起来。如果说惯习可以像一个确实把这两种关系体系在实践生产中并通过实践生产联系起来的操作者那样运行，那么惯习就是自然形成的历史，也就是不被当成历史的历史，因为它是在第二天性中实现的；“无意识”其实从来不只是历史自己产生的历史的遗忘，而遗忘的原因就是把历史在惯习这一准自然中生产的客观结构融入了进来：“……我们每一个人身上都存在着不同比例的昨日之人。由于事物的力量，甚至昨日之人才是我们身上的主导力量，因为与我们形成和导致我们的漫长的过往相比，现时微不足道。只是我们感觉不到这个昨日之人，因为他深深地根植于我们，他构成了我们无意识的部分。随后，我们还趋向于不意识到他的存在，甚至也不意识到其正当的要求。相反，我们能鲜活地感觉到人类文明最新近的成就，因为这些成就太新，还没有时间植入无意识。”[44]作为历史的悖论的效

果的对人类起源的遗忘也是为客观主义感知所鼓励（或者所引发）
264 的，客观主义感知把历史的产品看作操作成果（opus operatum）并在一定意义上面对成就（fait accompli），只能乞求预先建立的和谐的奥义或是有意识的商讨的奇迹，以便充分考虑在纯粹共时性中被感知的显得像客观意义的东西，无论是涉及神话、仪式或法律条文之类的作品或者制度的内部一致性，还是涉及相同集体或相同阶级成员的一致的甚或冲突的实践表现出的以及前设的（考虑到实践导致一系列索引）客观协调。事实上，客观主义的谬误推理是内化和外化双重进程的所有分析的缺陷的后果，或者更确切地说是惯习的生产的后果，惯习被客观上商讨，因此能够也趋向于产生本身被客观商讨的实践和作品。

由于存在条件的一致性趋向于产生（至少部分地）相似的倾向性系统，由此产生的惯习的（相对）均质性导致了给惯习带来规律性（régularité）和客观性（objectivité）的实践和作品的客观和谐化，规律性和客观性确定了惯习的特殊“理智性”，并被认为是明显的（évidentes）或自发的（allant de soi），也就是可以立即被实际掌握客观上被其运用系统启动的行动与解读模式系统的行动者且仅被这些人理解和预见［也就是被由相同客观条件生产出来的相同集团或相同阶级的成员理解和预见，客观条件趋于同时起到普遍化和特殊化效果（effet d' universalisation et de particularisation），因为客观条件只能通过将一个集团的成员与其他人区分
265 而使他们均质化］。只要我们不了解这个使一个集团或一个阶级的实践具有规律性、统一性和系统性的没有首领的甚至没有任何自发或强加的个体计划的组织过程的协调过程的真正原则，我们就陷入了天真的人为主义，天真的人为主义不承认阴谋的有意识的

和有谋划的商定以外的集体或阶级的正常或非正常的行为的统一原则。某些人由于没有社交印记以外的证据而可以否认主导阶级的统一性，因为他们认为，当他们让持相反意见的人去找出主导阶级成员有种明示的且用明示的商定来明确的强加的政策的经验证据时，他们触到了问题的本质；而其他人虽然至少给这个集体行动的天真意象提供了一种明示的和系统的表述，但在集体层面上考察了意识哲学的类型化问题，并把意识形成变为一种革命性的我思（cogito），只有我思能够通过把阶级变成“为我的阶级”而让阶级存在。

对于导致客观主义和主观主义的无休止的辩论的惯常的问题（从范式上来说，这个问题可以是“是因为我喜欢她她才漂亮，还是因为她漂亮我才喜欢她?”），萨特提供了一个高度主观主义的回答。通过把革命性的意识形成变为某种想象变体的产物，萨特给其赋予了创造现时意义的权力，但又创造了否认这一权力的革命性未来：“应该要逆转普遍舆论，同意这样一个观点：我们要构思出一种皆大欢喜的事物状态的动机并不是由于某个局势的严酷性或是严酷性导致的痛苦。相反，从我们能构思出另一种事物状态的那天起，新的光明才洒在我们的悲痛和痛苦上，我们才认为这些 266
痛苦是不可容忍的。”[45] 如果要把一种意义赋予的绝对行动、一种“发明”或一种转化变为革命性行动，那么只需要无视或者回避经济与社会条件的意识形成的经济与社会条件（conditions économiques et sociales de la prise en conscience des conditions économiques et sociales）问题。[46] 如果行动的世界仅仅是这个完全依赖于创造了它自身的意识意旨的且因此完全失去客观性（objectivité）的可能的可互换物的想象世界，如果想象世界因为主体被感动而令人感动，因为主体自己选择被反感而令人反感，那么激情与行动就只是恶意与严肃精神的游戏和双重游戏，就只是闹剧，我们在闹剧中既是糟糕的演员也是好的观众："并不是因为凑巧，唯物主义才是严肃的，也并不是因为凑巧，唯物主义才始终且到处都成为革命者的教义。这是因为革命者是严肃的。他们首先是以压迫他们的世界为起点相互认识的……。严肃的人'属于世界'且不再有任何援助；他们甚至不要求有走出世界的可能……他有恶意。"[47]值得注意的是，对情绪的分析被不彻底主观主义描述的《想象》一书从《情绪理论纲要》中分离了出来，在对情绪的分析中能观察到以被谴责的"严肃精神"的形式以外的方法遇见"严肃"的无力感："谁决定了我是要选择世界的魔力一面还是技术一面？只能是世界本身。为了表达自己，世界等待着被发现。因此，世界的计划中的'为己'需要选择成为世界用以展现魔力面还是理性面的为己，也就是说，作为世界的自由计划的这个'为己'，自己赋予自己魔
267 性的存在或理性的存在。不管是哪个性，为己都是有责任的（responsable），因为只有自我选择时为己才存在。为己就显然的成了世界的情绪和意志的自由基础。我的恐惧是自由的且表达我的自由。"[48]类似的行动理论应该不可避免地导致一个绝望的社会和历史的超验起源的计划（我们将来会承认《辩证理性批判》），涂尔干在《社会学方法的规则》中写下如下文字时似乎就指出过："因为想象世界没有赐予精神任何抵抗，没有感受到被任何东西包含的精神委身于无限制的雄心，并相信可能以其力量并按其意志建设或重建世界。"[49]尽管我们可以用其他一些文字（数量很大，尤其在其早期和晚期作品中）来反对这种萨特式的人类学分析，在这些文字里，萨特承认已经组成的意义的世界的"被动综合"

并明确回避了其哲学的原则。例如这段《存在与虚无》[50]的选文，他在其中希望与笛卡尔的瞬间主义哲学划清界限，而在《辩证理性批判》[51]的一句话中他提到了“没有行为者的行动，没有总额计算器的生产和反目的、地狱似的流动性”的研究，而且萨特怀着一种发自肺腑的反感排斥“这些胶状的而且多多少少被一种高度个人化的意识笼罩的现实，一种令人感到羞耻的有机论仍然在有悖真实性，在粗糙、复杂但断然被动活动的领域重新找回这种意识，这一领域中存在个人的有机体和无机的物质现实”[52]。“客观”社会学被赐予了研究“惰性社会性”的任务（尽管这个任务很可疑，因为它是本质主义的）。所谓惰性社会性，就是例如屈从于惰性（inertie）即因此沦入无力量境地的阶级，是物化的阶级，是本质上或者说在其“曾经的状态上”已经“令人生厌”和“被套牢的”阶级：“阶级的系列性把个体（不论个体是什么，也不论是什 268
么阶级）变成了一个自我定义为人化的物的存在。……另一种形式的阶级，也就是在实践（praxis）中的统合性的集团，是从被动形式的核心中诞生的，且就像前者的否定一样。”[53]社会世界是这些物与意义的“杂交”妥协之地，如同意义产生物那样，这些妥协定义了“客观意义”，社会世界对于只在意识或是个体“实践”的纯净透明世界呼吸的人构成了真正的挑战。这种人为主义不承认任何自我（ego）自由的限制，只有两个例外：一是自由通过以誓言的形式进行的自由放弃或是通过恶意的放弃强加给自由自己的限制，萨特以此来称呼权利让与；二是另一个我（alter ego）的让与自由在黑格尔式的主人与奴隶之间斗争强加给自我的限制。随后，正如涂尔干所说，在“社会倾向性”中，只能看到“人为的或多多少少武断的组合”[54]，他不假思索地就使被简化为“局限和自主的交互性”的社会的超验性从属于“自我的超验性”，正如萨特首次如此说道：“在这个行动的过程中，个体当自己做了辩证法时就将其作为理性透明来发现，而当辩证法逃脱了他即仅仅是（tout simplement）别人做了辩证法时就将其作为绝对必要性来发现。最后，由于他在其需求的超越中认出了自己，所以他通过超越他人的需求而承认别人强加的法律（他承认法律不代表他要屈从于法律），他把自己的自主（当自主可以被别人使用且确实每天被人使用时，例如佯装、伎俩等）看作外来力量，而把别人的自主看作可用于限制别人的无情的法律。”[55]社会的超验性只能是
269 “递归”的结果[56]，最终来说就是文化客体中的数（nombre）（因此“系列”才显得重要）或是“递归的物质化”的结果，让与即存在于屈从于“被加工材料”的要求的自由的自由放弃之中：“19世纪的工人量力而行（se fait ce qu'il est），也就是说工人实际地并理智地决定自己的支出——他在自己的实践中做决定，而通过这样的自由，工人根据自己过往、现今和将来应该有的状态来生活：一架工资仅仅能负担其维持费用的机器。……作为实用惯性存在的阶级存在通过被加工材料的被动综合由人降临到人。”[57]在其他地方，对于作为构成性理性的“个人实践”相对于被构成理性的历史的逻辑性优先的承认，导致出现社会缘起的问题，如果用社会契约论理论家的话来说就是：“历史决定了人际关系总体存在的内容，而这些关系……与一切都有关系。但并不是历史导致（fait）了总体上来说存在的人际关系。并不是组织与分工的问题导致人类这些起先被分开的（d' abord séparés）客体之间建立起了关系。”[58]正如笛卡尔认为的那样，让·瓦尔（Jean Wahl）说“创造是连续的，因为时间不是连续的”，也因为延展的实体自身并不包

含存在的权力，而上帝则被赋予了每次都会重新开始的通过一份表达其意志的自由法令创造从零开始（ex nihilo）的世界的任务，同样，对“客观潜在性”的令人生厌的不透明性和对客观意义的典型笛卡尔式的拒绝，导致萨特把未被明确定义的把社会整体或是阶级从“实践惰性”的惰性中剥离出来的任务交给了“历史行为者们”的绝对的首创，无论这些行为者是个人还是像“党”一
样的集体。从宏伟的自由的死亡和复活的想象小说的意义上来说，270
通过其双重运动，即从自由导致让与，从意识导致意识的物质化，或者从书的题目的意义来说，“从实践导致实践惯性”的“内在性的外部化”，以及通过意识形成和“意识熔合”这样的艰涩的捷径把“集体带进历史”，把让与的集体的物化的状态带向历史行为者的真实存在的“外部性的内化”，意识与物质与开始时一样无可挽回地被分开，任何类似制度的东西或是类似自主空间（甚至例证的选择）的象征性系统都还没有被察觉或是建构起来；（除了是言语的辩证表象外什么都不是的）辩证言语的表象无法为了在纯粹物质性中把集体从沮丧中拯救出来，掩盖自在（en-soi）和自为（pour-soi）之间——或者用新的话语来说，是物质性和实践之间——被压缩为其“实质”即其（抛给了社会学家的）被超越的过去和其必要性的集体的惰性和作为不可或缺的终结行动系列的集体自有计划的连续创造之间的未被定义的摆动。而我们要自问，我们怎么能不把萨特哲学的客观意图用以否定其主观意图也就是否定持久的“改宗”计划的恒量归咎于惯习的持久性，而这“改宗”在某些革出教门的命令中表现得最明显和最真诚，这些命令如果不是因为有了有意或无意的自我批评的味道，也不至于显得如此激烈。例如，如果想要完全赞赏如下的句子，恐怕心中就要

牢记咖啡馆男孩的著名分析："对于所有把自己当作天使的人来说，他人的活动是荒唐的，因为他们号称能通过拒绝参与其中而
271 超越人类活动。"[59]萨特关于福楼拜与资产阶级关系的理论恐怕最明显和最直接地表达了资产阶级与存在以及存在的物质条件的关系，通过把意识的形成当作一种存在与一种作品的缘起，这种关系证明，要从阶级条件产生的持续的倾向性中摆脱出来，光意识到阶级条件是不足够的。[60]创造一种"行动的社会学"的计划也遵从同样的逻辑［只要做些必要修改（mutatis mutandis）］，用勒·普莱（Le Play）曾采用的说法来讲，行动的社会学被定义为"自由的社会学"，这很可能是相对于必要的社会学而言的。[61]对社会学的"矮化"定义的拒绝在这里重新寻回了由亨利·柏格森（Bergson）首创的永恒的主题和话语，这话语便是封闭与开放、持续与中断、墨守成规与创新以及机构与个人的对立。

集体或阶级惯习的客观协调过程导致实践可以在"缺少任何直接互动"（en l'absence de toute interaction directe）的情况下被客观许可，在缺少明确商定的情况下自然更是如此（a fortiori）。莱布尼茨说："设想一下两座完全一致的钟或者表。且这有三种实现方式。第一种是相互影响；第二种是派一个能干的工人将钟校准并随时让它们一致；第三种是以高超的技艺和准确性制造两座钟，以确保其随后保持一致。"[62]当我们让党或者魅力领袖扮演显圣天神（Deus ex machina）的角色时，如果系统地采用第一种方法，或是勉强用第二种方法，我们就无法领会集体或阶级融入最牢靠也是隐秘的最好的基础。如果说同一集团或阶级的成员的实践协调的程度总比行为者知道和希望的程度要高些或低些，那么正如莱
272 布尼茨所说，是"由于只遵循他自己的法则"，每个人"都还是与

他人协调”[63]；惯习只不过是这个由早期教育以每个行为者的名义提交的内在的法律，即植入法律（lex insita），而早期教育不仅是实践的商定的条件，也是商定的实践的条件，因为由行为者自己有意识地进行的校准和调整需要对一种共同规章的掌握，也意味着集体动员的行动只有在起发动作用的行为者（例如先知、党首等）的惯习和诉求借助其来表达的行为者的倾向性之间有最低限度的协调时才能成功。实践的商定远不总是商定的产物，一切都指明，惯习协调的首要功能之一恐怕就是使“意图”和“向他人转达意图”的经济成为可能，其手段就是允许某种实用的行为主义，这种行为主义在生活境况的要素的领域免除了对他人行为的微妙差异或对其意图的直接质问（“你想说什么?”）的精细分析。正如某人在邮局寄了封信仅仅意味着某些不知名的员工将会有符合其匿名意图的匿名行为，就像舒茨展现的那样，把货币当作交易工具的人也暗含地意识到——正如韦伯指出的那样——其他行为者承认这一交易功能的机会。尽管日常生活行为是自动的、无个性的，具有意义但又没有表示意义的意图，日常生活行为还是遭受着更加自动和非个性化的解读，因为重拾其所表达的客观意图绝不意味着完成行为的人的“被经历过”的意图的“重新激活”。[64]

每个行为者，无论其是否知晓、是否愿意，都是客观意义的生产者和复制者，因为其行动和作品都是一种并不由他产生也并 273
不被他有意掌握的操作方式（modus operandi）的产物，如经院哲学认为的那样，其行动和作品包含着一种始终超越其有意识的意图的“客观意图”。因此，像盖尔普（Gelb）和戈尔特斯坦（Gold-stein）展示的那样，正如某些失去了就某个词或问题想起被意义唤起的词或概念的能力的失语症患者能够不留神地说出一些句子，事后他们才会认识到这个句子中就包含了正确的回答，被获得的思想和表达模式导致了被调节的即兴发挥的“无意图的发明”（invention sans intention），后者的出发点和支撑点存在于完全现成的“固定说法”中，固定的词语搭配或是图像的反差就是这样的固定说法[65]：如尼古拉·哈特曼（Hartmann）所说，天才的嘴总是比他的脑子还快，他用言语维持着“引导与被引导”之间的关系，他在操作成果（opus operatum）中为产生了新触发器和新载体的操作方式（modus operandi）发现这些新触发器和载体，以便其言语持续地自我滋养，就像火车自己带来轨道那样。[66]如果说俏皮话更让说者感到意外而非让听者感到意外，且俏皮话成功的原因既是其回顾性又是其新颖性，那是因为奇思妙想显得就像是一种被埋藏在语言结构里的可能性的不经意的和不可避免的简单的更新。这是因为，主体并不真正知道他们在做什么，也不真正知道他们做的事比他们所知的要更有意义。惯习是普及性的调停，这种调停使得一个特定行为者的没有明示理由和没有有意义意图的实践仍然“合理”“理智”，并获得客观上的协调：实践当中的在实践的实施者自己看来都很难理解的部分就是实践借以适配其他实践
274 和结构的部分，而这些实践的产生原则本身也是其他实践和结构的产物。为了通过喋喋不休地谈论对他人行为或历史事实的理解——此种理解是反对人类科学的“矮化帝国主义”的主观主义权利捍卫者的最后手段——而对此有所了断，只需要重申，“意识的交流”意味着“无意识”（例如语言与文化才能）的群落，也意味着实践与作品的客观意图的解读与经历的体验的“复制”［德文：Nachbildung，由狄尔泰（Dilthey）首先提出］和无用且不确定的

并不真正导致了经历的体验的“意图”的个人特殊性的重组并无关系。

正是因为实践是作为相同客观结构内化结果的且被客观商定的倾向性的产物，相同集团或在一个分层社会中的相同阶级的成员的实践被赋予了统一和系统性的且超越了主观意图和个人或集体的有意识的计划的客观意义[67]。这就意味着，客观化进程无法在互动和相互调整的措辞中获得描述，因为互动本身的形式也是归功于产生了互动行为者倾向性并为行为者指定了互动（interaction）在其他框架内的相对位置的客观结构。如果说通过一种稍有些过度的模式化，我们把明显无限的文化适应和文化接触理论的世界简化为心智的现实主义和感性的现实主义的对立，前者把文化或语言接触看作服从于普遍法则（例如借用的重构的法则）和特殊法则（语言或接触的文化特有结构的分析建立起来的法则）的文化或语言接触，而后者强调在场的社会（sociétés）（或人群） 275
之间的接触，或在最好的情况下，强调对立的社会之间关系（一方统治另一方等）的结构，我们就能看到它们互补性的对立指明了超越其自身的原则：并不存在两个特定行为者的特殊对立，这一对立，无论互动关系（例如向下级下命令的老板、谈论其学生的同事、参与研讨会的学者等）的局势结构（structure conjoncturelle）如何，其实并不在由对应集团（例如殖民者/被殖民者）间关系的客观结构（structure objective）定义互动中直面普遍惯习（habitus，由“自然人”携带的。所谓普遍惯习就是例如一种语言能力与一种文化能力的倾向性系统），也不通过这些惯习直面所有产生惯习的客观结构，特别是包括语言在内的象征性关系系统的结构。因此，在场的音位学系统结构只有在融入（incorporées）在一种特殊历史

（各种双语现象对应不同的获取模式）中获取的能力时才是活跃的［例如主导语言的非本土使用者的口音（accent）］，而特殊历史导致一种选择性耳聋和系统性重构。

谈论阶级惯习（或在由一个均质集团中获取的文化能力的意义上谈论“文化”惯习），也就是重申，与所有形式的旨在把实践直接和某种局势下的特有属性联系起来的偶因主义幻象相反，“人际”关系从不只是表面上看来的从个人到个人（d'individu à individu）的关系，互动的真相从不完全存在于互动中：社会心理学和
276 互动主义或民族学方法论忘记了这一点，通过把聚集起来的个人间的关系的客观结构简化为特定局势和集团中其互动的局势性结构，这些学问试图用局势的受试验性控制的特性——例如参与者在空间中的相对位置或所使用的渠道的性质——来解释在试验性的或被观察到的互动中发生的一切。个人所穿的外衣是作为自然人的个人在任何时间地点都以惯习的形式携带的社会结构中的现时的和过往的个体的立场，也正是这立场如同袈裟般造就了僧侣，即社会人，造就的手段是所有的倾向性，倾向性中既有社会位置（position sociale）即客观位置间——在局势上接近（物理空间而非社会空间）的社会人之间——社会距离的标识，也有对这些距离和行为的提醒，提醒是为了“保持距离”，或从战略上、象征性上和实际上操纵距离、缩小距离（这一点对主导者来说比被主导者容易）、扩大距离或只是（通过避免“听凭发展”“熟悉”，简单来说，就是通过“保持地位”，或是反过来说通过避免“自行其是”“自由行事”，也就是通过“各安其位”）简单地维持距离。

即便同情、友谊或爱之类借用“向他人的意图转换”的措辞的描述的表面看来最应受评判的互动形式，也还是通过惯习，或

者更确切地说，通过精神和品味的——可能是通过身体仪态（hexis）难以察觉的迹象被预感到的——和谐而为条件和位置间关系的客观结构所支配，正如阶级内联姻所证实的那样：相互选举或宿 277 命的幻象来自对美学品味或伦理倾向和谐的社会条件的无知，这和谐被认为是幻象建立的难以形容的兴味相投的证明。简而言之，作为历史产物的惯习，根据历史造成的模式，产生个体和集体实践，也因此产生历史。倾向性系统——幸存在当下且趋向于通过其原则，即不能缩减为局势的立即的局限的外部必要性的法则赖以持续奏效的内部法则，在结构化的实践中自我更新而在未来永存的过去——是客观主义赋予社会世界的延续性和规律性的原则，而客观主义无法在承认变化与被调节的革命合理性的同时承认延续性和规律性的合理性，机械论的社会学家的非固有的和即时的决定论和纯粹内部的且同时唯意志论的或自发主义的主观主义的守时的决定论都无法意识到变化和被调节的革命。

说集体行动产生事件或集体行动是事件的产物，既是对的也是错的。事实上，行动是一种局势的产物，也就是说，是倾向性的必要（nécessaire）局势和一个客观事件（événement objectif）的产物。只有对于准备好进行回答的人，政治局势（例如革命局势）才能进行它的向正确理解要求的人呼唤或要求一个坚定回答的条件性刺激行动，因为这些准备好的人被赋予了一种确定的可以被“意识形成”——直接或间接拥有一种能够确保象征性地掌握阶级惯习的被实际掌握的原则的言语——重叠和增强的倾向性。[68]正是在倾向性与实践的辩证关系中，把客观协调的实践转化为集体行动（action collective）的局势才能形成，因为实践被命令要符合部 278 分或完全一致的客观必要性。倾向性和局势由于是呈现出不同结构性时长的“原因系列”的产物，所以从没有被完全协调，为构成一种被确定的局势而在共时性中调整的倾向性和局势从不完全独立，因为倾向性和局势是由客观结构引发的，如果深入分析，就是由被观察的社会形成的经济基础引发的。惯习中的机构复制的社会条件所固有的惯习的迟滞恐怕是时机与用以抓住时机的倾向性之间的结构性差距的基础之一，正是这一差距造成了时机的错失，尤其造成了经常能被观察到的以过往——哪怕这个过往是革命性的——的感知和思想类别以外的类别思考历史危机的无力。

无视客观结构与认知、动机结构之间的辩证关系，就是屈服于把不同的结构之间的关系简化为逻辑公式。这一简化使得可以从任意一个结构中看到其他的结构。客观结构是认知结构和动机结构的生产者，同时它本身也是历史实践的产物，而历史实践的产生原则便是客观结构自己正在再生产的这一结构的产物。而不同结构间的关系，正如斯宾诺莎主义的一个暗喻所形容的那般，可以被看作“同一句话的不同翻译”，从而把客观主义术语的实质局限于“列举事实”（articulation）。也难怪，如果我们在某种理论单性繁殖中发现结构的前途的原则，也因此无意中对《历史哲学》的黑格尔和他的始终如一的“发展他的唯一天性”的世界精神进
279 行了反驳。[69]只要我们依旧接受在社会思想史中不断以新形式重生的经典二择一——这种二择一至今还把对马克思的“人文主义”解读和“结构主义”解读对立起来，那么，当通过在结构和实践之间建立起从虚拟到现实、从划分到执行、从本质到存在的关系，以被自然历史的死法则支配的人简单取代创造主观主义的人时，反对主观主义就并不是真正与之决裂（rompre），而是陷入客观主

义所钟情的社会法则的拜物教。那么，当我们看到，对被视作最实在的存在（ens realisimum）的个人（l'individu）的批判仅仅导致使之成为谬误结构的附带现象，且对客观关系的至上的确立的肯定导致赋予这些作为人类行动产物的结构根据自己的法则发展和确定或多重决定其他资源的权力时，我们怎么能低估主观主义和客观主义形成的意识形态双子星的力量呢？这个问题并不是现在才有的，而超越外部性和内部性对立、多样性和单一性对立的努力总是遇到这个认识论障碍，这个障碍就是个人，即便我们像恩格斯那样把个人缩减为当在布朗运动中与其他分子碰撞时能产生可缩减为特定巧合的机械组合的客观意义的分子状态时[70]，这个障碍仍能给历史理论罩上阴影。

正如作为简单执行甚或作为预先构建客体的语言与话语的对立掩盖了语言的客观关系与语言能力的构成倾向性之间的对立，结构与结构需要与之相对才能被征服和不断被重新征服的个人的对立阻碍了结构与惯习的构成倾向性之间的辩证关系的建设。如 280
果说在美国人类学整个一个时期占统治地位的有关“文化”与“个性”的关系的辩论在现在看来虚幻而无效果，那是因为这场辩论是在逻辑的与认识论的谬误推理的膨胀中进行的，是围绕着同一个科学对象的现实主义的和实体论的意象的两种互补产物的关系进行的，其一是被理解为“属于其特有门类的（sui generis）现实”的文化的概念，其二是“基础个性”，是个诞生于为逃脱难以解决的个人和社会的二律背反而进行的努力的既抽象又具体的概念。如果根据其最简单化的表达，基础个性理论倾向于把个性定义为“文化”的反映或（通过“制作模型”获得的）缩小版，而这个“文化”在相同社会除“异常者”以外的每个个人身上都可能显现。杜波伊斯（Cora Du Bois）著名的有关阿洛岛土著的分析提供了源于“文化”与个性相互可扣除性理论的混淆与矛盾的最典型的例证：与其合作的心理分析学家致力于不遗余力地把这位民族学家的建立在一个公设（那个公设就是相同的影响产生相同的基础个性），也建立在他自己对四名对象的临床观察（作为“与特有命运联系的特殊因素”的产物，这些对象在他看来显得“高度个人化”）上的建构保持为一个整体，而这位竭力找到基础个性的个体化身的心理分析学家也注定要推翻自己的观点，并无法自圆其说。[71]他可能把曼哥玛（Mangma）看作四个被研究案例里面“最典型的”案例，“他的个性符合基础个性结构”，于是他开头写道：“很难确定曼哥玛在多大程度上是典型的。我敢确定，如果他
281 是典型的，社会将不能继续存在。”里帕尔达（Ripalda）很被动，且有强烈的超我，因此“不典型”；范丹（Fantan）也是如此，他“具有最强的性格组成，缺乏对女人的生理抑制”（一种极端的异性恋抑制被认为是正常的），且“与他人的差异就像城里人与乡下人之间的差异一样大”。最后，尽管马雷卡拉（Malekala）的履历很典型，但他是个试图发起宗教更新运动的公认的先知，而他的个性也接近里帕尔达，即另一位被描述为非典型的巫师。为了画龙点睛，这位分析师写道，“任何社会都可能出现曼哥玛、里帕尔达和范丹这样的人”，这一批判是从华莱士（Anthony F. Wallace）那里借用来的[72]，华莱士中肯地认为，模态个性的概念理应逃脱无差异对于差异（因此也是对于数据）的相关的不一致性，而这不一致性往往就是基础个性概念引发的。然而，本来可以成为简单的旨在验证一种理论建构有效性的测量和核实技术的完善的东西最终会导致一种对象的取代：我们用一种变量的价值的分配的

中心趋势或是一种变量的组合的简单描述，取代了一个有关被构思为通过根据其自身逻辑重新解读外部压力来自我转化的动态静止系统的个性结构的假设系统。华莱士因此可以建立起这样的套套逻辑描述，那就是，在一个塔斯卡洛拉（Tuscarora）印第安人人群里，根据21个维度定义的个性模态类型只能在37%的被研究对象中观察到。关联性研究和因素分析并不能在经济与社会分化不明显的社会中得到比分层社会的同一社会阶级中更多的规律性得以产生的规则系统：阶级精神的建设可能伴随着被当作指数 282
（indices）看待的数据规律性地解读，但这些规律性地起统一作用和解释性的原则并不能被缩减为展现出这个原则的规律性。简而言之，由于在“基础个性”中只能看到指定一个可以直接观察的“数据”（这个数据就是特定社会大多数成员共有的“个性类型”的方式），所以面对以相同的科学对象的现实主义意象的名义将这个理论付诸数据批判的考验的人，基础个性概念的捍卫者无法做出符合逻辑的回应。

作为可以简化为拥有、曾经拥有、决定存在的拥有的一个实体（être），惯习是反复灌输和必要适应的产物，这一适应的目的是使这些集体历史的产物——客观结构（例如语言和经济等）——以可持续倾向性的形式，在长期处于相同条件下，也就是所有被置于相同的存在的物质条件下的有机体（我们可以，如果我们愿意的话，将其称为个人）中再生产。也就是说，社会学把所有作为相同客观条件产物且是相同惯习载体的生命个体都看作是一样的：作为客观关系系统的社会阶级不是应该与个体或作为人群（population）（例如作为可数的和可测量的生物个体的总和）的“阶级”产生联系，而是和作为（部分）普遍适用于所有

相同结构的产物的倾向性系统的阶级惯习产生联系。如果排除了相同阶级的所有（tous）成员（哪怕是其中的两个）经历了完全相
283 同的事且按照同样的顺序经历，那么可以肯定的是，相同阶级的任何成员都比一个其他阶级的任何一名成员有更多机会以行为者或见证者的身份面对对这个阶级的成员来说最频繁发生的境况：科学以数据规律性的形式（即大批量的数据，比如就业率、收入曲线、进入中学的可能性、度假的频度等）领会的，且将其表情（physionomie）与某一社会环境——其“封闭”行业形成的集体图景、其不可进入的“地域”、其“闭塞的维度”——相对照的客观结构，通过始终趋同的直接或间接经验灌输这种莱布尼茨所说的“估计真实性的艺术”，也就是客观预测未来的艺术，简言之就是对现实的感觉，这种感觉恐怕是客观结构之所以有效的隐秘的、最好的原则。

社会学言语里，有机个性这个词从不会完全消失，因为会被立即感知（intuitus personae）的有机个性也会得到社会性的指明和承认（专有名词、法律人格等），也因为有机个性是由极其严格的无法缩减为另一个轨迹的社会轨迹塑造的，而要定义阶级、惯习和有机个性之间的关系，我们可以至少隐喻式地使用超验理想主义的逻辑，正如无意识这一概念的使用者有时候以暗含的方式做的那样。如果把惯习看作被内化结构的主观系统而非个体系统，而被内化结构即适用于同一集团或阶级所有成员并构成所有客观化和所有统觉的条件的感知、酝酿和行动模式，那么我们就是把实践的客观商定和世界观的统一性建立在了实践和特定视野的完
284 美的非个人性和可替代性之上了。但这就又是把所有根据相同模式产生的实践或意象看成是非个性化和可相互替换的，这与康德

所相信的不反映经验的“我”的任何特殊性的空间的特殊直觉如出一辙。如果要说明作为同一阶级不同成员的特殊惯习的特性，且反映产生这些惯习的社会条件的特有均质性中的多样性的合理性，只需要领会在同一集团或阶级成员的惯习之间建立起来的同源（homologie）的基础关系就够了，而这惯习是相同基础结构内化的产物。借用莱布尼茨的逻辑，这就是说，一个集团或一个阶级的世界观，正如与感知模式同一性相关的世界观同源性，意味着存在将特定世界观区分开来的系统性差异，这些世界观是以特殊的但协调过的观点为基础的。

惯习起源的逻辑本身使得惯习成为按时间组织的一系列结构，一个特定等级的某种结构规定低等级的（即在基因上发生在前的）结构，且通过结构化行动决定高等级的结构，而这个特定等级的结构又对高低等级的结构的发生性的被结构的经验施加结构化行动。因此，举个例子来说，在家庭中获得的惯习导致了学校经验（特别是真正意义上的教育信息的接纳和吸收）的结构化，被多样化的学校行动改造的惯习则又导致了所有此后（例如文化产业产生和传播的信息以及职业经验的接受和吸收的）经验的结构化，此后亦然，从一次重构到另一次重构都是如此。（多重验证的分析 285
能够通过可逻辑交换的标准的交叉来区分和规定的）经验融入到了从来源于阶级的、在特定家庭结构类型中得到验证的处境出发组织起来的系统的生平（biographie systématique）的统一性当中。个体的历史从来不仅仅是其集团或阶级集体历史的某种特殊化，我们能在个人倾向性的系统中看到集团或阶级惯习的结构性变体（variantes structurales），这些变体系统存在于将变体分开的差异中，这些差异也体现着阶级内部或外部的轨迹和立场间的差异：“个人”风格，也就是这种同一惯习的所有产物——实践和作品——都携带的特殊标签，从来都不只是一种被规定和有时被程式化的与某个时代或某个阶级特有风格（style）的差距（écart），以至于个人风格还是皈依于普遍风格，皈依的手段不仅仅有菲迪亚斯（Phidias）式的在黑格尔看来没有“风度”的一致性，还有造成所有“风度”的差异。

结构的身体化

只要教学工作没有被清楚地视作特殊和独立的实践，只要一整个集团和一整个象征性地被结构化的环境，在没有专门人员和规定时段的情况下进行匿名的教学行动且进行传播，那么定义了实践掌握的操作方式（modus operandi）的本质就在实践中以实践的状态得到传播，且并不进入言语的层面。我们并不模仿“模
286 式”，而是模仿别人的行动。身体仪态（hexis）直接作为特殊和系统性的姿态模式与运动技能对话，因为其中包含了一整套身体技术和工具系统并承载着大量含义和社会价值：所有社会中的孩子们都尤其注意在他们看来能表现出成年人风范的姿势或仪态，例如一种步伐、一种头部的姿势、撅嘴的方式、坐姿和操纵仪器的方式，这些姿势和仪态每次都伴随着一种说话语气、一种言语和一种意识的内容（这又怎么可能不是如此?）。即便模式可以从一种实践到另一种实践都使用，也不需要解释和意识，这也不意味着惯习可以被简化为一种伴随着尝试和错误的机械性学习。与一组没有内在联系、只能靠重复尝试依据可预测的进展逐步学习的数列不同，一个系列要好学习得多，因为其中包含一种结构，并不需要一个个机械性地记住所有的数：无论是诸如谚语、成语、

格言诗、歌曲、谜语或游戏之类的言语，还是工具、房屋、村庄之类的物体，甚至是比武、互赠礼品、礼节之类的实践，供卡比尔儿童学习的设备是系统地应用少量相互有联系的原则的产物[73]。也就是说，在这个不断重复的设备中，孩子并不需要费很多力就能够把握所有可感知系列的理性（raison），并以根据相同原理组织的实践的发生原则的形式对原理加以利用，但又从来不会按照主题将原理再现出来。[74]

对学习的试验性分析认为，“对一个概念的教学和实践并不要求明确地掌握在多个独立例子中暗含的共同的元素和关系”[75]，这样的分析使得我们能够理解系统倾向性的系统产物，即实践和作品，得以趋向于引发系统倾向性的流程。由于存在很多成系列的象征——汉字或让色彩即时变化的图画、被表现的物体的性质和数量，象征分为很多类别，类别被赋予了客观形成但并无道理的名字，主体并不能表达出分类的原则，但比起他们瞎猜的情况（s'ils devinaient au hasard），他们能得到更好的成绩：“某些主体……获得了给新的案例命名的能力，但却并不能说出他们是如何做到的，即便所需的表达手段在其表达能力范围之内……。这些研究指出……复杂的引导（guiding）原则可以被组成、固定和使用，但主体却从未意识到其中的过程。主体当然能意识到用来把名词和具体结构联系起来的具体素材和努力。但他们应用着更普遍的对象的称呼的模式，而并未意识到这一点。”[76]阿尔伯特·贝茨·洛德（Albert B. Lord）以对南斯拉夫游吟诗人（guslar）的形成的研究为起点，分析了在自然领域获得被结构化素材的方式，其分析与试验的结果完美吻合：游吟诗人的“艺术”即掌握我们所说的“句式方法”，也就是通过对“句式”（formules）、“为在相同的格律条件中表达确定的意思而经常使用的"[77]一系列词和作为史诗叙述的老生常谈的主题（thèmes）的组合进行即兴创作的能
288 力，是通过简单的熟悉过程，"通过不断听诗"[78]获得的，而学习者从未意识到自己学会了并且随后能够运用这样或那样的句式或一组句式[79]；节奏或格律的局限与旋律和意义一同被内化，但这个局限从未被感知到。

学习的方法有两种：一种是通过简单的熟悉过程进行学习，学习者不知不觉地、无意识地学到了"艺术"和生活艺术的原则，包括被模仿的实践或作品的作者自己都不知道的原则；而另一种是通过指示和告诫进行明示和快速传授。在这两种方法之间，所有社会都预设了灌输的形式，虽然表面看来是自发进行的，但这些灌输形式提供了利于传授各种实践掌握的结构性练习（exercices structuraux)[80]：谜语和礼节性比武让"仪式语言的意义"以及所有以赌注、挑战和战斗（单打独斗或集团战斗，射击等）为主要元素的让男孩子们"假装"实施产生名誉战略的模式的所有游戏经受考验。他们信使的身份确保让孩子们日常参与礼物交换及其中的微妙关系[81]。这是对男人们的集会讨论，对他们的雄辩、礼节、战略、他们的礼节战略和他们对礼节的战略性使用的静悄悄的观察。正是与父母的互动导致从各种意义上穿过亲属关系的客观主义关系的被结构化的空间，而代价则是颠倒（renversements)，这种颠倒逼迫把自己看作自己叔伯的侄子并按照这个身份行为的人把自己也看作自己侄子的叔伯并依照此身份行为，同时也逼迫其掌握一些转化模式，这些模式可以从与一种处境相联
289 系的倾向性系统转换到适用于与此对称并相反的处境的系统。处境的互换性和相互性的意义以及互换性和相互性的限制是在词汇

和语法替换中［我（je）和你（tu）根据与说话者关系的不同可能指同一个人］获得的。更深入地说，正是与父亲和母亲的关系，通过对立性互补中的不对称，构成了以不可分割的方式将工作的性别区分（division sexuelle du travail）和性别工作的区分（division du travail sexuel）两大主题内化的时机之一。

早期教育与礼仪和游戏在组织上经常依据相同的结构，它们的作用，尤其是后两者的作用之一，就是建立促使结构化空间与身体同化（incorporation）的辩证关系，而这一结构空间本身基于神话—仪式对立关系。与自我身体的关系总是由神话居中调停：最为基础因此也是最为普世的身体经验——从这个意义也仅从这个意义上说，没有哪个社会不需要谈论这个话题——是被从社会意义上定性并被社会性地改变的。也就是说，能被纳入不同社会结构就空间符号逻辑和身体符号逻辑的对应关系表态的框架内的不变量，仅仅针对普世地强加于这些表态的领域（terrains universellement imposés），这些领域就是少数的与身体主要功能相联系的基本感觉。就这样，我们可以观察到，大多数空间区分是通过与人体的类比建立起来的，人体就是世界组织的参考模式，与此同时，身体体验的基本结构又与客观空间的结构化原则吻合：内与外、上与下、前与后、高与低、右与左可以用用于表达人体部分的说法来表达（很多语言都借用部位名词来表达空间方位， 290
例如背部指后面，眼睛指前面，胃部指里面等），也可以用用于标的社会性身体运动的说法来表达，例如排除或纳入、进入或出去等。[82]就这样，除非为通常意义赋予一种天生的最隐秘的躯体反应（例如内分泌）科学，除非我们假设，任何情绪，作为对引发感觉或情感的社会局势中客观存在的悲伤或愉悦的预知的准备，根据弗洛伊德阐述的歇斯底里的方式，“忠实地感受着说话者所表达的意义，对说话者隐喻地提起的撕心裂肺或是挨耳光的感觉感同身受”[83]，否则我们就无法解释似乎在很多社会都被建立起来的情绪借以表达的措辞和相应的躯体表达之间的关系。一切就好像，在主动和言语表达受到抑制时，可能用来表达情绪和身心疾病的“器官措辞”是为社会语言之中的神秘结构所指挥的。因此，对于通常认为与情绪或痛苦相关的心脏系统的内部或外部问题，即心脏与胸骨柄紧贴、低血压或高血压（脸色苍白或面泛红晕）、心动过速或心动过缓、血糖升高等，我们很容易使之与一大堆表达对应，例如“心里很紧，心很肥，心很沉重”、“心酸”、“心被打了一下”、“心在嘴唇上”（恶心）、“头上有血”、“喷了血”、“搞了一品脱血”、“我的心跳到碎了，我的心乱跳”、“让血管里的血沸腾或
291 结冰”、“鞭打血液”、“把血液点着”、“把血激怒”、“我的血只转了一圈”、“搞了点坏血”等。我们甚至能把诸如肠胃活动的障碍（消化不良、呕吐）、腹泻、多尿或便秘、平滑肌痉挛、性功能障碍等植物性系统表现和通常的表达法联系起来，例如“不能把某人吞下、消化”“把某人或某物呕吐出来”“对某人消化不良”“喉咙、胸部或肚子发紧”“失声”“心紧”“有个疙瘩”等。柏柏尔人的语言里也有一系列类似逻辑的表达法，但更加弥散，没有那么明显的区分，正如很多观察者相信的那样，往往用于定义不太好的情绪或身心痛苦（强烈的痛苦和恐惧）：“我有鸡肉”“我的肝颤抖或流血”“我身上起了火灾”“我的心就像在搅奶器里那样被搅动”“我的肚子跟线团似的”“我的肚子里一根肠子都不顺，我的肠子打结了，拧在一起”“我的心在颤抖”“我的心惨白，褪色了”“我的心或我的肝被切开了，被沥干了”“我的肚子被拧紧了”“肚

子里有个结”。正如精神和品味［或者说是感悟（aisthesis）］是被实现了的伦理和美学，仪态（hexis）就是被实现的，被并入的（incorporé），具有永久倾向性的，成为可持续的举止、说话、走路、感觉（sentir）和思想（penser）方式的神话。正是因此，所有名誉道德都在身体仪态（hexis）中被象征（symbolisée）和被实现（réalisée）。

我们看到，神话—仪式逻辑在阴阳之间制造的且组织了整套
价值系统的对立，存在于姿势和身体运动之中，而其形式是直线 292
与曲线（或被弯曲的）之间和确信与克制之间的对立。“卡比尔族就像欧石楠，宁折不弯。”有名誉的男人的脚步是决绝和坚定的，与此相对的是犹豫的步伐（tikli thamahmahth），后者体现的是对承诺的犹豫（awal amahmah）和对负责任的恐惧以及无力承担责任。有名誉的男人的脚步也同时被测量：它与“把脚踢到头顶”“迈大步”“跳舞”——跑是一种不坚定的轻浮的举动——的人的匆忙截然不同，也与“拖拉”者过度的缓慢有天壤之别，且只有女人有“裙摆”①，男人绝对不能“自己让裙摆落下”。有名誉的男人的步伐是一个知道自己要去哪里且知道自己无论遇到什么障碍都会准时到的人的步伐，这步伐表达的是力量、决心和决断。有魄力的男子直面困难，直视人脸，以示对其接待者或访问者的尊重；有名誉的男人始终处在警戒状态，因为他始终受着威胁，他不放过周围发生的任何事情，而看天或者看地是不负责任的男人的表现，这样的男人没什么可怕的，因为他在其群体里不负什么责任。相反，人们对女人的期待是，走路时稍稍欠身，低着头，

① 法文中“裙摆”与动词“拖拉”同源。——译者注

避免看脚踩的地方以外的东西，特别是她不得不经过全体大会场所的时候；其行走时尤其要避免因脚踩过重而出现扭腰的动作；她应该始终围着 thimehremth（即裙子上围着的黄、红、黑条纹的矩形织物），并注意不能让头巾松开以致露出头发。简而言之，严格意义上的妇德（lahia，包含廉耻、克制、含蓄），把整个女性身
293 体引向下方、地面、内部和家庭，而男性的杰出则在向上、向外、面向其他男人的运动中得到体现。

恐怕就是男性的离心（centrifuge）朝向和女性的向心（centripète）朝向之间的对立塑造了两性在“心理”（为了不用“灵魂”这样的字眼）、身体方面的关系，更确切地说是在性爱方面的关系。正如在所有由男性价值统治的社会里那样（欧洲社会并不例外，因为男人致力于政治、历史或战争，而女人被限于家庭、小说和心理学领域），真正意义上的男性与性爱的关系就是纯洁化（sublimation，即仪式的象征性）和名誉的关系，这种关系趋向于拒绝所有直接的性爱表达，同时趋向于以阳刚壮举的形式鼓励被美化的性爱表达：所有直接或间接的见证都趋向于证明，在性行为中，男人既没意识到女性性高潮的存在，也不在乎女性性高潮，男人的阳刚力量（puissance virile）更多是靠频率而非靠时长来证明的。通过女人可怕的和可鄙的聊天，男人不是不清楚，他们的床笫之事是受到众人注视的，且众人对其名誉点的总体评价并不只是依据其阳刚气的公开表现。如果不前设这一点，就无法理解对性功绩的追求和性无能引发的羞耻感。事实上，我们可以像埃里克森（Erikson）那样，认为男性的主导地位趋向于“限制女人的口头意识”[84]，但这不能理解为女人不能有任何性言论（事实上女人越来越自由地在谈论性事），其真正含义正如对女性

对话记录的分析证明的那样，是指女性言论是为男性的阳刚气和壮举的类型框架所塑造的，以至于所有真正意义上的女性“性趣” 294 都被从这种具有攻击性和令人羞耻的对男性阳刚气的崇拜中排除出去了。就这样，公开的和被高尚化的男性性爱，与隐秘或者说“被让与”了的女性性爱（与埃里克森所说的“普世生殖力的乌托邦”即“完全性高潮对等”的乌托邦相对）之间的对立，跟另一种对立相重合，那就是政治或公开宗教的外向性和心理（这里特指有关性的流言蜚语）与私下的魔法的内向性之间的对立，而私下魔法是旨在驯化男性性伙伴的“灵魂”和身体的礼节的本质。

精神分析，产生于对于促使原模原样（en tant que tel）构建一个由虚构的多种因素决定的意义范畴的世界的除魅的再次除魅，它忘记并促使人们忘记对于自己的身体和他者的身体的感知永远只能通过感知上的分类法来进行。单单从性的角度来考虑这一问题是幼稚的，虽然这一分类法总是（有时甚至非常具体且非常明确地）求助于定义了两个性别生物学上的特性的对立关系，正如在访谈过程中女性忍住的笑声，以及图像符号、壁画、陶瓷制品和地毯上的装饰等所印证的那样。把形形色色的弥散的灌输行动叫作“性教育”也很幼稚，而正是通过这些行动，我们趋向于为身体和世界订立秩序，订立秩序的手段是对于身体和世界关系的象征性操纵，这一操纵旨在强加我们——像梅兰妮·克莱因（Mélanie Klein）那样——应该称为“身体地理”的东西，这个东西是地理或者更确切地说是宇宙学的特例。[85]与父母的原初关系，或者换种说法，与父母身体的原初关系提供了体验所有神话—诗歌实践的基础对立的最戏剧性的机会，这种基础对立在阴茎和阴道的对立中得到了象征性的体现。而这原初关系也只有在从神话 295

角度而非从生物学角度而言的有性物体建立起来的情况下，才能成为获得“我”与世界的结构化的原则的基础，也才能成为所有同性和异性关系的结构化原则的基础。

精神分析特别关注的孔道或身体表面的性“成熟”的加速或减速，只是文化评判（diakrisis）产生的后果之一，一旦应用于身体，文化评判就把可见区域和隐秘或羞耻区域对立起来，或者说把可展示的、吉利的一面和敌对的、不吉利的一面对立起来，而前者就是指脸部，尤其指额头、眼睛、胡须，而后者就是指背部和耳朵：我们用面对来表示尊敬，而用背对来表示鄙视——或者用耸肩膀这样的简略形式（“你说的话现在就在我背后”），喜悦用拍手表示而送葬的人则把手放在背后。中性部位和带有性意味的部位也有类似的专横的区分，大体来说（grosso modo），中性部位就是能被展示并能被手或嘴唇触碰的部位（比如表示最高尊重时亲吻额头，平等的人相互拍打肩膀，或是男人之间或女人对男人亲吻手掌），而有性意味的部位总是意味着对裸露的禁忌，具体就是指中性部位外的所有部位，尤其指性部位以及带有强烈色情意味的胸部（即复数 thibbech，可作为单数的 thabbuchth，尽管为阳具 abbuch 的女性缩小版，但它却是个中性说法，仅指母性和给孩子喂奶，因此这个词可以被男性自由使用或是在男人面前提起）。

296 所有对身体经验的象征化操纵，特别是在一个被神化式结构化的空间移动的经验，例如出入的动作，都趋向于强制进行身体空间与宇宙空间的统合（intégration），其手段是以逻辑放纵主义为代价，用相同概念糅合性别分工中两性互补而又对立的状态与行动。例如两种运动的对立，一种是向外、向田野、向市场、向货物生产和流通的运动，另一种是向内、向劳动成果聚集和消费的运动。通过在性别分工中，即在性行动和生物及社会复制工作中两性互补但又对立的状态与行动，这一对立象征着两性的身体的对立，男性身体分外封闭但又向外延伸，女性身体则好比房屋——阴暗潮湿，装满食物、器皿、孩子，我们进出房屋都是通过同一个被糟蹋的通道。[86]

早期教育把身体看作一个备忘本。早期教育让价值、意象、象征“变得愚蠢”［从帕斯卡（Pascal）的意义上说］，以便使之进入“艺术”，即去除了思考和理论的纯粹实践的序列。早期教育尽可能地宣扬“条件性”这一人性属性，条件性是英语“cultivation”，即文化的归并（incorporation）意义上的文化的条件。身体总是在思想，即便身体在梦中自我赋予了想象的自由，但这还是不该让人忘却身体在睡梦中继续进行的且趋于延迟（retardement）满足的控制。教育工作的职能，就是用一个“被养成习惯”的，也就是在时间层面被结构化的身体，取代一个野蛮的身体，尤其是取代要求随时立即得到满足的反社会的情欲。通过用许诺有差 297
别和不同的愉悦来换取不立即享用直接或立即的感性愉悦，也通过以声誉来奖励被强加的约束与压抑，教育以及教育权威（它们对于让人接受这种像是对猴子的奖励来说十分必要）持续灌输——不去考虑灌输的具体内容——将惯习引入延迟、迂回和计算逻辑的时间结构。从这种文明化的愉悦就能推导出一种经济学，功利主义者将这种经济学理解为道德公式，而计量经济学家则将之理解为数学公式。通过将生理事件转化为由条件刺激和器官内功能需求引起的象征性事件而将生理学社会化，把饥饿转化为根据口味的区分化需求而选择时间及对象的胃口（appétit），或将没有时间地点限制和无节制的自发的悲伤转化为像格拉内（Granet）

说的那样“每当仪式时刻（l’heure rituelle）到来”[87]就被秩序激发且有序进行的集体的哀悼活动，这些都是用一种原初换喻来灌输一种文化专断的结构的方法，原初换喻建立在这些机构的内部连贯性基础上，同时又提供非比寻常的捷径。整体（pars totalis）而言，每种身体技术都被预先有倾向性地根据部分代全体（pars pro toto）的谬误逻辑来运行，来让人想起其所归属的系统（就像我们提起回忆与精神）。如果说所有的社会［值得注意的是，如戈夫曼（Goffman）所说的那样，这也适用于所有想要实现“脱离传统文化”和“回归传统文化”的伟业的“极权制度”］都如此重视仪表（tenue）、举止（maintien）和身体及言语的风度（manières）的表面看来最无意义的细节，那是因为，这些社会把身体视作一种记
298 忆，通过一种简化和实用的方式，即一种记忆术的方式，给身体赋予了文化专断的基础性原则。被如此归并的事物便脱离了意识的范畴，也因此摆脱了有意的和思虑过的变形，甚至不必被解释：没有什么比被一种隐性教育的暗中说服所进行的圣餐变体归并、融合的价值显得更加难以形容，更加不可言传，更加不可替代，更加不可模仿和更加珍贵，暗中教育能够灌输一整套宇宙论、伦理、形而上学、政治学，而其所用的不过是“站直了”“不要用左手拿刀”之类的毫无价值的指令。教育理性的整个诡计就在于，通过要求做无意义的事而诈取实质：通过获取最明显同时也最隐秘地（因为是最“天然”的）表现对既定秩序的服从的形式的尊重和尊重的形式，专断的归并消灭了吕耶尔（Raymond Ruyer）所称的“可能的边缘”，即所有这些通常俗称为“疯狂”且仅仅是很普通的疯狂的行动。如果礼貌（politesse）的让步总是包含政治（politiques）让步，制度与群体还会给予边缘这样的代价吗？斯宾

诺莎用来指称由“国家用以按其用途塑造我们并能让国家存续”[88]的设定产生的“持续意愿”的顺从（obsequium）一词，也能用来指称群体（尤其在遴选操作中）期待从其成员那里得到的公开的承认表示，也就是在所有群体中个体与群体间建立起来的交换中个体应该提供的象征性贡献。因为，正如在礼物的交换当中那样，交换本身就是目的，集体所要求的贡品通常可忽略不计，也就是 299
说可以等同于象征性的礼节（过访礼数、礼貌行为等）。完成这样的礼节“无须什么花费”且显得如此“自然”（“是最微不足道的东西”“它至少可以”“让他……花不了什么钱”），以至于不完成就等同于拒绝或挑战，以至于不经讨论就顺从于最完备的虚礼和手续以便展示强加给他们的秩序的武断性的选择显得只是一种无条件承认的宣言，这种承认只是略带了点对精神约束和可笑的双重人格的不可能的怀疑。熟练掌握我们称之为礼貌规则，尤其是让每种可用的形式（例如信件末尾的礼貌用语）适应可能的受众的不同阶级的艺术的东西，意味着对一整套特定政治秩序的公理体系的组成性对立（比如在我们的例子里的男女对立，前者重视崇敬，后者重视礼貌与情感；或是年轻人与年长者的对立；在行政和商务信函中使用个性化还是非个性化风格的对立；最后还有呈现出尊敬表现的逐渐减弱的上级、平级和下级间的等级对立）的暗含的掌握，即承认与非议。也就是说，把“被认为天经地义”（taken for granted）的领域用舒茨以及后来的民族方法论学者的方法缩略为一整套正式和普世的（formelles et universelles）前提的做法是多么天真和错误：“我认为以下事情是天经地义的，那就是别人存在，他们以我对待他们的方式对待我，我们之间至少在一定程度上可以建立起交流和相互理解，所有这一切都仰赖一套符号

300 和象征系统且在组织和社会制度的框架内发生，而这社会系统不是由我创制的。”[89]事实上，通过礼貌对日常生活中表面看来最无意义的行动的操纵，教育将一种强加在令人盲目和不被察觉的显然的模式上的文化专断和政治秩序的最基础的原则缩略为习惯性动作的状态。

规则的错觉

道德与法律的抽象而超验的标准只有在不再以实践的方式纠缠实践的情况下才能确立：伦理以实践原则的明示系统化的形式出现，与此同时发生的是，与客观系统性的存在和行动方式的客观面对相关的精神的危机。最基础的原则无法随心所欲地保持在暗含的状态：一旦我们自问杰出是否能够被教授，一旦多种臻于杰出的方式的对比导致揭露出一些不言自行之事，导致证明自然而然之事，导致把被认为是唯一的存在和行为方式的东西看作“应该存在”（devoir-être）和应该做（devoir-faire），导致把看似符合事物天性（phusei）的东西看作是建立在法律（nomô）的武断制度之上，杰出也就停止存在了。而一旦历史上出现了为了自我实现而不得不进行的快速、明示的会产生明示标准的灌输行动，惯习与“规则”的关系问题浮出水面也就不是偶然的了。这些明示
301 标准包括语法和修辞标准，与乔姆斯基对语法学家的平反言论和理论上模糊的发生性语法概念的惯例所认为的相反，这些语法和修辞标准既远非实践内在的模式，也远非为证明实践合理性而建构的模式。值得注意的是，任何把一种实践建立在对明确表述的规则的遵守的基础上的企图［无论是在艺术、道德、政治、医学还是在（我们根据方法的规则才构思出来的）科学的领域］都遇

到了确定运用规则或是将一系列方法或技术付诸实践（mettre en pratique）的方式和恰当时机［即诡辩家所说的时机（kairos）］的问题，或者简单来说就是惯习不可避免会借之重新被引入的执行艺术的问题。

把隐藏在仪式性的刻板模式或者法律性或习俗上的规章制度之后的战略揭露出来可能很容易。最不利的案例就是习惯法的案例，根据韦伯说的卡迪司法（Kadijustiz），习惯法总是直接从个人到个人，从特定违法到特定制裁，从来不通过建议借之以产生的本质上未命名的原则来绕开制裁。事实上，作为因其范例价值而被保留和记载且因此可用于预测的判例备案，惯例似乎是惯习的最典型的产物之一，其中包含可以生成无穷的适用于不断变化的局势的实践的一小撮模式，但这些模式又从不变成明示的原则。有关特定过失的适合的判例总是可以总体地从一小撮简单原则中被产生出来，而这些判例也正因为持续应用于所有实践领域而更加成熟，例如用以根据实施情境来评估一起盗窃的严重性的原则， 302
情境包括是民宅（或清真寺）还是其他地方，是夜晚还是白天，是节日还是普通日子，而所有两选其一选项的前者都总是招致更加严厉的制裁。我们可以看到，在其他条件相同的前提下，要一下子制定出适应所有真实和想象的案子的处罚，只需要组合这些原则——从最严重的夜晚在民宅盗窃到最不严重的白天在荒野盗窃。[90]这些原则得到了一致承认，普遍适用，且自动适用，因而只有在被盗物品重要到了可以忽略具体情境的程度时，这些原则才会被明确提起。例如阿诺多（Adolphe Hanoteau）和勒图尔讷（Letourneux）记载的伊格尔伊穆拉村（Ighil Imoula）的习俗规定：“以诡计或暴力偷窃一头公骡、公牛或奶牛者，须向村子支付50雷亚尔（当地货币），并向物主支付被盗牲畜的价值，无论盗窃是发生在白天还是黑夜，发生在房屋中还是别处，也无论牲畜是属于屋主还是属于其他人”。[91] 在与偷窃一样在惯习法中占重要地位的斗殴案子中，同样的基础原则再次与民宅和别处（例如杀掉一个在民宅中偶遇的人并不会被判处集体刑罚）、夜晚和白天、节日和普通日子之间的对立（这里的对立有了新的含义）相遇，其中又加入了攻击者和受害者的社会地位（男人/女人，成人/孩子）、所使用的工具和手法（通过变节行为，受害者被催眠了，或是发生
303 在男人与男人之间）及攻击的实现程度（简单的威胁还是付诸了实施）等变量。一切都使人相信，只要我们尽可能完整地清晰说明这一暗含公理体系的基础性规定（例如，犯罪在夜晚进行总是比在白天进行罪过要重）及其组合的法则（根据不同情况，两项规定可以相互叠加或相互抵消，而根据规则的逻辑，这只能作为例外来表述），就能拥有复制（reproduire）所有记录下来的惯例的条文甚至生成符合卡比尔人“公正理念”的一整套判例的方法。

萨丕尔曾说：“一个澳大利亚土著很清楚他该用哪个亲属称谓称呼某人，也清楚怎样处理与此人的关系。但他很难说出规定其行为的普遍法律，可与此同时他的行为方式就好像他知道这个法律似的。在某种意义上，他确实知道这个法律。这是种非常精巧和复杂的感受被考验且可考验的关系的方法。”[92] 涂尔干在分析“艺术”即“无理论的纯粹实践”时，曾提出实践掌握概念，而上述的话就是对实践掌握的运行模式最完美的描述。“艺术是一个行为方式系统，这些方式依据具体目的而调整，且是由教育传达的传统经验或个人自身经验的产物。只有与行动要实施的对象发生关系，并自己实施行动，我们才能获取艺术。诚然，艺术可以被

思考启迪，但思考不是艺术的首要元素，因为没有思考艺术也能存在。但不存在任何一种其所有元素都经过思考的艺术。”[93]我们能想到的最恰当的结论就是，衍生了日常战略思想的那种无知并不该在规则的词库中得到表达，而该在所有社会用来描述杰出即完人的方式方法的词库中得到表达。正如禅宗所说的，这一“无 304
艺术的艺术”的最高境界要在被社会性整治的场合中实现，就像在名誉比武中那样，在这种场合里，与规则的游戏也是游戏规则的一部分。如果说一个特定群体所承认的成为人的特定方式的这种特别成功的体现总是被认为无法定义，那是因为任何描述都可能将其降格为简单的工序或是机械性做法，而精湛技艺只是制造了能够暂时弥补惯习的不足且仅仅作为底线和备忘存在的规则；如果说精湛技艺能通过其“本质”被识别，那是因为其建立起了身体的这一神奇精通，如黑格尔所说，这精通是机巧的特征，而根据卡比尔人的名誉的语言，这是 Sarr① 的“恩典”，而作为“第二天性”，即作为结构完成的实现的精通，对于同一结构产生的人们来说，它只能显得像是自然最自然的形式。

惯习理论引出了一系列无意识概念掩盖掉的且与实践掌握和这一掌握的象征性掌握的后果的问题直接相关的问题，其中的一个特殊案例就是制度化的后果和模式的相关解释问题。对开放或封闭的死抠法律条文主义的反应，不应导致惯习成为所有实践的排他性的原则，尽管不存在没有惯习的实践。对于由两个行为者互动的目的论描述和一种仅仅援引惯习协调的模式之间的对立所引发的“客观战略”和真正意义上的战略之间的关系问题，我们 305

① 应为当地神的名字，但未查找到可靠依据。——译者注

很自然地只能根据全部或全无的二选其一，通过把完全透明的意识和完全不透明的无意识对立起来，或是通过把意识的持续存在和意识的更加持续的缺席对立起来的方法来回答。如果说惯习产生的实践（例如走路、说话、吃饭的方式和品味、厌恶等）展现了本能行为的所有属性，尤其是其自动性，那么还需要注意，一种部分的、有空隙的、不连续的意识始终会伴随着实践，无论是以对控制自动性的运行必不可少的最低限度警惕的形式，还是以旨在让自动性合理化（以双重的意义）的言语的形式。

就像那些只能靠重新切割若干被认为不可分解的驱动结构来解析领会很多运动或高超技艺共有的时间节点，行为者只能通过“第二力量操作”对其时间进行象征性的掌握，而据梅洛-庞蒂（Merleau-Ponty）观察，“第二力量操作”“事先假设了其所要分析的结构”[94]。被黑格尔称为“原创历史学家”［希罗多德、修昔底德、色诺芬或恺撒，更普遍地来说就是全部意义上的告知者（informateur）］且由于“生活在事件精神本身中”[95]而把历史行为者暗示地认为天经地义的前提当作天经地义的人的故事和评论，不可避免地受制于与其对象相同的存在条件和默示的局限：任何感知和思维模式系统都对其付诸思考和感知的东西中不能付诸思考和感知的部分进行源头审查，但又不因其自身（eo ipso）产生一个
306 不可想或不可名；当我们要制造能下棋的机器时，必须明确地教机器一些“规则”，而这些规则是如此自然，以至于最富经验的棋手也完全没有意识到其存在，例如不能把两粒棋子下到同一个格子里，或是同一粒棋子不能下到几个格子里。一切就好像，正因为在实践模式下，行为者更为完整地掌握了原则，所以他们更加不需要在有意识的模式下掌握根据特定逻辑指导他们感知、酝酿

或行动（以及以似乎是立即的方式理解与他们实践中运用的原则类似的原则的产物、作品或实践）的原则。

行为者在以行动和科学解释以外的某种视角看待他们的实践时必然会产生的合理化过程，在某种意义上会与观察者趋向于的法律的、伦理的或语法的严守法规倾向相碰撞。素材提供者和民族学家的关系有些近似于一种教学关系，教学关系中，为了方便传授，师傅必须明确解释其实践中的无意识模式：正如网球、小提琴、国际象棋、舞蹈或拳击的教学把融合了一个有组织的行为统一体中的被人为分解的行为基础单元的实践分解成姿势、步伐、招式，素材提供者借以展现其对其实践的象征性掌握的言语，趋向于引起对各种社会游戏［例如名誉游戏中的羞辱（bahadla）或婚姻战略中与平行从表亲的婚姻］的最引人注意的“招式”，即最受推荐或最不推荐的招式的注意，而不是引起对这些招式和其所有对应或相异的可共存物的发生原则的兴趣，而这些发生原则由 307
于属于不可讨论的范畴，也往往处在心照不宣的状态。

但最难以捉摸的陷阱恐怕在于，这种言语主动采用规则的模棱两可的词汇，即采用语法、道德和法律的词汇来表达一种遵循完全不同原则的社会实践：这种让人类科学和一个能说话的对象发生关联的特殊诅咒让科学在两种“过度”中摇摆，一是当科学逐字逐句地相信这个对象的言语时对对象的过度信任，二是当科学忘记对象的实践包含的真相远多于其言语能透露的信息的时候对对象的过度不信任。在且仅在操作成果（opus operatum）中，操作方式（modus operandi）——不能通过简单的反射意识（reflexive consciousness）来掌握的被培育的倾向性——才能被揭示出来：如果说行为者被惯习主宰多过他们主宰惯习，这首先是因为只有在惯习作为他们系统组织原则对他们发生作用时他们才主宰惯习（在这种状态下，他们也在象征模式下被剥夺了对惯习的控制）。这意味着，传统上交给反射意识和反射知识的特权丧失了基础，也意味着没有任何东西能支持对自我的认识和对他人的认识在性质上的差别。

行为者以对自己的实践进行理论性反思为代价而对其实践做出的解释，即便在他们自己看来也掩盖了他们实践掌握的真相，正如博学的无知（docte ignorance）那样，换句话说，也正如实践知识模式没有局限对于其自身原则的知识：正如海德格尔指出的那样，捶打的动作比起关于锤子功用的有意识的知识总是多些或少些，总之是与这个知识不同的东西，因为通过顺从其特殊功能却不因此动用真正意义上的工具结构的主题知识或是由其可操作
308 这个事实定义的工具功能的主体知识，捶打动作以完全恰当的方式掌握了这个工具。[96]随后，这个博学的无知只能引发一种无知的、被骗的骗人者的言语，这些骗人者既不知道其实践掌握的客观真相，未意识到对其真相的无知，也不知道实践掌握包含知识的真实原则。这就是为什么当借用被认为是既成事实的作品（œuvres）提出的实践的暗含理论时，土著理论在把研究引向对合理化和意识形态的虚幻解释时显得相对没那么可怕：土著理论为实践的客观主义研究路径内在的唯智论倾向带来了其所不需要的加强。因此，如果民族学家早先就用清晰的言语描绘他们与本学科“创始人”——在当前斗争中被用作旗帜的命名祖先——之间关系有时所展现出来的灵巧原则的话，很多社会为维护既有秩序［例如通过选择两种可能的婚姻分类方式中更正统（orthodoxe）的那个］而对世系或者更广泛地来说对世代表征[97]的意识形态化利

用恐怕就能更早被他们发现。但是，严肃地说来，他们自己对这一理论建构的理论利用阻止了他们对家谱和谱学家们（généalogistes）的功能的追问，也阻止了他们领会他们当作理论关系世界的理论清点而建立起来的家谱，在理论关系世界里，个体或集体根据特定时局的利益确定有用（utiles）关系的真实空间。

包括谚语、成语、谜语、专家秘密[98]、俗话在内的常识所遗 309
留的且个人即兴发挥赖以进行的实践的半学术的语法，有着“规则”这个词隐含的模糊身份，规则既是解释行动的原则，又是限定行动的标准。这一“智慧”将精确智力活动从运动本身的系统逻辑中剥离了出来，以便指明智力活动。就这样，一个谚语（“年轻姑娘就是坟墓”）给出的部分解释或一个告诫（“拿上你的土，然后揉捏它”——鼓励与平行从表姐妹结婚）就更多是脱离一种系统解释，而非引入系统解释，其手段是鼓励孤立地在分裂的状态下看待每个象征，就好像象征——根据解梦的逻辑——拥有一个固有的含义。自发“理论”应该将其开放结构、其不确定性、其不准确性甚至其不连贯性归咎于一个事实，那就是这些自发理论从属于实践功能。可自发理论即便在错误地再现实践及实践所真正遵从的原则时，也能引导和修改实践，哪怕是在有限的范围内，而次要解释（例如行为者赋予礼节、神话或装饰主题的意义）比起相对应的实践的结构来，无论在空间还是时间上来说都要不稳定得多。[99]我们能在帕累托（Pareto）的思想里找到一种内在于模式引发和组织的实践的图式以及能够妨碍或加强有效性来自标准的原则——尽管标准并非原则的产物——的有效性的标准之间的辩证关系的简化版本：“由于生活条件的影响，我们做了某些‘P……Q’的动作，随后当我们对这些动作进行分析时，我们发现或我们以为发现了一个 P 和 Q 共有的原则，于是我们以为‘P……Q’是这一原则的逻辑后果，但其实这个原则是‘P……Q’的后
310 果。当原则建立起来，随后发生了新增的‘R……S’的动作，因此被质疑的命题只是部分为伪。措辞的法则给我们提供了一个好例子。语法并未先于词的组合而出现，而是在词组合后出现；但是，语法规则一旦建立起来就引发了某些句式，这些句式加入到既存句式的队伍中。总结一下，比如有两组动作‘P……Q’和‘R……S’：第一组‘P……Q’数量更多且更重要，先于这些动作似乎遵循的原则存在；第二组‘R……S’只是附属性的也更不重要，是原则的后果。换句话说，第二组是直接引发‘P……Q’的原因的间接后果。”[100]

事实上，正如有意识与无意识之间关系的问题恐怕会掩盖一个更重要的问题，也就是实践产生机制与行为者对自身实践的理解之间的关系的问题，而后一个问题又会掩盖另一个更加根本的问题，也就是在整个社会中，依照规则的明确程度在实践上存在的区别，这一区别形成的连续体，一端由看似“自由”的领域组成，实际上这些领域被抛给了惯习及无意识中形成的战略，而另一端是由美学和法律标准支配的领域体现的，明确地由社会制裁组成和支撑。因此，如果我们在每个案例中都明确指令的方式（modalité de la prescription）（这个方式不能等同于相关实践的有或没有数据支持的可能性，哪怕指令的方式只是可能性的变相形式）、违反指令导致的制裁的性质和采取制裁的当局，有关婚姻交
311 易的“规则”的辩论就会清晰得多。我们很自然地就能在两件东西之间找到所有中间等级。其一是“合理化”，即行为者为了使其实践合理化（rationnaliser）、给予实践更多合理性并使其合理而自

发地或应民族学家的博学的提问而生成的且即便与实践真相无关时仍然能够按照适用于实践的模式被结构化的“实践理论”；其二是一整套法律标准（de normes juridiques），即被明确委托要将法律标准明确系统化并使其得到运用——哪怕是通过武力的方式——的专家群体的工作的累积产物。由于没让他们记录的文件（言语、记述、法典）经受旨在确定受考察言语的身份即确定言语产生及使用的社会条件（例如是官方允许的言语，还是私人的和个性化的言语；是正当的，还是不正当的；是即兴发挥的，还是经过加工使之显得平常的；等等）的批判，民族学家对素材提供者要么总是倾听不足，要么总是听得过多：由于其职业的整个传统都建议或命令他质疑土著人就其实践所提供的言语，民族学家怀疑所有即兴的解释，尤其是那些涉及功能的解释，而由于这些解释往往显得自相矛盾，所以它们就更加受人怀疑。但这并没有妨碍民族学家急切地记录下所有素材提供者即兴向其提供的正式言语，这些言语更符合民族学家对客观性的理解，形式也更加严谨，因此也更容易被采集和解读。我们知道，民族学家偏好所有的半理论化和所有的体系化，正如有关《荷马史诗》的组成模式的讨论展示的那样，这些半理论化和体系化已经被定型，而且好像在书写技术出现前就预先做好了被书写的准备，例如诗歌、神话故事、仪式使用的咒语或祝词、谚语、成语或谜语集等，其中 312
尤其值得注意的是与所有死抠法律条文主义相关的习惯法汇编，后者中最重要的就是在绝大多数被殖民国家和外省往往为行政和统治目的将习俗收集起来并体系化的法律工作者、行政人员或军人的习惯法汇编。在自身没有书写系统的社会里，我们恐怕会观察到我们可以称为预书写（pré-écrit）的汇编和主体们一时一地的即兴发挥（在这种背景下，这些发挥绝不是我们天真地认为的那种“舆论”）之间的所有过渡形态。这恐怕就要让不同的知识类型与决定了知识结构本身的知识储存和被存储知识的传授的不同模式发生联系。对源起（genèse）和功能的不在意，即对象征物产生、复制（例如对记忆术的使用中，有组合行为内在的使用，比如“句型”，也有外在的，例如有助于背诵魔力句型的图画文字）、流动和消费的社会条件的不在意，是系统性错误的源头。[101]就这样，民族学家似乎并不仔细琢磨他们分析的文本的产生方式，也不考虑生产和复制文本者的训练模式（我们知道，在爱尔兰的各个王国里，德洛伊教派祭司、诗人和法律宣读者们花费 20 年时间去记忆爱尔兰法律和盖尔语文学；我们也知道，在很多社会里，成人礼的仪式总伴随着法律和神秘文本的诵读）。在所有对立中，
313 最重要的对立恐怕是书面与口头之间的，或者说是书面传达模式和口头传达模式之间的对立。哪怕是简略的对从以口头传达模式（mode de transmission oral）为基础的文化传统向以书写为积累方式（因此能进行混合了不同时代和文化风格、主题和对象的重组和再解读）的传统的过渡的后果的分析，也使我们作为文件使用（就像记述习俗或法律的史学家那样）的或作为物件使用（就像结构主义经典阐释家那样）的书面文本具有的特性显露无遗。[102]书写能起到固定、稳定的作用，即可以被永恒化，也能省去所有对于构建口头文本而言必不可少的记忆术（mnémotechnique），与此同时，书写还使笔墨操纵成为可能，也就是说可以进行再解读和润色，或者说——如果允许这么说的话——可以进行象征资本的原始积累（accumulation primitive du capital symbolique）（例如密码术或是赫尔墨斯主义之类的技术）。而将结构分析的经典技术应

用于融合了不同年代含义的文本，只能导致对本质的无视，即对不同语意的复调游戏的无视。

在像卡比利亚那样的社会里，不存在垄断了物理的或哪怕是象征性的暴力的司法机关，氏族、村庄或部落的全体大会，是以裁判机关或者说以多多少少扩大化的家庭会议的身份来运作的，习惯法的规则只有在氏族的权威持有者（“保障者”）干练地操纵规则以使规则重复和加强（redoubler et renforcer）惯习的集体倾向性的情况下才有些许实际作用；规则与实践原则的不完全的且往往虚妄的解释之间仅有程度上的差别，而这些解释只是通过宣 314
布适应艰困局势的解决方法来防止惯习的欠缺和不确定性。[103] 在最均质的社会和分化社会中最不分化的部门，绝大多数实践，包括其中看似最仪式化的实践，都可能只是按照共同倾向性协调好的即兴发挥来进行的，在这种社会或部门采取死抠法律条文主义就是最荒谬的：规则从来不只是用来被弥补的惯习缺陷，也就是弥补用于产生能够在所有明示管理和制度化的规则重申之外产生规范实践的惯习的灌输行为的缺陷的权宜之计。

更广义而言，实践只是偶尔才触到纯粹战略或简单礼节构成的界限中的一条，举个已经举过的例子来说明，即一极是那个目的论模式定义的，依据这个模式个体 A 采取了行动 a_1 来迫使个体 B 采取行动 b_1，以便采取行动 a_2（或者说越来越接近 a_n），另一极是由死抠法律条文主义的典型模式代表的，根据这个模式，是规则要 A 采取 a_1 而 B 以 b_1 来回答，A 再以 a_1 回答，然后以此类推。把规则当成所有实践的原则的死抠法律条文主义，以及把实践描述成根据对实践的反应的预判而做出的有明确指向性的战略（stratégies）的互动主义，都无视了惯习的协调作用，刨去所有意有所指的算计和对标准的有意参考之后，这一作用产生了通过调整来相互适应的实践行为，且从不排除训诫和常识性应对方法引发的部分意识。为了不必求助于“规则”，例如被认为用于调整婚姻交易的规则，恐怕要为每个案例建立起社会倾向性和行为者主客观利益及其特定实践的准确动机形成局势之间关系的完整描述
315 （援引规则就能省去这一描述）。这里恐怕要重申一下，正如韦伯所说，法律或习俗规则从来不是只在原始原则即（主观的或客观的）利益出问题时才以替代品的姿态现身的确定实践的次级原则（principe secondaire）。[104]因此，利益或更确切地说功能［即不仅仅是主观提出和领会的功能，或再确切地说，是（目的论的战略计算模式唯一认识和承认的）明示的计算的目的（fins），也包括死抠法律条文主义为了将其以（例如女人的）交流或交换为集体的整体履行的功能的形式重新偷偷引入而排除的客观功能（或者或多或少被清晰地领会的客观利益）］是在倾向性和局势之间的关系中被定义的。[105]事实上，利益是在作为认知与驱动结构系统的惯习与局势（或客体）之间的关系中被定义的，而又是利益引发了倾向性借以实现和确定的行动：倾向性的协调是利益客观趋同或者引发相互竞争或冲突的团体间的联盟和对立的憧憬的有意协调的基础。

要把死抠法律条文主义这一从操作成果（opus operatum）中提取其产生的估算原则并使其成为明示地［例如，用这样的句子：“礼貌要求（demande）……”“习俗要求（exige）……”“规则希望（veut）……”］指导实践的标准的社会实践的学院派思想的逻辑看清楚，只需要一个例子。没有任何一个素材提供者或民族学
316 家不承认，在阿拉伯和柏柏尔国家，每个男孩都对其平行从表姐

妹（其父亲兄弟的女儿）拥有一种“权利”：“如果男孩想要他父亲兄弟的女儿，他对后者就有一种权利（droit）。但如果他不想要这个权利，他就不会被征求意见。这跟土地权利是一样的。”素材提供者的这些话与民族学的死抠法律条文主义言语相比，更无限地接近实践的现实，死抠法律条文主义言语甚至不怀疑这里直接提到的与同宗妇女的关系和与土地关系之间的同调现象；但通过借用法律的官方措辞，这段话掩盖了无限复杂的个体与其平行从表姐妹之间关系的现实。如果我们从根源上探究问题，我们会一下子看到所谓某人对其 bent‘amm 即其父亲的兄弟的女儿的权利，可能是一个义务（devoir），是一个和为双亲报仇或回购被外人觊觎的家族土地的义务遵循相同原则且因其自身原因（eo ipso）仅在很特殊甚至相当例外的情况下才成立的义务（obligation）。虽然在土地这个案例里优先购买权（achfa‘）是由（拥有制度化和被法庭保障的权威）精英法律传统以及“习俗”表述和法典化的，但这并不意味着我们能把法律或习俗规则当作土地流转领域确实观察到的实践的原则：在现实中，由于遗产土地的出售首先是宗族内部的事务，所以向把名誉义务化作权利的当局（例如氏族或村庄的大会）求助是罕见的，对优先购买权（chafa‘或 achfa‘）的权利或习俗的援引几乎总是借鉴和法律原则毫无关系［例如通过要求取消一笔被认为不正当的土地出售来挑战（défier）购买者的企图］且支配绝大多数土地买卖实践的原则。迎娶一位未被“保护以免 317
除羞辱”（“他保护了她”，人们经常这样说丈夫）且类似于一块被主人抛弃的荒地（athbur，年轻女性；el bur，荒地）的女性的义务，并没有购买一块被集团成员出售的土地或是回购一块沦入外人之手且缺乏捍卫和保护的土地的义务来得急迫，其效力也远远比不上为集团成员报仇的义务。不管在何种情况下，义务的强制性都取决于在家谱中的位置和行动者的倾向性。因此，在报仇的案例里，名誉义务对某些人来说（同一桩血仇有时可能被报两次，因为第二个“报仇者”自认为从家谱上论比第一个更“有资格”）可能成为名誉权利，而其他人则避开这个义务或是只在道德或现实压力下才服从这一义务。在土地的案例里，回购的物质利益显而易见，名誉权利和收购义务的等级既明显又往往被违背，其间不乏冲突，也不乏自觉有义务购买却无力购买的家庭成员和有能力购买却相对没有权利/义务购买的家庭成员之间的相当复杂的交易。只有在一个女孩没有找到丈夫，或者至少说没有找到配得上其家族的丈夫的情况下，娶平行从表姐妹的义务才成立：由于集团的所有孩子尤其是女孩都应该找到一个配偶，所以哪怕有什么障碍（贫穷、生理缺陷等），名誉法则也要求人们通过“在耻辱被揭露前”［或者用象征性利益的措辞来说，在一个不能将其女子放
318 到婚姻市场上的家庭的象征资本贬值前］“将其掩盖”的方法消除晚婚女性所代表的瑕疵。但即便如此，人们还是有各种调和方法和战略。如果说，在土地的案例里，最有资格的家族成员感觉受到了希望确保这桩十分荣耀的买卖带来的物质和象征性收益的远亲们的纠缠，或者在名誉复仇的例子里，受到了准备将自己取代并把复仇和由此带来的名誉收入自己囊中的亲属的纠缠，我们在婚姻的案例里就完全可以看到类似的现象，而用以逃脱义务的招数倒是不少。例如男孩会在其父母的协助下逃跑，这就给父母提供了拒绝父亲兄弟请求的唯一可接受的借口；即便不提这么极端的情况，迎娶剩女的义务也经常强加给家族中的最贫穷的成员，后者因为种种“义务”而与家族中的最富者发生联系。解释与平

行从表姐妹的婚姻的意识形态功能（fonction idéologique）最好的例证莫过于集团在类似情况下可能对这种理想婚姻里的花团锦簇的意象的利用。事实上，把与任意一位——不论多么远房的——父系从表姐妹的婚姻类比于与平行从表姐妹的婚姻很容易，民族学家甚至也以“结构对等”的名义将这两者同等对待。集团会动员其掌握的神话意象及所有资源来证明这些包办婚姻同时也是“美满婚姻”的合理性，这些婚姻由于具有社会学意义上的必要性也必须被强加，例如将两个穷苦的从表兄妹或姐弟指腹为婚，就是因为后者无力支付族外婚的（物质的和象征性的）成本。我们现在也能观察到（且不冒重新陷入死抠法律条文主义的风险），由于兄弟情义的存在，当一人为其子向其兄弟的女儿提亲时，其兄弟是很难拒绝的，特别是当此人为兄长时。在极端情况下，即给 319
予者作为父亲的同等者或替代者同时也作为接受者时，任何回避和犹豫都是不可想象的，叔叔为他曾做过许诺的人向自己的侄女提亲也是如此。不仅如此，如果不通知兄弟和咨询兄弟的意见就嫁女儿，就是对兄弟的严重冒犯，而兄弟的拒绝也通常用来解释拒绝某桩婚姻的原因，这也并不总是场面上的借口。当女孩的父亲违背所有惯例（总是男人“求婚”）要将其千金许给侄子——哪怕是通过再隐秘的暗示——且为冒此大不韪而赌上兄弟情义时，亲情友爱的义务就更加严格，拒绝也就更不可想象。就这样，被死抠法律条文主义描绘为与土地购买优先权类似的优先权就只是一堆繁杂的战略，其复杂程度远高于我们能在这里简单提到的。我们认为，对两性尊卑关系的神话般建立起来的意象，在这双向的义务网络（男孩迎娶的义务并不比反向的义务弱或适用频率低）里导致人们选择了能确认男性特权的那个义务。[106]

正如我们在这个案例里清楚地看到的，这并不仅仅是用利益角度的解释来取代规则角度的解释。即便认为当遵守规则的利益胜过违背规则的利益时规则才支配实践，也是不足够的。规则的最妙之处在于使人忘掉遵守规则［或更确切地说是符合规则（être en règle）］是有利益可图的。利益的人类学公理热衷于进行的唯物
320 主义的简化使得与实践的自发理论的天真病的决裂成为可能；但这种简化恐怕会使人忘掉遵守规则所产生的利益，也正是这利益带来了旨在遵从规则（mettre en règle）或让法律站在自己这一边（mettre le droit de son côté）的第二级战略。[107]正是因此，对规则的完全遵守才能带来——合规实践带来的直接利益除外——一种次级利益，例如只要纯粹无私地（pur et désintéressé）遵守规则就能拥有的几乎普世的威望和尊敬。也就是说，直接瞄准实践的初级利益（例如一场婚姻带来的威望）的战略，总是伴随着旨在表面上遵守正式规则并以此同时满足通常利益和不可能犯罪性利益的次级战略。如果没有突出对规则的自愿遵守而弱化利益决定论的“唯灵论名誉点”的从旁支撑，规则的幻象——即便不断遭到指摘——也就不会在人类学研究中有如此地位。在利益表达受到严格控制且政治权威制度化程度很低的社会里，只有在社会追逐或提议的利益以社会普遍认可的价值（valeurs）的变态形式出现时，政治动员战略才能起些作用：注重形式、遵守规则，并不是让法律站到他一边，而是通过给其集体利益穿上集体认可的外衣，通过赤裸裸地遵从他让他的名誉点遵守的价值，来让集体站到他一边。

作为尺度的身体

321 客观主义视角内在的逻辑主义倾向于忽视这样的事实，那就

是学术性的建构只有通过改变行为体以“艺术”的形式利用的逻辑的原则的性质，才能领会这些原则：反思性的解释把一系列实践转化成了一系列的表现，把一种被客观构建为要求、呼吁、禁止或威胁结构（“要做”或“不能做”的事）的空间引导的行动转化成在一个连续和均质空间内进行的可逆的操作。正因为如此，只要神话—仪式空间被领会为操作成果（opus operatum），也就是被领会为可以以地图（cartes）或图解（schémas）的形式表现用于把握作为共存事物秩序的一望而知（uno intuitu）的地理或几何空间（这些空间在时间维度里只能依次通过），神话—仪式空间就从来不只是一个以对立关系术语为界标（上/下、东/西，等等）且只能进行理论操作（也就是逻辑位移和变化，没有人会质疑在这些位移和变化中，理论操作之于坠落和上升这样的真实进行的运动和变化，正如天狗之于凡狗）的理论空间。如果认为卡比尔人房屋内部空间的每个区域被放在整个空间里时都具有对称和颠倒的含义，那么就等于认为，正如上文所说，两个空间中的任意一个都可以被定义为进行同一种移动（即相对于另一个空间做的半圈旋转）的一组运动，条件是重新找回一种措辞，数学通过赋予 322
运动、移位、旋转这些词它们的身体运动（mouvements du corps）的实践意义——例如前进、后退或掉头——来在这种措辞中表达其在实践的原初领域中的操作。[108]在这种情况下，即便由于一种逆转的种族中心主义，我们无意中把唯智论赋予所有“意识”的与世界的关系借给了“野人”，我们也不至于犯理论错误：如果我们能够摒弃无法想象情绪世界与魔法和“参与”的逻辑有什么关系的激情的唯智论理论，我们就不会在莱维-布吕尔（Lévy-Bruhl）的时代那么惊讶于“原始精神状态”的种种怪论；与此类似，如果我们不无视实践状态下掌握的操作向与之同构的形式操作的转变，如果我们没有忘记探究这一转变的社会条件，那么今天我们就不会那么惊讶于澳大利亚土著的“逻辑”壮举。

神话学理直气壮地向群体理论借用了措辞，前者正是用这样的措辞描述了神话的句法，但神话学没有忘记（或使人忘记），这一措辞体系毁灭了借助这一体系被领会的真相，因为体系的构建是违背其所命名的经验的：经过了所有现象学家的分析，有必要重申，我们并不是在一个几何空间里行为，经过了巴什拉（Bachelard）的分析以后，我们该意识到，正如我们不能把几何的连续和均质空间当作实践空间（后者有如此多的不对称、不连续性，且其方向被认为是诸如左和右、东和西的实体属性），我们也不能再
323 把氧化作用的科学解释当作与此相对的火的经验的人类学真相。海德格尔曾说：“思想是手艺。”（Denken ist Handwerk.）我们也能同样说，体操或舞蹈就是几何，当然这不是说体操选手或舞蹈家是几何学家。如果我们（不在时间先后问题上较真）从神话式的逻各斯回溯到仪式的实践（praxis），恐怕就不会愿意明里暗里地把行为者当作一个逻辑的操作者，仪式的实践以真实实施的动作（即身体动作）的形式将学术分析在神话言语中发现的操作［即在其物化意义之下掩盖了构成“神话组成”（mythopoiétique）实践的时刻的操作成果（opus operatum）］搬到了台面上。就像司法判例那样，仪式实践之所以具有“（可以以客观化操作图示的方式被再现的）实践连贯性（cohérence pratique）”，是因为仪式实践是调控了事物感知（甚至在某些特例中还能调控仪式行为的器具、时间、地点和可能的人选）和实践生产（这里具体指的就是构成仪式行为的运动和位移）的实践内在的图式（schèmes immanents）

的唯一神秘性的产物。完成一个仪式意味的东西，绝不是对这一系列有文化的评论家在试图从象征性上掌握一种垂死或已死的传统（令人想起中国文人的“对应表”）时建立的以及民族学家在其第一阶段工作中建立的对立关系的有意识的掌握：只要实际掌握并不比手推车、杠杆或核桃夹当中运用的固体的静力学原则更复杂或数量更多的原则[109]，就能产生许多与所追求的目标（例如求雨或乞求六畜兴旺）相匹配（compatibles）且内在协调一致（cohérentes）（至少相对协调一致）的利益行为，即产生许多特定 324
种类的形势（地点和时机）、器具、（那些内化分类学根据大的基本对立分类的）行为者特别是在仪式上被认为吉或凶的位移和运动［例如向上或向东、向下或向西走（或跳）以及所有可类比的动作，如放在房顶或炊墙上，埋在门槛上或马厩里，向左或左手边走或跳，向右或右手边走或跳，左拐或右拐，从左到右，关（系上）和开（解开）等］的组合。事实上，对被神话地和仪式地界定的物体的世界（例如仪式行为的形势、器具和行为者）的分析显示，在所有存在领域都能看到的不计其数的对立，都能被总结为少量的看似基本的且几乎都以人体运动或状态为原则的对立（由于各种对立的相似性很低，所以也只能以强制和人为的方式将其中一些简化为另一些），比如上和下（或向前走和向后走）、向右走和向左走、入和出（或充满和排空）、躺着和站着，等等。如果正如让·尼科德（Jean Nicod）所说[110]，让这些思考受益良多的“感性世界的几何学”——实践几何学或确切地说是几何实践——如此这般利用倒转，那是因为，正如镜子令双边对称的悖论昭然若揭，人体就像是一个实践操作装置，它在自己的左边寻找对方的右手，以便和对方握手，在衣服放在衣柜时把左臂放进原来在

右边的袖筒里，或是通过掉头、“面对”或“背对”的方式颠倒左
325 右和东西，抑或把本来“正”的东西“反过来”或把反的东西正过来，总之就是一些神话世界观赋予了社会意义且仪式经常利用的运动。

我无意中发现自己
将门槛定义为父之家
来来往往的
几何地点[111]

如果说诗人一上来就在方向相对的运动［“方向”（Sens）在此一语双关①］，即进和出中，找到了家庭空间和外部世界关系之间关系的原则，那是因为作为制造私人神话系统的后生，他更容易排除老套的暗喻，直奔神学形成实践的本源，也就是直奔运动和姿势，如勒内·夏尔（René Char）引用的大阿尔伯特（Albert le Grand）的话所说的那样，这些运动和姿势可能在事物的表面统一之下揭示其二元性：“在德国，曾有那样一些双胞胎，其中一个用右手开门，而另一个用左手关门。”[112]

只需要借用洪堡（Wilhelm von Humboldt）的二元对立，从产品（ergon）过渡到创造活动（energeia），或者具体到现在的语境就是从物体或行动过渡到其产生本源，就足以驱散显学版结构主义所鼓励的泛逻辑主义（panlogisme）的声望，后者趋向于在揭露往往被语言学家［例如萨丕尔或特鲁别茨柯伊（Troubetzkoy）］甚至被人类学家描述为“无意识终极性”的并不被期望的连贯性基
326 础上，建立一种穿上自然科学措辞外衣的自然形而上学，也足以

① “Sens”一词既有方向的意思，又有意义的意思。——译者注

质疑可理解性的方法论公设向本体论论题的转化趋向于带给历史系统的完美连贯性。像保罗・齐夫（Ziff）指出的那样，将规律性转化为假设规划的规则的谬误推理只能在“无意识”假设中得到表面上的修正，无意识（inconscient）假设是我们认为可以不求助于终极原因假设来解释以下观点的唯一方法，那就是文化现象是以具有结构和意义的整体的形式出现的。[113] 事实上，这个没有规划师的规划并不比最高规划师的规划缺乏神秘感，且我们明白，结构主义经典理论对某些人来说起到了在理智上可接受或者说可被知识分子圈子接受的德日进主义。

倾向于无意识或有意拒绝在个体或集体历史中寻找客观结构和内化结构的起源的反遗传成见与反功能主义偏见结合了起来，后者趋于拒绝考虑象征系统可能履行的实用功能，以便进一步趋向于赋予象征系统更多它们为了适用于历史系统所缺乏但又需要的连贯性，而历史系统，就像罗维（Lowie）所述的文化那样，仍然是“由碎片和小块构成的”（things ofshreds and patches），即便这些小块持续经受着有意和无意导致其融入系统的重构和调整。

象征系统之所以具有实用层面的严密性（cohérence pratique），即规律性和不规律性，甚至是言行不一［两者都存在于其起源和运行逻辑中，因此都是必要的（nécessaires）］，是因为象征系统是实践的产物，而实践只有在实践状态下运用不仅连贯（即能够产生内在 327
连贯且与客观条件相容的实践）而且实用（即方便），由于符合贫穷和经济的逻辑而可立即被掌握和操作的原则时才能实现其实用功能。恐怕没有人比利奇（Leach）对“结构关系的仪式性描述和人类学家的科学描述之间的本质区别”，尤其是对使用武断形成概念的民族学家的“无模棱两可”的术语和行为者为表达结构关系而在仪式行动中使用的概念之间的对立更加敏感。没有什么比民族学家提出的柏柏尔人社会的社会组织的图解的夸张的严密性更令人怀疑，让娜·法弗莱（Jeanne Favret）在某个"田野调查"与阿诺多合作时曾给出其中一个例证，弗吉尼亚·伍尔芙恐怕会认为阿诺多在当地表达的普遍性意见更像是泛泛之见：虽说法弗莱爱挑事儿的脾气还不至于让她把这位将军的"粗野民族学"当成专业民族学（毕竟将军在有关领域是不太专业的），但她恐怕并没有在"阿诺多和勒图尔讷单纯和仔细的民族学"当中寻找政治组织纯粹而完美的分类学的基础，她将此基础与民族学传统相对立，并批评民族学传统"仅仅"比将军的军事民族学"更考究和更不了解自己的范围"且无视了军事民族学展示出来的分别。[114]主要由行政人员、军人（或法学教授）提供的对此研究成果的更好理解的解读显示，军事民族学的社会术语之所以不准确，可能仅仅
328 是因为军人对卡比尔社会现实有一定了解，但又不了解理论传统和理论的系统性要求。此处不打算对法弗莱对阿诺多的术语的模式化介绍进行深入讨论[115]，我们只能重提对阿伊特伊什穆村结构的描述的几个基本点[116]，其中的错误可能仅仅是过分将土著类别"合理化"了。如果说社会划分领域的词汇每个地方都不同便也罢了，但是 thakharubth 和 adrum 等词指称的基础社会单元等级在阿诺多那里和在法弗莱那里却几乎总是"相反"。在有些案例里，阿诺多认为 thakharubth 包含 adrum，这可能是因为特定时间地点的术语指称了不同的历史（histoires），而历史中存在恐怕相当频繁的宗族的分裂、消亡和吞并现象。有时这些词不加区分地表示同一等级的社会单元。在西第阿依什（Sidi Aïch）地区即是如此，在那里，人们区分以下单元，从小到大（最小的单元也是最真实的

单元）依次是：（1）el hara，即未分家庭（在阿伊特伊什穆村称为akham，即家庭，akham n'Aït Ali）；（2）akham，扩大家庭，包含以相同（第三代或第四代）祖先名字指称的人——Ali或X，有时也以地形学词汇来指称，即从一个akham到另一个的曲线，而曲线被称为thaghamurth；（3）adrum、akharub（或thakharubth）或aharum，这个单元是指称拥有四代以上相同祖先的人；（4）ṣuf，其实就是“在上者”或“在下者”；（5）村庄，仅仅是地域概念，即之前两者的总和。与此相近的词还有tha‘rifth（来源于‘arf，即相识），即熟人的集合，与akham或adrum相近（也与thakharubth相近）。所有这些词也不完全混用，其中一些强调融合和内 329
部一致（akham或adrum），而另一些强调与其他群体的对立（taghamurth和aharum）。用于指“人为”单元，即一个惯例性联盟的ṣuf［而其他词都指有共同称谓（Aït...）的个体］，与adrum相区别，在阿伊特伊什穆村两者同时存在，而在其他地方ṣuf又和其他更小的单元共存。我们似乎在不知不觉中从家长制家庭渐次递进到氏族（adrum或thakharubth）这一基础社会单元，而中间单元就是多少有些武断的分割点（这就是术语不确定的原因，素材提供者往往对术语掌握得不是很好），而这些分割点主要在冲突时才显露出来（由于这些单元只靠等级的差别来区分，所以我们在丧礼的义务差别中就能看到，最近的亲属提供饭食，其他亲属帮助准备饭食，提供水和蔬菜，而最疏远的人或是另一氏族的朋友在丧礼结束后为逝者的家庭提供一顿饭）且始终在变化，当集团扩展时，虚拟的界限就会变为实在的界限（正因如此，在阿伊特伊什穆村，原本统一的Aït Mendil就组成了两个thakharubth），而实在的界限也会消失（Aït Isaad就是融合了几个thakharubth的

单一 thakharubth）。总之，要展现从阿诺多到涂尔干再到法弗莱的
“粗野的”或文明的民族学家假设的相互嵌套的单元的总体面貌，
就必须漠视不断组合和解体的单元的无休止的活力和土著概念天
然具有的模糊性（flou），因为模糊性是其运作的条件和产物。政
330 治和家谱分类学以及农历的时间分类学同样如此：实际适用的对
立所处的级别从根本上来说取决于局势，即集体或个人间的关系，
我们要通过求助于政治和家谱分类学才能识别（démarquer）这样
的关系。

因此，只有当我们认识到，仪式素材集是实际掌握（modus
operandi）的产物（opus operatum），而实际掌握只有在让·尼科
德称为总体相像（ressemblance globale）[117]的东西的基础上进行关
系联结时才实际有效，仪式素材集最特殊的属性，即将其定义为
事实上连贯的系统的那些属性，才能被领会和恰当地理解。这种
领会模式从不明确和系统化地自限于其联系起来的词语的某一方
面，而是每次把其中一方面看作一个整体，尽量利用两个“数据”
从来不在所有（tous）方面上相像但又总是至少间接地（即通过某
个共有词）在某个（quelque）方面相像这一点。首先，这就解释
了为什么在仪式实践操弄的“不纯的”即不定的和复因决定的象
征的不同方面（或“侧面”），仪式实践从不清楚地将象征些什么
的方面和什么都不象征且被其忽略的方面（例如，在字母表中，
笔画的颜色和尺寸，以及呈柱状的单词的顺序）对立起来。例如，
如果像胆汁这样的一个“数据”在借以与其他“数据”（这些数据
自己也是模棱两可的）建立关系的三个不同方面［比如苦（在此
331 方面它与夹竹桃、苦艾或沥青类似，但与蜂蜜相反）、酸涩（在此
方面它与蜥蜴和绿色相联系）和（前两个性质固有的）敌意］中

的一个占有首要的位置，但其他方面并未因此而不再同时被感知，那么当强调基础性质和颠倒状态时，象征性和谐就可能处于基础地位。我们即便不过分以音乐来比喻，也能认为很多仪式链条可以被理解为转调（modulations）：仪式行为由于定然要让所有吉兆站在自己这一边，也就趋向于发展（développement）逻辑，即不惜使用意义重复的变体；这些变调利用了仪式象征的和声属性，要么用严格意义上的全方位的对等物重复一个主题（胆汁唤起了跟它一样兼具苦和酸涩的苦艾），要么通过与次要和声之一的联结（蜥蜴—蟾蜍）形成更远些的音调。[118]

仪式实践操作着一种不确定的抽象（abstraction incertaine），这一过程通过使用同一符号的不同方面来把它引入不同的关系中，或将相同所指物的不同方面带入相同的对立关系。换言之，仪式实践排除了苏格拉底式的所指物以何种关系（rapport sous lequel）（如形状、颜色、功能等）被领会的问题，因此就不必每次确定选择方面的原则，也就更加有理由不必持续坚守这个原则。但其依次或同时在客体关系建立和选择方面使用的不同原则也就间接地可以相互画等号，以至于这个实用分类法可以从多种视角将相同“数据”分类，但又不以不同的方式进行分类（区别于采用属性不 332
同的分类法的更严谨的系统）。世界因此被进行了我们可以认为是逻辑的划分，尽管这个划分表面上违反了逻辑划分的所有规则（例如，进行既不排他也不穷举的划分），因为所有二分法都无限同义重复，因为它们都是唯一的且相同的划分的基本原则（principium divisionis）的产物。由于把被联系起来的词语对立起来所依据的原则（例如太阳和月亮）未被定义，且往往可被简化为一个简单的相反（相反的关系需要提前分析），所以（经常以简练的方式表达的，例如“女人是月亮”）相似（analogie）在对立关系（男人-女人、太阳-月亮）间建立起一种相似关系，这种相似关系根据两个未定和复因决定的原则（热-冷、阳性-阴性、白天-夜晚，等等）被建立起来，也毫无疑问地不同于有关的对立词语之一可以进入的（男-女、东-西、太阳-月亮、干-湿）其他相似建立时所依据的原则。这就是说，不确定抽象也是一种伪抽象，因为使一个“数据”区别于另一个数据的属性仍然与不恰当的属性紧密联系，以至于即便从基础上说只用一个方面解释不确定抽象，相似性也是整体的和总体的：根据唯一视角在一种特定关系联结中选取的某个词的某个方面还是与其他方面纠缠不清，这个被选取的方面能通过后者与其他关系联结中的另一个被指物的其他方面对立起来。如果与其他东西发生关系的方式的数量没有被限制到几个基本对立，而为了作为单一区分原则来运作这些基本对立内部又有
333 牵连（例如热-冷、阳性-阴性、东-西）的话，相同词语就因此进入了无穷无尽的关系中。有个孩子曾希望白色（blanc）的反义词是阴性的白色（blanche），而大（grand）的阴性是小（petit）[119]，这让安德烈·纪德（André Gide）相当绝望，而仪式实践的运作方式并无二致。简言之，早期教育反复灌输的“相似意义”，如瓦龙（Wallon）对对偶思想的评价那样，是一种“对相反的感觉”，后者不断应用能确保最低限度的确定（男人不是女人-蟾蜍不是青蛙）的若干基本相反关系，但它对于自己建立起来的关系（a-b和b-c）却什么也没说清，因为“对相反的感觉”只有在事物都不确定的情况下才能运作。[120]这种双向串通和言下之意的逻辑内在的不确定性和误解，不可避免地来自其偷懒（économie），这一逻辑把相反关系和这些关系间的关系简化成了能生出其他所有关系的若

干基础性关系。

从客观主义阐释学思考的作为既成事实的已进行的类比（a-b，c-d），走到惯习操作的诸如模式传递的类比实践（这操作的基础是能加强反应之间的可替代性[121]，且有利于通过一种实用普遍掌握所有可能在新情况下出现的相同形式问题的，获得的对等物），以便所有逻辑都重构应有的界限，一旦无此界限，就会陷入由于不了解旨在以低成本维持最低限度秩序（哪怕有失严格和效率）的逻辑的特殊原则而导致的过度解读（surinterprétation）：通过相同实践原则的依次（successive）应用，为实用原因而进行的有利于在一种总体化的视线的同时性（simultanéité）中领会一整套已发生的陈述和实践的图解（schémas）的构建，本身就构成了一种真正的本体论衰变，这一衰变如果没有被正确理解，就会让 334
分析者陷入没完没了、毫无结果的学究式阐释的游戏中。[122]

通过根据跟随法则［即（1）Y对X的跟随排除了X对Y的跟随；（2）Y跟随X而Z跟随Y，那么可推出Z跟随X；（3）要么Y跟随X，要么X跟随Y］分配所有可能被系统性地搜集和聚集的时间对立，大纲性的图解有利于一眼［正如笛卡尔说的一望而知（uno intuitu）或胡塞尔说的单题地（monothétiquement）[123]］就领会很多含义，这些含义被多题地（polythétiquement）产生和使用[124]，而正如多题向单题的转变所产生的矛盾所显示的那样，这些含义也只能依次地，即不仅仅要一个一个地而且要一个个个别地（coup par coup）被产生和使用。解读者的工作产生的时间对立的完整系列（série）的特色是不被整体或部分地原原本本的动员也不可被动员，存在的需要在不因急迫的原因而抑制大纲性的理解时也从不要求这样的大纲性理解。简而言之，我们称之为多题

(polythétie) 的东西和一词多义共同构成了一种实用逻辑的运行条件，如果说这个实用逻辑无法通过若干本身在极端状态也会被简化为基础二分法的原则来组织所有思想、感知和行动，那只是因为其贪图省力 (économie)，为了简洁性和普遍性牺牲了清晰和区分。通过搜集单个素材提供者不总掌握和有能力掌握或至少无法
335 立即掌握的信息，分析者确保了总计的优势［仰赖书写和所有记录技术等永久化 (éternisation) 工具，也仰赖他所拥有的用于分析信息的闲暇时间］，并给了自己领会避免了部分和隐秘的观点的系统的逻辑的方法；但是，与此同时，他也很可能忽视了他让实践及其产物经受的认识论地位的变化，也很可能急于寻找实践未提出也不能提出的问题的解决方案，而不是自问土著实践的特色是否就在于排除了这些问题。[125]

因此需要承认实践拥有一种并非逻辑的逻辑，以避免向实践要求比实践能给予的更多的逻辑，也避免被迫从实践身上榨取不可理解或由其原则决定的不连贯性或是被迫把一种强制的连贯性强加给实践。[126]从多题转化为单题，在自发性中叠加可能被不同行为者在不同局势下相继制造的对立，简言之对一种唯一的系列的建立伪造了一整套不可能不成问题的关系，因为这些关系是被排除在实践逻辑之外的：为将相似却在时间维度（两个时刻可以由其相对位置——前后——和相似性定义）上分散的文化特征之间的所有关系和在实践序列中占据同源位置的特征之间的关系固定在同一连贯系统内的努力遇到了矛盾，因为几何空间的均质性和大纲性的总体原则的无差别应用导致将不同级别的，因此在实践上也是排他性的对立放在了同一平面上。例如，如果我们能将 ennissan 和 el husum 对立起来［前者指包括了春季的最后几天和夏

天的最初炎热时间的吉祥的时段，即“绿色”、生的和年轻的最后
阶段，以及干旱、成熟和煮熟的第一个阶段；而后者表示 Ennayer 336
（公历 1 月）末 Furar（公历 2 月）初的不吉时段]，那么我们在 en-nissan 内部就能把“绿色事物”和“黄色事物”对立起来，或者在 el husum 内部把其中的第一阶段和第二阶段对立起来。前者是冬末，因此也更加不吉，而这个阶段自己又被分成“燃烧”的几天和“咸的”或“辣的”几天；后者则是相对吉利的初春，本身也分为“吉祥的”和“开启的”两段，从这些名字也能看出吉兆来。由于这些进一步的划分是在不同情境下产生和使用的，因此人们从不需要从理论上去理解每个单元与其上一级单元的关系，自然也就更不必知道其与其对立面的下属单元之间的关系。同样的，试图在两个系列［例如人类生命周期和农历年的周期，或是这两者之一和一天中各个时段的系列］之间建立系统化关系也是徒劳的，虽然农历与一天各时段的关系有时还是会被明确提出（例如夜晚-秋季，上午-春季）。

如果这里我们还能容忍一个看似民族中心主义的类比，我们就能提议，由遵循接续法则的时刻组成的系列和相继被实现——以使其不在同一地点相撞——的时间对立之间的关系，与舆论各层级的连续和均质的政治空间及实际政治的立场决定之间的关系是对应的，而实际政治立场的决定始终取决于特定局势和特定的对话者及对手，也根据对话者之间的政治距离引发不同层次的各种对立（左派-右派，左派中的左派-左派中的右派，左派中的左派
中的左派-左派中的左派中的右派，等等）以至于同一个行为者可 337
以在几何的“绝对”空间里依次处于自己的右边或左边，这就违背了接续法则的第三条。简而言之，由于基础性对立（或其衍生

出来的次要对立）从不会同时生效，所以实践逻辑从不会面对不同关系下构建的对立的重叠引发的不连贯，并且，归根到底，“多题”是建立在一词多义的正确使用基础上的逻辑系统运行的条件。

时间的行动与行动的时间

从多题到单题的转化产生的物化效果只有在其适用于某些特定实践时才会显得强烈，这些实践由一个事实来定义，那就是其实践结构，即其方向和节奏，是其意义的组成部分：任何对此结构的摆布，无论是颠倒、加速还是减速，都使其遭受一种结构破坏，且这种结构破坏无法等同于简单的参考轴向的改变产生的后果。因此，列维-斯特劳斯批评莫斯执迷于礼物交换的“现象学”，并与土著经验以及这种经验的土著理论断然决裂，以便提出，作为被构建客体的交换“构成原始现象，而非社会生活将其分解成的审慎的操作”[127]，或者换句话说，相互性的循环的“机械性法律”是馈赠义务、返还义务和接受义务的无意识的原则。[128]“现
338 象学”分析和客观主义分析展示了交换的两个对立面：被经历的或至少是希望被经历的礼物，以及外在表现出来的礼物。停留在礼物的“客观”真相，即停留在模式，也就是排除了我们能勉强称为主观的真相——因为它代表了交换的官方定义——和我们称为客观的真相之间的关系问题。我们需要认真对待一个事实，那就是行为者把一系列行动看作不可逆转的，而观察者认为其可逆转，而且可逆转性和逆转性也同样是该实践的客观真相的一部分。总体性领会，或者说是单题领会构成了一种从根本上由其可逆性（réversibilité）定义为礼物的客观不可逆（irréversible）（且不仅是

被认为不可逆）的接续——这一接续作为名誉模式中的挑战，并不与礼物不断呼唤的回应机械性地相联系——的客观结构：对礼物、话语、挑战甚至是女人的交换的任何客观分析都确实应该考虑到这样的事实，任何初始行动都可能因错误而失败，且在任何情况下都能收到其引发的反驳的意义，哪怕是没有能追溯性地取消其企图意义的反驳。认为礼物只有在还礼后才能被承认和被赋予赠予者对其施加的意义，不意味着换种说法来重建相互性循环的结构。这意味着，即使可逆性是审慎的和符合共同经验对礼物交换这个词的定义的行动的客观真相，它也不是如果其自认为符合模式就无法存在的实践的完整真相。客观主义无视和废黜的礼物交换的时间结构，使得完整定义了礼物的两个对立真相的并存成为可能。事实上，我们观察到，在任何社会，还礼应该是有延 339
时的（différé）和不同的（différent），立即归还一个完全一样的物品明显等同于拒绝（即等同于归还物品），有构成一种冒犯的危险。也就是说，礼物的交换一方面与互相赠予的模式相对［这个模式，正如“相互性循环结构的理论模式”（modèle théorique de la structure du cycle de réciprocité）一样，同时使礼物和还礼激烈碰撞］，另一方面与“出借”相对——由法律文件明确保障的出借的返还在合同订立的那一刻就好像已经实现了（déjà effectuée），而这个合同能够保证所规定行为的可预见性和可计算性。如果在模式中需要引入双重差别特别是单题模式废除的延迟（délai），这也并不像列维-斯特劳斯所说，是为了服从索回被经历的交换实践的经验的“现象学”的需要；真相是，礼物交换运作的前提是对立即返还能突然揭示的交换的客观“机制”的真相不了解：是礼物和还礼之间的时间差让一个交换结构被视作不可逆（irréversible），这个交换结构始终有显得可逆或显露出可逆性，即显得被迫（obligée）和有利可图（intéressée）的危险。如拉罗什富科（La Rochefoucauld）所言："过于热心地履行一项义务，也是一种忘恩负义。"流露出急切地想要从规定的义务中解脱出来的感情，并且过于露骨地表现出回报得到的帮助和礼物、还清人情、什么也不亏欠的愿望，就意味着揭示出，原本的礼物背后隐藏着强迫的企图。如果说这里一切都是方式的问题，那么具体到这个例子里就是机会和时机的问题。如果相同的行为（送礼或还礼、提供帮助、拜访
340 等）会由于时机，即根据其是及时的还是不适时的，是合乎时机的还是不合乎时机的，就能完全改变意义，如果不存在我们要决定其（son）时机的重要交换（分娩或结婚时的礼物），那么分隔（sépare）礼物和还礼的时间就允许倾向性的差错以及被集体支持和准许的谎言，而这谎言是象征交换——这一伪币的虚假流通——的运转的条件：要让系统运转，行为者需要对调节其交换且人类学家的机械模式能解释其逻辑的模式不是一无所知，而与此同时，他们不能了解也不能承认这个逻辑[129]。一切就好像，行为者的实践，尤其是他们对为期时间（durée）进行的操作的运转都是为了对自己和他人掩盖实践的真相，而民族学家及其模式是通过纯粹和简单地用非时间模式取代必须适时和长期进行的模式的方法才揭示出实践真相的。

不仅如此，取消时间差，就是取消了战略。这段既不能太短（正如我们在礼物交换中看到的那样）也不能太长（特别是在相互仇杀和复仇中）的间隔时间，根本不是客观主义模式所以为的死时间或无所事事的时间。只要还未作回应，收到者就是有义务者（obligé），有义务向其施恩者表达感激，或无论如何有义务对其表

示敬重，对待他谨慎，不对他使用自己掌握的武器，否则会被指责为忘恩负义并为“众人话语”所谴责，而众人话语就决定了行动的客观意义。没有报仇、购回被对头家族占据的土地或是及时把自己的女儿嫁出去的人的资本就在一天天随着时间减少，除非 341
他能将延误（retard）转化为战略性延迟：延迟还礼或是复仇，这可能是让伙伴或仇家难以捉摸其意图的方法，但时机几乎无法掌握，比如仪式日历中的不吉时段中实在非常不祥的时刻，不回应也就不会再被当成疏忽以及无礼的拒绝；这也是只要双方关系没有破裂，就将不同的行为方式强加给对方的方式；最后，在复仇的情况中，这也是通过始终高悬的威胁消耗对方耐心并保留主动权的方式。在这个逻辑中，我们可以理解，如某人向某家的闺女提亲，且其父不同意，那其父就应尽早答复，否则就显得是滥用其优势并冒犯提亲者，而如果打算答应这门亲事，那其父就能任意延迟答复时间，以维持被提亲者拥有的且一旦正式答应就会立即失去的优势。一切就好像，互动的仪式化的后果是把全部的社会有效性给了时间，而除了时间流淌以外什么都没发生的时间才最有行动力：人们说，时间为他工作；反过来也可能是对的。也就是说，时间的效率来自其干预的关系结构的状态，但这不意味着这个结构的模式可以不考虑时间。当行动的展开高度仪式化时，例如在冒犯和回击的辩证法中，巧妙利用时间或是行动的速率（tempo）以便拖延复仇和始终维持威胁的战略仍有一席之地；在给战略更多行动余地、不被严格管制的行动中就更是如此，战略 342
可以充分利用行动节奏掌控所提供的可能性，比如等待时机、拖延、延迟或延期，让人等待或让人期待，或反过来，加速、加快、抢先、先声夺人、出其不意、主动出击，更不必说露骨地赐予时间（“在某人身上花时间”）或拒绝给予时间（让人感到他留出了“宝贵时间”的方法）的艺术。

举一个战略的例子，这种战略普遍用于和一个熟人谈生意或是跟熟人提一个有利害关系的请求。A 来到 B（一名汽车修理工）的工作地点看他，询问有关购买一辆二手车的事情：开头的时段用来开玩笑和提起共同的回忆（例如 A 送给 B 的蘑菇），共同回忆又能引出新的几乎礼节性的笑话（例如有关 B 的贪吃）。第二个时段直接与正经事有关，谈话的声调改变了，以显示请求者和被请求者共同对有关问题的兴趣和重视，玩笑的语气渐行渐远，仅仅是用于过渡话题的短暂的插科打诨。正经事谈完（“我会尽力而为”“好的，你来干吧”），谈话就继续以戏谑的口气进行，偶尔会重新提起正经事，但提起的频率会越来越低，而玩笑却越来越多，涉及的面也越来越广（B 把他的枪借给了 A，连持枪证也一起借了……），包括 B 的贪吃。通过这个过渡，告辞也就变得自然了。A 问 B：“你收到婚礼邀请了吗？”（不作更多的限定，因为这里只可能指的是确定的某一场婚礼，以至于这个问题是完全“礼节性的”，B 也知道答案。）“收到了。”“你知道会吃什么吗？”“不知道啊，这是我的苦恼啊！”“哦，这个嘛！”

343 假设客观主义能领会这一系列的行动，客观主义就会立即将其简化为一个规则，即请求者避免直接进入正题：事实上，类似的几乎是协调好的一系列仪式性的行动恐怕会在所有同类会面中出现，即每当自我维持且为自己而维持的持续关系（通过互赠礼物、互助和互访）被用于有利害关系的功能时，而鉴于此时的一时利用可能令人联想起早已结束的一系列此前的交换，也可能让此前的交换客观上显得就是此次有严格的利害关系的目的（在法文“fin”这个词的双重意义上，即终点和目的）的铺垫，此次利用应该要重新融入到此前的一系列交换中（在这里是明确被提起的事物），也因此被其掩盖，同时应该要融入到一种互动中，这一互动在运转过程中复制了此前互动的全过程，以使利害交易与无私帮助相得益彰。

例如，我们很了解一种可转让权力的掌握者可以通过让转让变得不同及其终极意图的不确定来受益。除此以外，还不应忘记那些完全旨在消解时间的力量并保证社会关系延续的战略，它们孜孜以求，像数学家将无穷小扩展至无穷那样用不连续来产生连续，所用的手段之一就是那些用来“维持友谊”的“小礼物”[“哦，礼物啊（thunticht，复数 thuntichin），你并不能让我富有但你是友谊的纽带”]。小礼物必定价值小，因此很容易还礼，因此天生就是为还礼考虑的，且是为使得还礼变得容易而考虑的；但小礼物必须频繁（fréquents）并在某种意义上是连续的，因此礼物要更多以“意外”和“关心”（关心本身也是礼物）的逻辑来运 344
作，而非依照仪式的机制。这些旨在维持家庭关系正常秩序的礼物几乎通常就是一道热菜或是古斯米（如果是为了纪念一头奶牛首次挤奶，还会配上一块奶酪），并且与家庭的庆祝活动的节奏相配合，比如孩子出生后第三天或第七天，孩子长第一颗牙或迈出第一步，男孩子第一次理发、第一次做买卖或首次斋戒。礼物与人或大地的生命周期同步，想要传达（prennent part）欢乐，相应地，要分享（faire part）快乐的人便参与了一种真正的丰产的仪式：人们奉还曾经盛礼物的容器时总要“为了好兆头”（el fal），在其中放些面粉、粗米粉（从不放象征脆弱的阴性作物大麦）或干蔬菜、鹰嘴豆、扁豆（称为 ajedjig）、花等，以便“（创造交换机会的）男孩像花儿般盛开”、茁壮成长并产出果实。卡比尔人清楚地将这些普通礼物（还包含他们称为 tharzefth 的在拜访时制作的礼物中的一部分）和非常礼物区分开来，后者称为 lkhir 或 lehna，是在称为 thimeghriwin（单数是 thameghra）的重大节日时送的礼物，重大节日包括婚礼、出生日、割礼。亲人和邻居间的小礼物与空间、亲缘关系和时间层面上的远方盟友（因为要走越来越远的路与远方盟友见面，所以只在“重大场合”以不连续的方式相见）赠送的且由于其重要性和神圣性而成为一种受控制的挑战的礼物之间的关系，就相当于无历史的亲缘-短距离的族内婚（由于它非常频繁并与从表亲-邻里间的通常交流网络紧密联系，所以它
345 几乎完全不被注意）与不同村庄或部族间的非常婚姻的关系，后者旨在稳固联盟或和解，始终伴随着更加盛大也更加冒险的神圣仪式。

可以看出，这远远不是我们通常与仪式概念相联系的事先规划的行动的机械性链条：只有完全掌握“生活之道”的能手才能利用运作和局势的模棱两可和不确定带来的所有资源，以便采取适应每时每刻局势的行动，做“他此时需要做的事情”（ce qu'il y avait à faire）（而我们会认为“此时也无其他选择”），并按照正确的方式去做。这也远非标准和规则：我们可能在这里或那里遇到语言错误、蠢事或是差错；而了解如何正确行动的专家或许很了解应该做什么或说什么，但与民族学家不同，他们无法在一本辑录常见局势和相应回应战略的大全当中收录精妙的必要的随机应变（improvisation nécessaire）的艺术。

想要为实践复原其受控制的随机应变的实践真相，以及其功能（这个功能从其完整定义上来说可以包含对客观功能[130]的隐

匿，就像在交流的案例中一样），就必须把时间重新引入在时间上被结构，因此内在地由其速率（tempo）定义的实践的理论意象中。将其统一性赋予了一场讨论或将其“线索”给予一次即兴讲话，且不需要通过有意识表达来自我实现和自我交流的发生性和组织性的模式，是一种往往不确切却有系统性的选择和实现原则，通过不连续但有方向的调整和修正，这个原则趋向于在不可能获益时消灭意外，并保住成功果实，即便成功是偶然的。正如国际 346
象棋选手在当前局势下“看到”一系列即将进行的招式，我们能在某人的言行中“看到”他“希望说的”或“希望做的”，甚至在其心口不一或心手不一时也能做到，例如在笔误的情况下。我们所排除的是实践最特殊的一面，所用的方法是识别典范的模式，但相应地不得不把回溯的必要变成预期的必要，或简而言之，是将产物变为计划，将已无法不发生的既成变成使其发生的行动的未来。这就是在隐性地认同狄奥多罗斯（Diodore）的观点，认为对未来语言的合理成分，总得有一天说它是真的[131]，甚至承认另一个悖论：“今天是明天，因为昨天的时候，明天指的就是今天。”所有实践的经验都驳斥这些悖论，并提醒人们，交互循环并不是被强迫实践的这些机械环节，这些环节只存在于古典悲剧中。当我们遇到一个忘恩负义者，捐助可能就没有回报；捐助也可能像一种挑衅那样被拒绝。[132]只要存在“相互的循环”的“机械法律”未获执行的可能性，实践的整个逻辑就可能改变。即便行为者的惯习得到完美的协调，行动与反应的连锁反应完全可以从外部（du dehors）预见，只要进程还没完成，互动的结局就依然可能不确定。这种不确定性——其客观基础存在于社会法律的或然论逻辑中——足以改变（比客观主义更关注行动的时间性的现象学所

描写的）实践的经验以及实践本身，其手段是给予可能以避免最
347 可能的结局为目的的战略存在的理由。从最大的或然性到绝对确定的过渡是一种与数字差距不成比例的定性跨越。

以战略取代规则，就是重新引入时间，以及其节奏、方向和不可逆性。存在一个并非实践时间的科学时间。对于分析者来说，时间不再重要。这不仅是因为，正如自马克斯·韦伯以来人们屡屡重申的那样，一切都已是既成，对于可能发生的事就无不确定性可言，还因为分析者有时间来整体考虑，即超越了时间对人产生的作用，而行为者受到紧迫的局势的支配。科学实践是如此“去时间化”，以至于科学实践趋于排斥其所排斥物的理念。因为只有在相对于与实践时间对立的时间的关系中，科学才成为可能，科学趋于无视时间，并由此趋于使实践物化［也就是说，认识论思考是科学实践本身的组成部分：要理解什么是实践，尤其是实践由于在时间中进行而拥有的属性，就要知道什么是科学，特别是牵涉进科学实践的特殊时间性的东西］。当科学忘记了其通过加总带入时间跨度的即（例如，通过图解所允许的大纲性领会）去加总的实践所产生的后果时，将时间弃置一旁也就成了科学产生的后果之一。

简而言之，由心理图式和行为模式之间的混乱状态导致的回顾往事时产生的错觉，使得人们不得不装作好像关于实践的主观意象和这一实践的客观事实相互吻合，于是理论模型与正在进行的行为的表象的层面相统一，或是装作实践行为在无意识中完全被关于正在进行的行为的相关理论模型所规范。事实上，“将秩序
348 带入行动”的图式既不是只需要执行就可以的有意预先设立的“规划”（“构思良好的东西也就能被清楚地表达”），也不是机械性

引导行动的“无意识”。由于没有能够构建起惯习概念的恰当的实践理论，我们不得不把科学建立起来以便解释实践的理论建议系统（système des propositions théoriques）简化，要么简化为根据马可夫式的或然主义图解运作的简单机械性的预先确定的程序，要么简化为一份典型解决方法汇编，正如柏拉图在鸽舍比喻中说的那样，行为者从索引中汲取实践中不可或缺的“招式”，甚至简化为行为者有意识地遵守的标准的集合。除非我们可以像乔姆斯基说的那样，把规则放进脑袋里，让脑袋在某种意义上“收纳”已建构的模式：“一个了解某种语言的人在其脑中既拥有一个抽象的结构系统，又拥有一个通过自由重复确定无穷的音意对应关系的抽象规则系统。”[133]

象征资本

关于礼物的理论建构以“事前诸葛亮”的方式把回礼的构思纳入送礼的构想中。这一建构使得原本同时有着自发和受控、偶然和必然双重性质的日常生活策略中的即兴表演被转化为必须动作的机械性链条，这些日常策略有着无限的复杂性，因为送礼者那不与人言说的算计考虑到受礼者背后的算计，要满足其要求但表面上又似乎不知道这些要求。这一理论建构也通过相同的操作 349
抹去了制度化地被组织和受保障的不知（méconnaissance institutionnellement organisée et garantie）[134]，这一不知是礼物互赠的精髓，且可能是所有旨在通过交流和合作使亲缘、邻里或工作所强加的不可避免的关系嬗变为相互性的选择关系的精髓：既有关系的复制工作（travail de reproduction des rclations établies）——节日、仪式、互赠礼品、互访、互有礼貌以及通婚——对于一个集团的存在来说，其必要性并不比其存在的经济基础的复制的必要性小，在这个复制工作中，隐藏交流功能的工作的重要性并不比满足其功能所需要的工作的重要性低[135]。如果说，时间间隔使得礼物和还礼显得像既无过去又无未来，也就是无计算（calcul）的慷慨的开幕式般的行动，那么我们就能看到，通过把多题变为单题，客观主义消灭了所有实践的真相，正如互赠礼物，这些实践试图或号称在一段时间里搁置利益法则。因为通过在时间里的铺陈，客观主义掩盖了理性合同在时间里收紧的交易，所以礼物互赠是在某些社会唯一被实践或者至少是被完全承认的财物流通模式，用卢卡奇（Lukacs）的话来说，这些社会否认“其生活的真实土地”，拥有一种自在的但并不为己的经济，就好像这些社会既不想也不能赋予经济现实其纯粹的经济意义。就好像，“上古”经济的本质就在于，经济行动不能明确承认其客观追求的经济目的：禁止把自然看作原材料而把人类行动看作工作（travail）（即人类针对外部自然的侵犯性斗争）的“自然偶像崇拜”，以及对生产行
350 动和关系的象征性层面的系统性强调，趋向于阻止经济按应有方式存在，即作为受利益计算、竞争和开发的法则支配的系统而存在。

死抠法律条文主义和经济主义的起源都是理论被物化的结果：这一效果只要将这一经济活动简化为其客观真相，带来的唯一后果就是消灭了其特殊性，这一特殊性恰恰就存在于经济活动的已知或不知的或者说是被社会地抑制的客观真相和生产与交换的社会意象之间被社会地维持的差距。这也就难怪上古经济的词汇表里充斥着这些经济史致力于拆解的双面概念，之所以要拆解是因为，由于存在双面性，这些概念所指的社会关系充满了一旦有关

的社会支撑机制弱化就必然会崩解的不稳定结构。举个极端的例子，即 rahnia，一种不动产安全抵押合同的例子。通过这个合同，借款人向贷款人出让一块土地的用益权，直到偿还之日为止。而当其导致财产剥夺时也就被看成是最面目可憎的高利贷。通常在某人穷困时，亲属也可以提供帮助，免于其出售其土地，而在使用权仍归原主的情况下，这块土地就是某种形式的抵押。可前一种合同与后一种帮助的区别其实仅限于双方关系的社会属性以及协议的具体条款。[136]如莫斯所说的那样："或许正是罗马人和希腊人继北方和西方的闪米特人之后成功区分了债权和物权，区分了礼物的出售和交易，区分了道德义务和合同，特别是考虑清楚了 351
仪式、权力和利益的区分。也正是他们，通过一场真正的、伟大的、值得称颂的革命，超越了这种老掉牙的道德感，以及凭运气的、花费过大和奢侈的，充斥着个人敬意的，与市场、商业和生产发展不相容且在当时从根本上来说是反经济的赠予经济。"[137]将不稳定的、人为维持的、善意经济的结构变为不带伪装的利益经济的清楚的、经济的（claires et économiques）（与耗费巨大的相对）结构的解体过程在进行时所处的历史局势显示出，要使一个不实事求是的、在实现经济行动的同时不得不再花费几乎相同的创造性和精力去掩盖经济行动真相的经济体系运作起来，花费是何等巨大：揭露了经济的客观机制的金钱交换的普遍化，同时也揭露出上古经济特有的旨在限制和掩盖（狭义的）经济利益和计算的游戏的制度机制。例如，1955 年前后，一个在法国学过艺的著名建筑工爆出丑闻，原因是他完工回家，却没有享用传统上在房屋建造期间为他提供的饭食，他因此要求在其每日工钱（1 000 法郎）之上再加上 200 法郎以补偿这顿饭：要求拿到饭的等价货币，就是亵渎了象征性的复杂仪式用以将工酬转化为慷慨馈赠的习惯，这就揭示出了通过经集体协调的假装来挽救面子的最常见的方法。作为人们用以确认联盟关系的交换行动（“我将饼和盐放
352 在我们之间”），在收获和房屋建造的帮助（thiwizi）阶段的这最后一顿饭，原本就是起到闭幕仪式（rite de clôture）的作用的，这个仪式的目的就是回溯性地把一笔利益交易变为慷慨的交换（和讨价还价结束时的馈赠用的是相同的方式）。[138]尽管人们很能容忍某些人用诡计降低帮助的闭幕餐产生的费用（比如只请每个集团的“要人”或是每家请一个人）——因为这样做虽然违反原则，但当事人还是承认原则的正当性的，但是，面对那个著名建筑工的事大家还是免不了要哗然，觉得这是挑衅：此人竟然要把饭换成钱，由此也泄露了保守得最好也是最糟的秘密，而所有人都保守这个秘密；他也触犯了沉默法则，而正是沉默法则以集体恶意的共谋保证了善意经济的运行。

善意经济（économie de la bonne foi）把这个经济人（homo economicus）的奇怪化身也就是 bu niya（或 bab niya）称作善意者（niya 或 thi‘ugganth，源自 a‘ggun，即尚未学会说话的孩子，与 thahraymith，即计算和技术的智力相对），这个善意者不会想把某些即时消费品（牛奶、黄油、奶酪、蔬菜和水果）卖给另一个农民，而是将它们分给朋友或邻居，他不会进行任何需要用钱的交易，只建立以完全信任为基础的关系，与奸商不同，他也不知道证人、抵押、文书这些商业交易的保障。根据交流的普遍法则，由于协议的各方是较近的亲属，所以协议可以很容易地成立（因
353 此也很频繁），也可以被善意地完全放弃；相反，如果关系不再那么亲近，即从兄弟逐渐转换到两个不同村庄的居民这样的陌生人，

交易就越来越难成立，但可以也确实会变得完全“经济化”，即越来越符合其经济真相，即便在最慷慨的交易中也不会消失的利益计算，以及双方计较的交易，就能越来越摆在明面上。缔约方之间的社会距离越近，有关的担保就越神圣，人们也就越不愿意采用正式担保的形式，因为负责认证和执行担保的权威与缔约方的关系越远则越神圣［首先是证人的证词，证人如果关系更远更有影响力，证词就更具说服力，随后是非专业文人订立的文书，在之后是在秀才（taleb）面前订立的合同，由此提供一种宗教的而非法律的担保（人们说这份合同不能被“记录”），且合同如果在本村的秀才面前订立就没有在有名的秀才面前订立那么神圣，随后是法官（cadi）写的文书，最后是在公证人面前订立的文书］：要验证相互信任的人之间的信任交易就难免产生冒犯，更何况（a fortiori）是要在公证人、法官或证人面前验证亲戚间的交易。正如各方在一头牲畜发生意外时愿意承担的损失份额可能随着他们依据相互关系而进行的责任认定而有大幅度的变化，将一头牲畜交给一名近亲的人应该要尽量减轻其伙伴的责任。卡比尔人是通过在法官或证人面前订立的正式合同将他们的牛交给南方的游牧民看管一个、两个或三个工作季（从秋季到秋季）的，报酬是每头 354
牛每年440升大麦，如果有损失就分担损失，出售则分享收益。亲戚和盟友间的友好交易之于市场交易，就好比礼节性战争之于总体战。人们通常把“法拉欣（fellah[①]）的粮食或牲畜”与“市场的粮食和牲畜”对立起来：当说起“大市场”，也就是与陌生人交易中如作战般的狡猾与奸诈时（卡比尔素材提供者最常提起的大

① 在古埃及文明被基督教文明和阿拉伯文明取代以后，仍继续在尼罗河冲击河谷及中东其他地方耕耘的，主要带着古埃及种族基因的佃农。——译者注

市场是 Bordj bou Arriridj，Akbou，Sidi Aïch，Bouira 和 Maison Carrée 的市场，有关大宗牲畜交易则尤其会提起 Kroubs 和 Souk Aras 的市场)，年长的素材提供者都滔滔不绝。其实说的不过是刚刚交付给新买主的骡子旋即逃脱了，人们用植物摩擦牛使其肿胀(adriis)——这些植物其实常因此在丰产仪式上被使用——以便看起来更肥，或是买主联合起来提出一个低价，逼迫卖主用这个价钱卖出。经济战的化身就是奸商——没信义且无法无天的人。人们会避免向他们买牲畜，也同样避免向任何完全不认识的人购买：正如一位素材提供者所说，对于毫无瑕疵的货物，例如土地，是收购物的选择左右对买主的选择；而对于可能有瑕疵的货物，例如大宗牲畜，特别是骡子，是对卖主的选择起决定作用，且人们至少试图以私人化的关系（通过某人介绍）取代完全去私人化和匿名的关系。可以有各种类别的关系：从建立在完全不信任基础上的交易一直过渡到名誉交易。前者如农民和奸商之间的交易，无法要求和获得保障，因为无法保证产品质量也无法找到保人；
355 后者可以无视具体条件，仅仅以“缔约者”的诚意为基础。但是，在绝大部分交易中，买方和卖方的概念都趋于在一个中间人和保人的网络中解体，这些中间人和保人力图把供给和需求间的纯粹经济关系变为由亲缘关系建立起来和保障的关系。连婚姻都不例外，婚姻几乎总是发生在已经被先前交易的一整套网络联系起来的家庭之间，这个网络是真正意义上的个别合同担保，更别说是迎娶平行从表姐妹了。值得注意的是，在缔结婚约前的复杂谈判的第一阶段，两家会请德高望重的亲戚或是盟友出面充当“保人”，如此展示出的象征资本既是谈判中的武器，又是达成的协议的保障。

同样，脱去了农民气的农民的异端行为所引发的义愤言论会引发人们对一些机制的注意，这些机制使农民与土地维持一种被施了魔咒般的关系，且禁止其把自己的劳苦（peine）当作工作看待："这是亵渎，他们糟蹋了土地；他们抛弃了敬畏（elhiba）。没什么让他们害怕，没什么能阻止他们，他们歪曲了一切。我肯定如果他们过于赶时间且打算在lahlal（合法的耕地时间，初秋）期间干别的，就会在lakhrif（无花果的季节，夏秋之间的过渡）期间耕地，或者如果他们在lahlal期间没怎么干活就会在rbi'（春季）期间耕地。对他们来说都没分别。"

为了耕地（或其女性对应物——纺织）和收割而举行的预防性仪式，事实上起到的是一种掩盖实践客观真相的作用，其之于 356 生产——至少在这个层面上——就如同礼物交换中的微妙之处之于流通。一切就好像，那些最神圣的集体仪式（开始耕种时的集体牺牲礼、收割礼）的功能是掩盖神话—仪式世界观的模式操作的分割催生的矛盾，以及允许对立面的重合（coïncidentia oppositorum），即原初区别（diacrisis）所分开的限制的重聚。总而言之，仪式应该把神话区分的东西重新聚合。马克思当作工作时段的一年中的重大农时伴随着防疫仪式，防疫仪式在重要程度、庄严性和强制性方面都与生产时段（例如冬季和春季的生产时段）的祈福仪式相对，祈福仪式唯一的功能是在一定程度上以奇异方式辅助工作中的大自然（nature en travail）[139] 如果放任不管，自然就趋向愚蠢、荒芜和贫瘠；如同被扭曲和恶化的妇人那样，自然只有在屈服于男人富有生产力的暴力时才能产出福利，自然在此期间被开启、受力、立起、再立起、修整、修剪。作为结合（耕作是犁铧和土地的结合，淬火是火与水的结合，婚姻是两性的结合）

和（小麦、织物、被献祭的牛的喉咙的）切割操作的耕作与收割是应该为仪式的但又有意识的和可控制的操作所转化的客观上的仪式性的行动：伴随着耕种和婚姻的仪式的作用是，掩盖农民行动所引发的两个对立原则的必然冲突并使其合法化，农民不得不通过使用可怕的工具（可怕是因为它们是铁匠也就是火的掌管者的产品，它们是犁铧、刀、镰刀和纺织机）强制自然，对其进行强暴和使用暴力；至于土地的掌握者用以模仿割下最后一茬谷物
357 的活动的仪式，要理解它只有将其从不可避免的谋杀转化为季节之轮中包含的牺牲，而周而复始的重生会将牺牲消解。农民的整个实践都通过另一种方式再现了对仪式的分析揭示出的客观意图。土地从未被当作需要开发的原料来看待，它是敬畏的对象。人们说，土地会“要求算账”并让急躁或笨手笨脚的农民弥补自己所做的粗暴的操作。正直的农民应该以对待人的态度乃至以对待一位受尊敬的亲人的亲密信任的方式对待土地。他不能在耕种时委托他人套挂牲口，或让“被保护人”（ichikran）在犁经过之后刨土：“老人们说要正确地耕地就要当土地的主人。年轻人是不能胜任的：向土地‘引荐’（qabel）我们不敢向其他人引荐的人是对土地的辱骂。”俗话说：“可事人者方可事土。”根据赫西俄德对珀诺斯（Ponos[①]）和产品（ergon）的区分，农民并不是真正意义上在工作，而只是劳作。谚语有云：“赐予土地，土地也会回报。”我们可以理解为，自然也遵循相互赠予的逻辑，只将其恩惠（或者说是产物[②]）赐予向其奉上辛劳的人。异端们的行为迫使老人们说

① 劳役之神。——译者注

② “恩惠”法文为 bienfait，“产物”法文为 bien fait，这里是文字游戏。——译者注

出人与土地关系的原则，而当这个原则自然而然的时候，它是不会被表达的："土地不再赐予，因为我们什么也不再奉献给她。我们公开嘲笑土地，她用谎言回报我们，这是公平的。"一个自重的 358
人应该始终忙些什么：如果他找不到事做，"至少该磨他的勺子"。活动既是一种经济上的必要行为，也是一种集体生活的义务。有价值的活动本身，无论其纯粹的经济功能为何，只要其显得符合进行活动的人的自身职能即被认为是有价值的。[140]只有涉及超出农民经验的类别（经济的规律和货币交易普遍化所导致的类别）时，农业活动的技术层面和象征或仪式层面才发生分离，生产性工作和非生产性工作才发生分离。农业任务是在自己圈定的宇宙循环中完成的，正如希腊人所说，这些任务（希腊语 horia érga）是迫于传统义务而进行的，与其不可分割的仪式行动也是如此。履行人类任务，就是遵守社会秩序，从根本上来说也就是遵循社会秩序的节律，遵循其尺度，不越轨。"我们不是都在同一时刻用餐吗?""我们不是都在相同的钟点完成一样的行动，不是都在相同的时段完成相同的劳作吗?"这些不同的重申团结的方式包含了基本美德的一个暗含定义，那就是循规蹈矩，而其反面就是特立独行的意愿。别人休息的时候干活，别人在田间劳作的时候待在家里，走荒废的道路，在别人睡觉或在赶集时自己在村中的道路上逡巡，这些都是可疑的行为。人们把标新立异的人称为 amkhalef（从 khalef 演变而来，即显得奇特、违反常例），而通过词根的变化，amkhalef 也指迟到的人（从 khellef——落在后面——演变而
来）。遵守集体节奏，就是遵守世界的秩序，"Zên katà phùsin，遵 359
循自然地生活"，也就是遵循习俗限定的自然，遵循吉时和凶时的交替、日常劳作和节日的交替。

由于无视生产性工作和非生产性工作的区分或是有回报的工作和无回报的工作的区分，古朴经济只知道社会性地定义的没有履行社会义务的懒人和完成其职责的劳作者的区别，无论其劳作的产出如何。一切都用于掩盖工作与其产出的关系。就这样，马克思阐述的真正意义上的工作时间（temps de travail，即用于耕地和收割的时段）和生产时间（temps de production，即播种和收割之间的、真正生产性的劳动几乎不存在的大约9个月时间）之间的对立，就为旨在辅助自然进行工作的无数小工作带给农业活动的表面的连续性所掩盖，这些小工作既是技术性的又是仪式性的，没人会想去评估其技术效率或经济收益，就好比是农民的“纯艺术”（l'art pour l'art）活动，其中包括给田地修篱笆、修剪树木、保护幼苗免受野兽或“不速之客”（asafqadh）侵扰、看护土地，更不必说我们普遍归入仪式范畴的行为，例如驱邪（assifedh）或开春的仪式。同样，也没有人想探究外人看来是非生产性的活动的收益率，例如家长作为集体的代表和负责人所履行的职能。谚语有云：“一个农民如果算计，就不会播种。”或许对此的理解应
360 该是，工作与其产出的关系并非真正被无视了，而只是被社会性地抑制（socialement refoulée）了。劳动生产率是如此低下，以至于农民应该避免计算劳动时间，以便为他的工作保留一点意义。或者就是说，这只是表面上看来矛盾，因为在一个时间并不太稀缺而物产极其稀缺的地方，农民能做的最好的事也是唯一能做的事就是毫无顾忌地花费时间，甚至浪费时间，因为时间是唯一不匮乏的东西。[141]

正如真正意义上的工作时间和生产时间之间的对立——所有技术和仪式双重活动的（因此也是世界观的）结构化原则——在

某种意义上被社会性地抑制（socialement refoulée），我们也不会想要去区分经济上有收益的“技术”活动和家长作为集体代表履行的纯粹“象征性”活动，包括工作倾向性、聚会时的闲聊、在市场上的讨论、在清真寺的朗读。

简而言之，生产的真相比起流通的真相被抑制的程度更深，根据艾米勒·邦福尼斯特（Émile Benveniste）的观察，印欧语言最初没有“工作”这样的字眼的：发现工作这个概念的前提是形成共同的生产范围，即对自然世界的除魅，亦即自然世界从此被简化为其经济维度；活动不再是向一种必要秩序缴纳的贡品，可以追求纯粹的经济目标，由此成为一切事物计量标准的金钱能清晰表达这一经济目标。从此就能与原初的无差别化决裂，而无差别化是个人和集体的信念、善意、恶意游戏的前提：一旦明明白白地以金钱利益来衡量，最神圣的活动就可以被负面地看成是象
征性的（symboliques），以“象征”二字的其中一种意义来说，就 361
是没有具体和物质的效果的，也就是免费的（gratuites）、无利益的也无用的。

把经济会计的分类和方法应用于古朴经济而不考虑它们因此让其对象承受的本体论蜕变的人们，恐怕并不是如今唯一“像基督教早期教父们看待基督教之前的宗教那样”看待古朴经济的人——马克思的话也适用于马克思主义者中趋向于把研究局限在他们在生产模式的类型的经院式讨论中称为“前资本主义”的形态中的人们。这种种族中心主义的共同根源不过就是无意识地借用了经济利益的狭隘定义（définition restreinte de l'intérêt économique），这个定义的完善形式就是资本主义的历史产物：实践的相对自主的领域的形成伴随着一种进程，这一进程导致了（往往被描述为

“精神的”或“文化的”）象征性意义与纯粹的经济利益的对立，所谓纯粹的经济利益是由“在商言商”（les affaires sont les affaires）的原初的套套逻辑在经济交易的领域定义的；作为去利益化利益的真正意义上的“文化”或“美学”利益，是意识形态劳动的悖论式的产物，作家和艺术家作为首要的利益相关方对这个产物有重大贡献，且在其产生后，象征性利益通过与物质利益对立即通过象征性地脱离利益实现独立自主。由于经济主义不承认资本主义通过某种真实的抽象化操作，通过建立一个马克思认为是建立在“冷冰冰的当场支付”基础上的人与人之间关系的世界
362 而产出的利益之外的利益，经济主义也就无法把真正意义上的象征性利益纳入自己的分析中，当然更无法将其纳入其计算中，而我们只能在将其归结为感情或激情的非理性的情况下才能偶尔承认象征性利益（当其过于明显地进入冲突中，例如以某种民族主义或地方主义的形式牵扯了狭义的“利益”时）。事实上，在一个（狭义的）经济资本和象征资本几乎可以完全互相转化的世界，引导行为者战略的经济计算（calcul économique）会通盘考虑经济的狭义定义无意识地丢进不可思议（impensable）和无法称呼（innommable）的范畴（即丢进经济非理性范畴）的收益和损失。简而言之，与“前资本主义”社会（或资本主义社会的“文化”范畴）的天真的田园牧歌式的意象相反，实践即便在显示无私的表象时也依然遵循经济计算，因为实践摆脱了（狭义的）利益计算的逻辑并转向了非物质和难以量化的范畴。

也就是说，真正意义上的经济实践的理论只是实践经济的普遍理论的一个特例。只有把经济主义只进行一半的事进行到底，只有把通过放弃被“自私计算的冰冷之水”保护而奇迹般幸免的、

作为由于过剩或过于稀缺而没有价格的事物的避难所的神圣孤岛才占有了客观上屈从于马克思所说的“赤裸裸的利益”的冷酷逻辑的领地的经济计算，无差别地用于被认为稀缺（rares）并在一个特定社会组织中值得被搜寻的所有（tous）物质的或象征性的物品（无论是“好话”还是微笑，是握手还是耸肩膀，是恭维还是关注，是挑衅还是辱骂，是名誉还是礼遇，是权力还是愉悦，是流言蜚语还是科学信息，是区分还是优雅，等等），我们才能逃脱 363
经济主义的民族中心主义的种种幼稚而又不陷入起源的慷慨的幼稚性的民粹主义狂热。如果我们忘记了，作为与其所应用范畴异质的区分原则（即经济资本和象征资本的区分）应用的产物，象征交换的会计学只能借助两者的完全相互转换性来领会经济资本和象征资本的未区分状态，那么这个会计学恐怕自己就有可能最终拐弯抹角地把古朴经济再现出来。正如相对自主的艺术领域的发展必然带来的为了艺术的艺术的形成，若要把某些原始或民间实践看作属于美学的范畴，就只能将这些实践暴露于所有当我们忘记它们无法被这样去考察时必然会陷入的种族中心谬误，所有不包含理论物化效果（effet de réification de la théorie）理论、客观理解的可能性的社会条件以及经济与其客观真相关系和知识与不知关系的理论的对古朴经济的部分或全部的客观化，也会屈服于种族中心主义最精妙和最无可厚非的形式。

根据其完整定义，家庭或家族遗产不仅包括土地和生产工具，也包括亲族关系和被保护人群体，或者称为nasba，即需要保持和不断维护的联盟或关系网络，亦即义务和名誉债的遗产、关系的社会资本（capital social），牵扯到权利和义务，这个代代积累的网 364
络是在发生紧急事态时可以依赖的力量：即便拥有巨大的通过仪

式的刻板化来调节日常秩序和通过在刚刚发生时就将危机象征化和仪式化来缓解危机的能力，古朴经济还是不会无视通常情况和异常情况之间的区别，以及可以被自家满足的通常需要和例外的物质的或象征性的物品或服务需求，后者由例外情势引发，例如经济危机或政治冲突，或仅仅是紧急的农活，这种需求就需要更大规模群体的志愿帮助。之所以如此，是因为与马克斯·韦伯对传统型和卡里斯玛型的粗略区分相反，古朴经济不仅因为冲突（由小事件引发的冲突可以通过“联盟”游戏演化为部族战争）在政治秩序中隐藏着不连贯性，还通过另一种模式在经济领域隐藏了不连贯性，后者的原因是工作时间（temps de travail）（在传统谷物农业中时间特别短）与生产时间（temps de production）对立，这一对立是这种社会组织的基础矛盾和旨在解决对立的战略之一的原则。

以下俗语表达的就是这种矛盾的一个变种：“当年成不好时，总是有太多张嘴；而当年成好时，又没有足够的人手。”对卡比尔地区的一个中等地块的农事日历、轮作日历和人员出勤历的分析
365 显示，一年中存在忙时和闲时。在两个主要劳动时段，即六、七月的收割季节和十一、十二月的耕地季节，所有男性劳力都被动员；耕地占用了家里两个男人 20 多天的时间，其中 8 天在自家田里劳作，同时有一位“耕地协助者”前来帮忙（自家地块只有一头牛，协助者带来自己的牛组成一对），又有 8 天在协助者的田里劳作，最后的三四天，会有邻居来帮忙，作为回报，也要去邻居的田里帮忙。收割时，妇孺也来协助家里的男人，但仅限于把草从田里运到家里。在一个月的时间里，全村都以互助或帮忙的形式参与高强度劳动；随后的打谷会在一位拥有一头牛的亲戚协助

下进行（从不与耕地协助者一起进行）。收割和打谷之后，农事节奏变缓，家里男人之一离开家，直到耕地时段来临。我们会看到，二、三月份存在一个低峰期，两个男人会去城市打工，因此年幼的男子会在一月离开，直到五月初才回来。男子的离开揭露了这样的事实，即存在一个男子生产活动的低峰期，在古时或者说在当时进行观察时（即1960年，也就是发现劳动的回报性之前），在某些特别恪守传统的家庭里，男人们在这段低峰期依旧忙着(s'occupaient)。在整个冬春两季，采摘、维护、园艺的工作大部分由妻子和孩子负责，而男人的工作（例如厩肥运输、果园里的农活、树木的修剪、春耕、晒干草料等）此时相对于耕地和收割来说强度不大（虽然是持续性的），而且没那些工作紧急，也没有相同的社会价值，也因此有时才让妇孺量力参加。

旨在积累产生效忠者也被效忠者产生的名誉和威望资本的战 366
略，提供了集团在需要持续维持其在劳作期所需劳动力（包括生产时间、人力和畜力）时所遇到的问题的最优解决方案。这个战略使得大家庭在劳作期拥有最大限度的劳动力，而在无法压缩的生产时段则能尽量减少人的消费（集团压缩到最小规模，即家庭）和牲畜的消耗（这是租赁合同的功用，例如牛的charka合同，借由此合同，牛的主人摆脱牛的负担，将其交托给他人，回报只是金钱或“资本高利贷”）。这些临时性的且仅仅限于收割期这样的紧急时段的帮忙的回馈并不高昂，特别是因为其形式是在农忙期以外提供劳动或保护、出借牲畜等其他形式。

总体来说，一切就好像，资本从未被当资本来认知和对待，即便在交易中也是如此，而诸如牛的charka这样的交易只有在最疏远的缔约者之间才能想象：在这个通常在不同村的人之间缔结且双方共同趋于掩盖（借牛者想掩盖没有牛的事实，并在牛主同意的前提下假装牛是自己的，而牛主也希望掩盖一笔没有严格遵循伦理原则的交易）的合同中，牛主将牛出借，相应获得一定的
367 大麦或小麦，而借牛者是买不起牛的穷苦农民；或者是一个穷苦农民与另一个农民达成协议，后者买两头牛，并借给前者一年、两年或三年，而如果之后卖牛，则收益平分。在我们看来这是简单的借贷，出借者借牛从而得到一定的小麦作为利息，而当事人则认为是没有剩余价值的公道交易：出借者牺牲了牛的劳动力，但还是公平的，因为借牛者饲养、照顾了牛，而这是出借者本来该干的事，小麦则仅仅是作为牛因衰老而贬值的补偿。各种有关羊的合同同样要求双方负担因衰老造成的原始资本的衰减。羊主是拿出了自己积蓄的妇女，她将羊借给相对贫穷的远房从表兄弟三年，也知道他会悉心喂养和照顾羊。缔约双方会对牲畜估价，并同意平分其产出（羊奶、羊毛、羊油）。每个星期，借羊者都会派一个孩子送一葫芦奶过去。而孩子也不会空手而回［他会带回 elfal，即带来吉祥的小物件或辟邪的物件，此物寓意良好，因为奉还空（vide）的容器会对家庭兴旺不利］：出借者会根据时令给他些水果、油、橄榄、鸡蛋。借期满了之后，借羊者将羊奉还，双方平分产出。变种：6 只羊之前估价 3 万法郎，借羊者奉还 1.5 万法郎和原有羊只的一半，即三只老羊；借羊者全数奉还羊，但留下所有羊毛。

由此可见，诸如与一个家庭或一个姓名直接联系的声望或名气之类的象征资本，可以很容易地转化为经济资本，在一个气候恶劣（耕地和收割之类重要工作集中在很短的时间内进行）、技术条件落后（收割用镰刀进行）因此需要集体劳动的社会，这也可

能是最珍贵的积累方式（forme la plus précieuse d'accumulation）。 368
是否应该把这种方式看作隐形的劳动力购买形式或是暗含的徭役的榨取方式？这是毫无疑问的，但需要在分析中整体考虑（tenir ensemble）对象包含的全部内容，即从内在而言就模棱两可且有歧义（équivoques et ambiguës）的实践的双重真相（double vérité），这对于某些人来说是个陷阱，实践与意识形态之间、“土著”经济和经济的“土著”意象之间的表面看来势不两立的关系可能让这些人陷入必定神秘化的去神秘化过程中[142]：这种帮助的获取的全部真相在于，获取只能通过帮助的乔装改扮来实现，帮助是义务的帮助，同时也是徭役、志愿徭役和强制性帮助。如果打个几何学的比方，这个获取过程就是导致回到起点的双重掉头过程，也就是物质资本可以转化为象征资本，而象征资本又可以重新转化为物质资本。

利用一个效忠群体，即便是继承的效忠群体，就意味着为建立和维持关系必然不可缺少一整套工作以及众多重要物质和象征性投资（investissements）——无论是反抗侵犯、偷窃、冒犯或辱骂的政治帮助还是主要在饥荒时进行的耗费巨大的经济协助。这不仅是物质财富的投资，也是时间的投资，因为不考虑所花时间就无法估计象征性劳动的价值，时间的赠予（don du temps）或时间的浪费（gaspillage de temps）是最珍贵的赠予之一。[143]很显然，在这种情况下，象征资本积累只能在有损经济资本积累的情况下
进行。由于在此之上还要加上生产手段的落后带来的客观障碍， 369
社会机制的动作通过强行掩盖或压抑经济利益而趋于把象征资本积累变为唯一被承认和正当的积累形式，也足以遏制甚至禁止物质资本的集中，大众也很少需要明确地进行干预，以敦促某人

“不再致富”[144]：我们知道，最富有的人需要服从集体压力，因为他们从集体压力中获取权威，也在必要时获取一种取决于他们动员集体来赞成或反对一些个人或集体的态度的能力的政治权力，集体压力不仅强迫富人最积极地参与仪式交换，也强迫其为救助穷人、安置外乡人和组织节日活动做出最大贡献。财富首先带来义务，人们说：“慷慨者是神的朋友。”控制了很多实践（例如集体誓言）的对内在正义的信仰可能把慷慨变成了一种牺牲，而这种牺牲的目的是相应的能配得上这种赐福，即财富：“吃吧，习惯恩赐饭食的人们。”人们至今还在说：“哦！我的上帝，赐予我以便我能赐予他人。”两种形式的资本是如此纠缠在一起，以至于有威望的盟友进行的物质和象征性力量的炫耀就带有带来物质利益的性质，而在一个善意经济的环境中，好的名声是最好的甚至是唯一的经济保障：我们理解，大家庭不会错过炫耀这些象征资本
370 （其夸耀性消费只是最显见的方面）的组织机会（这是他们偏好与远人结亲且喜欢由此产生的盛大迎亲队伍的原因），不论是迎送新郎的亲友队伍、新娘的护卫队［其价值以“人数”（fusils）和对新人祝福的声浪来衡量］、婚礼时赠送的包括绵羊在内的贵重的礼品，还是随时随地可以请来帮忙的证人和保人——无论是为了证明一笔市场交易的诚意，还是为了在一场婚姻谈判中巩固在宗族中的地位并使合同的缔结神圣化。如果说我们知道象征资本是种信用（crédit），不过是最广义的信用，即只有集体能给为集体提供最多物质和象征性保证（garanties）的人提供的一种预付款，那么，我们就能看到，（在经济上总是高成本的）象征资本的炫耀是使得（可能是从普遍意义上来说）资本走向资本的机制之一。

因此，只有建立一种象征性收益的总会计学（comptabilité to-

tale)，并且不去区分财产中的象征性组成部分和物质组成部分，我们才能领会被经济主义斥为荒唐的行为的经济理性。例如，选择在收割后买第二对牛，并推说是打谷时需要（以便让人相信年成很好），随后又不得不因为秋季耕地前缺少草料而再卖掉（而秋季耕地时是需要这对牛的），这么做看似反常，但我们忘记了这看似虚假和伪造的家庭象征资本在夏末的增长能带来的物质和象征收益——因为夏末正是谈婚论嫁之时。如果说这种虚张声势的战略是完全理性的，那是因为婚姻是（广义的）经济流动的机会，而 371
如果只考虑物质层面，就无法完全理解这种流动；集体的物质和象征财产，或套用银行界的话来说，集体能指望的“名望信用”越多，集体能从婚姻交易中获取的收益就越大。这个取决于名誉程度保障名誉的坚固度的能力且构成一个能让财产和人产生价值的财产的质和量以及人的质和量组成的不可分割的整体的信用，能够主要通过婚姻获取有威望的盟友，后者的“人力”财富不仅以人数也以他们的质量、他们的名誉度来衡量，且决定了集团维护其土地和名誉特别是妇女的名誉的能力，这个能力就是能够为市场交易、为名誉争斗或为农活而确实地动员起来的物质和象征力量的资本。因此，名誉行为的原则是一种利益，经济主义无法给这个利益起名字，且尽管其性质是确定直接物质性的行为，还是应该把这种利益称为象征性的。正如其他地方有些职业比如公证人或医生，其从业者要“超越所有猜疑”，对一个当地的家庭来说，保持其名誉资本（即其名誉信用）免受怀疑是性命攸关的。正如有大量用于攻破或排除冒犯和影射的策略，一个家庭对哪怕一点点的冒犯和影射都会过度敏感，这是因为，象征资本没有土地或牲畜那样好测量和计数，而唯一能最终赐予象征资本信用的

372 集团始终趋于撤回信用，因此也就趋于把怀疑引向大佬们，就好像不管在名誉还是在土地的领域，一方面的财富增加只能伴随着其他方面的财富减少。[145]

只有一种无法思考古朴经济的结构尤其是一个建立在结构性模棱两可基础上的系统的标志性的经济实践的奇迹般的复杂性的无逻辑的、片面的唯物主义，可能会无视这样一个事实，就是以血亲复仇和婚姻为代表的旨在保持和增加集体名誉的战略所捍卫的利益并不比继承战略和生育战略所捍卫的利益分量轻。在婚姻的例子中，诸如亡夫遗产这样的可立即收取的物质财产的流通（这也显然是婚姻谈判的关键议题）掩盖了当今的和潜在的既是物质的又是象征性的财产的总体流通，而直接能收取的物质财产只是这一流通在资本主义的经济人（homo economicus）眼中最可见的部分。亡夫遗产的金额不论是从绝对价值还是从相对价值上来说总是很低，如果不是因为其通过展示一个家庭在婚姻交易市场上的产品的价值以及这个家庭的负责人通过其谈判技巧为其产品获得最好价钱的能力而包含了最重要的象征性价值，我们就实在无法理解人们为何还要为这笔财产争得面红耳赤。婚姻战略在亡夫遗产问题上的严肃性最好的证明就是，交易的象征性与物质性分离的过程：如果缩减为纯粹的金钱价值，亡夫遗产即使在当事
373 人眼里也完全脱离了其象征性意义，名誉的谈判即成了可耻的单纯的讨价还价。

即便是（通过不回应或是转过脸去的方式）拒绝谈判也是无法想象且令人厌恶的，正像这个事实所显示的那样，驱使一个行为者捍卫其象征资本的利益与暗含的对系统规律性客观包含的公理体系的遵守不可分割，这种遵守是被早期教育反复灌输并为之

后的经历所加强的，而所遵守的公理体系使得某种特定的象征资本值得被追求和守护。行为者的倾向性（指他们的倾向和玩名誉游戏的能力）和产生了这些倾向性的客观规律之间的和谐造成了这样的后果：对这个（广义的）经济世界的归属导致对这个世界通过其存在本身设定为理所当然（allant de soi）的筹码的无条件承认，也就是说，不必知道这个世界赋予这些筹码的价值的裁定者是谁，且这些价值能产生（经济和心理分析双重意义上的）投入和过量投入，以便通过由此产生的竞争和稀缺效应增强一种有理有据的幻象，那就是，象征财产的价值在于这些财产的性质，正如对这些财产的兴趣也存在于人的性质之中。

为避免重新饱含敌意地陷入被简化和可起简化作用的唯物主义，恐怕需要详细分析一些机制，这些机制有时会赋予一块土地一种并不总是符合其（狭义的）技术和经济特性的价值。虽说距离更近、维护和布置得更好（有围墙、包含房屋、经常打理并得到持续开发等）、女性更易到达（通过被称为 thikhuradjiyin 的私人道路）的土地自然能让任意买家（acheteur quelconque）开出高价， 374
但还是存在一些只在跟特定家庭发生关系时才发生并且取决于特定（广义的）经济倾向性的好处。例如土地融入家庭财产的程度——这个程度取决于其历史（通常由其名称来表明，这个名称多少比较高贵和古老），以及其多少处于传统上属于集团的领域的中心位置。如果说象征价值和经济价值往往同步，而最邻近最可到达的土地是根据最坚实和多样的知识进行最佳开发的土地，因此也是最“多产”的土地，那么一块土地也会根据社会上接受的象征财产定义拥有与其经济价值不成比例的象征价值。因此，人们首先抛弃与家产融合度最低的、与目前主人的名誉关联度最低的、新近购入的土地，而非继承的土地，首先抛弃从外人那里获得的土地而非从亲属那里购得的土地。其实说白了也很简单，土地的象征价值是由地主和购买者之间的关系决定的，也就是由双方通过土地维系的关系决定的。当一块土地符合所有与财产高度融合的定义且被外人拥有时，这块土地就更加珍贵。在这种情况下，回购这块土地就成了荣耀之举，意义等同于复仇，而价格也可达到天文数字。出售者可以卑鄙地利用购买者与土地之间的牵绊——当然要有一定限度，否则他们的名声会受损；但通常来说，
375 他们会尽力增加土地的名誉感——特别是在其拥有土地不久时，以便保持外族挑衅所带来的价值，以便买主竭力回购，以赢回其土地的名誉。也有可能出现第三个集团来抬高价格，因此就构成新的挑衅，而这挑衅不是针对卖主的（因为这对卖主有利），而是针对“正统”所有者的。简而言之，只要理解一点就能理解为何保存作为财产基本成分的家庭象征资本的想法能导致人们支付超过“商品”价值的价格，来购买一块祖先的土地（这块土地有脱离族群的危险，或是已经落入外人之手）或是一块敌对集团的祖产以作为挑衅，那就是，一个族群与土地的关系和该族群与其妇女的关系有着相似性。相反，由于这类交易往往产生天文数字般的价格，所以亲属之间不会有这种交易，名誉的原则禁止人们趁人之危获利。

就这样，被出售土地和回购土地（“喉咙里的”“出借的”和“返还的”土地或者被准许的或被接收的妇女的土地）流通中建立起来的对应关系（例如不同类别的资本和对应的流通模式之间的对应关系）导致需要抛弃经济和非经济的二分法，这种二分法阻止了把经济实践科学理解为实践经济的普遍科学（science générale

de l'économie des pratiques）的一个特例，这一普遍科学能以对待旨在将物质或象征收益最大化的经济实践的方式对待所有实践，哪怕是一个所谓无私和免费的因此无经济意义的实践。作为社会物理学能量的集团聚集的资本［这里也就是物理力量的资本（与动员能力，即与数量和战斗力联系的资本）、“经济”资本（土地和牲畜）、社会资本和象征资本］，象征资本总是不断与其他资本 376
联系并根据使用方法增减［可以以不同形式（différentes espèces）存在，不同形式可产生特殊效果，尽管还要遵守严格的对应法则，也因此可以相互转化］。象征资本因此成了“经济”和物理资本的转化了的和隐藏（dissimulée）的形式，只有隐藏了这么一个事实，象征资本才可能产生自身的效果，这个事实就是这些资本的“物质”形式就是象征资本产生的原因，也是其产生的效果的原因。

注 释

［1］ Auguste Comte，*Discours sur l'esprit positif*，Paris，Carilian-Goeury et Victor Dalmont，1884，rééd. In *Œuvres Choisies*（Paris，Aubier，1943），再版附 Henri Gouhier 引言。

［2］ 如果不怕沦为幼稚的民粹主义解读，可以推荐对作为外国人的民族学家处境的更系统的一种分析。由于民族学家（除出于选择或以游戏的方式）在被观察的系统里没有位置且不必拥有位置，因此被排除在了真实的社会活动游戏之外。我们仅仅回顾一下萨特的一个分析，萨特揭示了“探险者”——从古意理解的“间谍”——的处境的客观真相中被隐藏得最好的方面之一，哪怕这个分析过早推导到了极致的情况，而且一定程度上也让人想起了某些带着孩子气的极端主义的言论：“社会学家没有定位……；他可能试图融入群体，但这融入是临时性的，他知道自己会退出，会将自己的观察客观记录。简而言之，他很像电影中常常表现为模范

的警察，他们赢得了匪帮的信任以便能更好地打击他们。”（J.-P. Sartre, *Critique de la raison dialectique*, précédé de Questions de méthode, Paris, Gallimard, 1960, p. 51.）我们看到，顺着这篇文章的思路，选取被统治阶级作为研究对象并非无心所为（假设一种研究可以被这样的预先建构的对象定义）。

［3］C. Bally, *Le Langage et la Vie*, Genève, Droz, 1965, p. 58, 72 et 102. 以下事实也非巧合，那就是诞生于业余爱好者传统、始终与这一传统保持联系并且从中袭得了膜拜式的作品观赏传统的艺术史（以及文学史，但在更低程度上），一开始就提出了解码（déchiffrement）的问题，这倒是很接近于索绪尔的语言学，因为它们都把作品产生、复制、流传的社会条件看作次要问题；潘诺夫斯基本人也只是例外地、意外地［在有关苏杰修道院长（abbé Suger）和哥特式建筑的演变中］摆脱了解读者的观点，解读者重视操作成果（opus operatum）甚于操作方式（modus operandi），把简化为作品的客观意图概念的艺术生产的理论当作了一种即时的——到了解读本身也似乎不被察觉的程度——解读与理解的理论的一个简单层面。

［4］让我们在各个不同领域考虑作为礼貌书籍购买者的小资产阶级，考虑所有形式的学院派及其典型著作。

［5］R. Jakobson, *Essais de linguistique générale*, Paris, Éditions de Minuit, 1963, p. 46.

［6］C. Bally, *op. cit.*, p. 21。

［7］G. H. Mead, *L'Esprit, le Soi et la société*, Paris, PUF, 1963, p. 37－38.

［8］我们可以读到后文有关礼物交换的分析，这些分析是作为理论知识的三种模式（即莫斯分析中的现象学知识模式、列维-斯特劳斯分析中的客观主义知识模式和人类行为学分析）之间关系的理论的范例式阐释。

［9］A. Schütz, *Collected Papers. I, The Problems of Social Reality*,

由 Maurice Nathanson 出版和作引言，La Haye，*Martinus Nijhoff*，1962，p. 59。舒茨试图表明，他所观察到的他称作主观解读公设的东西和包括经济学在内最昌明的科学的方法之间的矛盾只是表面上的。

[10] H. Garfinkel，*Studies in Ethnomethodology*，Englewood Cliffs，N. J.，Prentice-Hall，1967；P. Attewell，"Ethnomethodology since Garfinkel，" *Theory and Society*，vol. 1，n°2，Summer 1974，p. 179 - 210.

[11] 因此，正如我们后文要证明的那样，正是与某种经济和社会条件（例如简单再生经济或是最受剥削的无产阶级经济的条件）客观联系的数据几率结构的客观主义建构令人能完全考虑到现象学分析揭示出的时间经验的形式。

[12] E. Husserl，*Ideas*，trad. W. R. Boyce Gibson，New York，Collin-Macmillan，1962，p. 96.

[13] 社会科学不能从其客观条件中分离出诸如"自然立足点"（natural standpoint）之类的倾向性或是诸如"终止"（epokhe）之类的操作，而现象学把后者描绘成意识的纯粹操作：对信念（doxa）的批判与客观结构的"危机"（crise）不可分割，并且假设了能指称相应经验的批判措辞的存在。

[14] "非为我们而是客观地'给出'的意义，作为艺术现象的最终的和决定性的意义。"（E. Panofsky，Der Begriff des Kunswollens，*Zeitschrift für Aesthetik und allgemeine Kunstwissenschaft*，XIV，1920，p. 321 - 339.）

[15] E. Husserl，*Logique formelle et logique transcendantale*，Paris，PUF，1965，p. 52.

[16] F. deSaussure，*Cours de linguistique générale*，Paris，Payot，1960，p. 37 - 38.

[17] S. Moscovici & M. Plon，"Les situations-colloques：observations théoriques et expérimentales，" *Bulletin de psychologie*，janv. 1966，p. 701 - 722.

[18] E. D. Chapple & C. S. Coon, *Principles of Anthropology*, Londres, J. Cape, 1947, p. 283.

[19] L. J. Prieto, *Principes de noologie*, Paris, Mouton, 1964; J.-C. Parient, Versunnouvel esprit linguistique?, *Critique*, avril 1966, p. 334 - 358.

[20] J. Van Velsen, *The Politics of Kinship. A study in Social Manipulation among the Lakeside Tonga*, Manchester, Manchester University Press, 1964, rééd. 1971.

[21] M. Gluckman, Ethnographic Data in British Social Anthropology, *Sociological Review*, IX (I), mars 1961, p. 5 - 17.

[22] E. Leach, "On Certain Unconsidered Aspects of Double Descent Systems," *Man*, LXII, 1962, p. 133.

[23] J. Van Velsen, *op. cit.*, p. XXVI。

[24] 尽管有此分歧，但范·菲尔泽的分析总体上与我对亲属关系的战略性应用的分析（写作于我知道《亲属关系的政策》一书之前）相契合。参看该书 73～74 页，在“名义上的亲属”(nominal kinsmen) 中选择“实用”亲属；另参看 182 页，作为其他因素决定的行动的优先合理化的“母系血统”(matrilineal descent)，或“作为抗衡婚姻和村庄中的分裂生殖趋势的手段的从表亲间婚姻”(cross-cousin marriage as a mean of counteracting the fissiparous tendencies in the marriage and thus the village) 的理想化的功能。

[25]“心理的部分在游戏中也不完全：执行的层面毫无干系，因为执行从不由大众进行；执行总是个体化的，而个体始终是执行的主宰；我们将称之为话语 (parole)”(F. de Saussure, *op. cit.*, p. 30)。对作为执行的话语的理论最清晰的表述恐怕出自叶尔姆斯列夫 (Hjelmslev)，他明确地表述了索绪尔认为的语言与话语的对立的不同层面，即制度、社会、“凝固”与执行以及个人化、非凝固 (L. Hjelmslev, *Essais linguistiques*,

Copenhague, Nordisk Sprog-og Kulturforlag, 1959, spécialement p. 79)。

［26］“认为模式对一个个体产生作用，这并不比认为一个一元二次方程能犯下杀人罪来得更不荒谬。”（A. R. Radcliffe-Brown, *Structure and Function in Primitive Society*, Londres, Oxford University Press, 1952, p. 190.）“让我们一起审视社会人类学家研究的具体的、可观察的事实的内容。比如我们着手研究澳大利亚某地区的土著，我们会遇到一个特定环境中的若干数量的人类个体。我们可以观察他们的行为，当然也包括他们的话语，以及他们过往行动的物质产品。我们观察的并非一种‘文化’，因为这个词指的不是一个具体现实而是一种抽象，且在其通常的含义中，指的是一种高度宽泛的抽象。但正是直接的观察向我们揭示，这些人类被一个繁复的社会关系联系起来。我把这个具有有效存在的关系网（this network of actually existing relations）称作‘社会结构’。”（A. R. Radcliffe-Brown, “On Social Structure,” *Journal of the Royal Anthropological Institute of Great Britain and Ireland*, vol. 70, 1940, p. 1 - 12.）多数作者——至少是为了将它们作对比——把很多在认识论地位上非常不同的概念放在一个层面上，例如文化和社会或是个体和行为等，在这种背景下看待有关文化这一概念的辩论的极端混淆的原则并不算过分。克拉克弘（Clyde Kluckhohn）和凯利（William H. Kelly）提出的有关文化概念的想象中的对话［C. Kluckhohn and W. H. Kelly, “The Concept of Culture,” *The Science of Man in the World Crisis*, R. Linton (ed.), New York, Columbia University Press, 1945, pp. 78 - 105］就这个争论给出了比阿尔弗雷德·路易斯·克鲁伯（A. L. Kroeber）和克拉克弘所著的《文化：概念与定义的一种批判性回顾》（*Papers of the Peabody Museum of American Archaeology and Ethnology*, vol. XLVII, n°1, Harvard University Press, 1952）也许更简略但更生动的图像。利奇也注意到，尽管存在表面上的对立，但马林诺夫斯基（Malinowski）和拉德克利夫-布朗至少都把每种“社会”或每种“文化”（在他们各自的词汇体系里）看作“由一

定数量不同种类的经验的和秘密的'事物'、个体集合、'制度'、习俗组成的整体",甚至看作"由数量有限的可立即识别的部分组成的经验的总体",不同社会的对比就在于考察"相同类型的许多部分"是否在所有情况下都相遇。(E. R. Leach, *Rethinking Anthropology*, Londres, The Athlone Press, 1961, p. 6.)

[27] 事实上,如果我们排除了少数赋予运作这一概念一种由组成运作的操作严格定义的含义、将之与"文化"概念相对立且并不从中产生任何后果的作者[例如拉斯韦尔(H. D. Lasswell)认为"如果一个行动符合文化,那它就是一个运作,反之就是一个行为",见于《作为文化接触后果的集体自闭症》("Collective Autism as a Consequence of Culture Contact," *Zeitschrift für Socialforschung*, 1935, vol. 4, pp. 232-247)]那么会发现,多数这一对立的运用者给文化和运作提出了在认识论上不协调的定义,这些定义把一个建构起来的客体和一个预建构的给定对立了起来,第二构建对象——作为执行的实践——的位置空了出来。就这样,马文·哈里斯(M. Harris)把"文化模式"(cultural patterns)和"被文化地塑造的运作"(culturally patterned behaviors)分别定义为"人类学家所建构的"和"社会的成员所遵守或强加给别人的"。(M. Harris, "Riview of Selected Writings of Edward Sapir," *Language*, *Culture and Personality*, *Language*, 1951, vol. 27, n°3, pp. 288-333.)

[28] E. Durkheim, *Les Règles de la méthode sociologique*, Paris, PUF, 13e édition, 1956 (1er éd., Alcan, 1895), p. 11.

[29] C. Lévi-Strauss, *Les Structures élémentaires de la parenté*, Paris, Mouton, 1967, p. xx-xxi。

[30] 同上,p. xx,同时可参看 p. xxii。

[31] C. Lévi-Strauss, *L'Anthropologie structurale*, Paris, Plon, 1958, p. 41.

[32] C. Lévi-Strauss, *Les Structures élémentaires de la parenté*, p. xix.

［33］同［32］。

［34］在梅洛-庞蒂（Merleau-Ponty）看来，正是一种同类型的不合理的传递导致了理智主义谬误和心理学的经验论谬误（M. Merleau-Ponty，*La Structure du comportement*，Paris，PUF，1949，特别参看 p. 124 - 135）。

［35］L. Wittgenstein，*Investigations philosophiques*，Paris，Gallimard，1961，p. 155.

［36］P. Ziff，*Semantic Analysis*，New York，Cornell University Press，1960，p. 38.

［37］W. V. Quine，"Methodological Reflexions on current Linguistic Theory，" in Harman and Davidson（eds.），*Semantis of Natural Language*，Bordrecht，D. Reidel Publishing Company，1972，pp. 442 - 454.

［38］L. Wittgenstein，*Le Cahier bleu et le cahier brun. Études préliminaires aux investigations philosophiques*，Paris，Gallimard，1965，p. 57 - 58.

［39］"倾向性"这个词似乎特别适合用来表达（定义为倾向性的体系的）习惯这个概念所涵盖的东西。事实上，这个词首先表达了"一个组织性行动的结果"（résultat d'une action organisatrice），因此其意思很接近结构之类的词；它还指一种"存在方式"（manière d'être）、一种（特别是身体的）"习惯性状态"（état habituel），尤其指一种"秉性"（prédisposition）、一种"趋势"（tendance）、一种"癖好"（propension）或一种"倾向"（inclination）。

［40］"这种可变的主观或然性，有时会排除怀疑，并产生一种独特的（sui generis）确定性，在其他情况下显得仅仅是摇曳的微光，它就是我们称为'哲学或然性'（probabilité philosophique）的东西，因为它执着于这一高等功能的运用，正是通过这一高等功能我们才能意识到秩序和万物的理性。类似的或然性的含混的感觉存在于所有理性的人身上；这个感觉确

定了我们称为‘常识’（sens commun）的不可动摇的信仰，或至少说明了后者的合理性。”［Cournot，*Essai sur les fondements de la connaissance et sur les caractères de la critique philosophique*，Paris，Hachette，1922（1er édition，1851），p. 70.］

［41］“我们刚刚认识到不可能满足任何欲望，欲望本身便消失了。”（We are no sooner acquainted with the impossibility of satisfying any desire，than the desire itself vanishes.）［D. Hume，*A Treatise of Human Nature*，L. A. Selby-Bigge M. A.（ed.），Oxford，Clarendon Press，p. xxii.］

［42］“这里我们面对着一个令人痛苦的事实，那就是被分析的样本片段链是一个更大的行为段落的一个碎片，这个完整的段落包含大约 480 个单独的片段。不仅如此，这 480 个行为流事件的发生只花了 20 分钟。如果我妻子的行为速率能大体上作为其他行为者速率的代表的话，我们就必须准备好处理这么一个片段目录，其产生速率为大约每天（16 小时）每名行为者 20 000 个片段。……在一个由数百名同一类型的行为者组成的人群里，一年周期里的完整片段目录包含的不同片段数量肯定达到数百万。”（M. Harris，*The Nature of Cultural Things*，New York，Random House，1964，pp. 74 - 75.）

［43］也就是说，“阿罗所说的‘通过做来学习’（learning by doing）的假设”［K. J. Arrow，The Economic Implications of Learning by doing，*The Review of Economic Studies*，vol. XXIX（3），n° 80，June，1962，p. 173 - 175］是一个非常普遍的法则的（应该确定其特殊性的）特殊案例：任何被生产的产品（包括艺术作品、游戏、神话等象征性产品）通过其自身运作尤其是通过由此产生的它的使用，产生一种教育效应，这个效应利于获得使其能获得适当使用的必要倾向性。

［44］ÉDurkheim，*L'Évolution pédagogique en France*，Paris，Alcan，1938，p. 16.

［45］J. -P. Sartre，*L'Être et le Néant*，Paris，Gallimard，1943，

p. 510.

［46］J.-P. Sartre，“Réponse à Lefort,” *Les Temps modernes*，avril 1953，n°89，p. 1571－1629.

［47］J.-P. Sartre，*L'Être et le Néant*，*op. cit.*，p. 669.

［48］同上，521 页。

［49］É. Durkheim，Les *Règles*，*de la méthode sociologique*，*op. cit.*，p. 18.

［50］*L'Etre et le Néant*，*op. cit.*，p. 543.

［51］同上，161 页。

［52］J.-P. Sartre，*Critique de la raison dialectique*，*op. cit.*，p. 305.

［53］同上，357 页。

［54］É. Durkheim，*Les Règles*，*de la méthode sociologique*，*op. cit.*，p. 19.

［55］J.-P. Sartre，*Critique de la raison dialectique*，*op. cit.*，p. 133.

［56］同上，234、281 页。

［57］同上，294 页。

［58］同上，179 页。

［59］同上，182～193 页。

［60］P. Bourdieu，“Champ du pouvoir，champ intellectuel et habitus de classe,” *Scolies*，1，1971，p. 7－26，spécialement p. 12－14.

［61］A. Touraine，*Sociologie de l'action*，Paris，Éditions du Seuil，1965；“La raison d'être d'une sociologie de l'action,” *Revue française de sociologie*，VII，oct.-déc. 1966，p. 518－527.

［62］Leibniz，“Second éclaircissement du système de la communication des substances（1696）,” *Œuvres philosophiques*，t. II，P. Janet（éd.），Paris，de Ladrange，1866，p. 548.

［63］同上。

[64] 主观主义与道德主义的成就之一是在将屈从于世界的客观请求的行动斥为不真实的分析［无论是海德格尔对日常存在或对“我们”(on)的分析还是萨特对于严肃的精神的分析］中通过荒诞的方式演示了“真实的”存在的不可能，“真实的”存在在一个自由的计划中可能会重新唤醒所有预先给出的意义和客观规定性：“真实性”的“纯粹伦理性的”(purement éthique) 的探寻是拥有思考的闲暇且能够省去“不真实的”运作所允许的思考的节俭的人的特权。

[65] 以下情形是有可能的，那就是，如果对偶思想不构成一种初级的——因此是精简的和实用的——形式，那么对偶思想就不会在普通措辞和学术措辞中如此频繁地出现。其中首当其冲的就是人类学家们的措辞，这种措辞仍然充斥着大量错误的二分法，例如个人与社会、个人与文化、社群与社会、“民间”与“都市”等，它们毫无艳羡诸如物质与精神、灵魂与肉体、理论与实践之类的哲学中的最传统的二分法的必要。［R. Bendix and B. Berger，“Images of Society and Problems of Concept Formation in Sociology，” in L. Gross (éd.)，*Symposium on Sociological Theory*，New York，Harper and Row，1959，pp. 92 - 118.］

[66] R. Ruyer，*Paradoxes de la conscience et limites de l'automatisme*，Paris，Albin Michel，1966，p. 136.

[67] 如果这样的措辞并不比另一种方式显得危险，我们很愿意违背所有形式的主观主义唯意志论，认为一个阶级的统一性是建立在“阶级无意识”的基础上的：“意识形成”并非一种可能在自由的顿悟中形成阶级的原初行动；和所有象征性重叠的行动一样，意识形成只有当其在意识的层面带来所有能隐含地被归入阶级习惯中的无意识模式的东西时才有些许效力。

[68] 自由创造的幻象也许能在任意的——认为习惯只有在其通过依据自己的原则，即通过让局势作为相对于某种拷问现实方式的“问题”(question) 而存在来组成局势且赋予局势作为触媒的效力时才能产生客观

符合其逻辑的回答类型的——条件激励的特有的圈层中为自己找到若干论据。

［69］习惯是从属于被客观主义分析认为是与诸如婚姻战略、生育战略或经济选择之类相隔绝的“亚系统”的不同领域的实践的“统一性原则”（principe unificateur）。如果我们愿意的话，习惯就是那么个点，有些领域的“衔接”就在这个点上实现，客观主义（从帕森斯到马克思的结构主义读者们）把这些领域并列，但又没能发现其结构相似性和其相互间被客观建立起来的转化关系（尽管如此，仍不能否认这些结构是不能简化为在由结构产生和趋于复制结构的习惯中的它们的表现的客观性）。

［70］“历史如此发生着，以至于最终的结果总是来自大量个人意志的冲突，而每个个人意志又是大量特定存在条件作用的结果。因此其中有无数相互对抗的力量，无穷无尽的力量的平行四边形，从中产生——历史事件的——终结力量，这个终结力量自己又可以被看作一个无意识地、盲目地作为一个整体行动的力量的产物。因为每个个体所欲会被其他所欲阻止，而从中产生的是没有人曾经希冀过的东西。历史就这样运转到如今，就如同一个天然的过程，而历史又从整体上遵循相同的运动法则。”（F. Engels，“Lettre à Joseph Bloch du 21 septembre 1890，” in K. Marx et F. Engels，*Lettres philosophiques*，Paris，ditions Sociales，1947，p. 124.）“人们自己创造着他们的历史，但直至今日，即便在一个经过恰当限定的特定社会里，也‘不是用一个共同计划的集体意志’（non avec la volonté collective d'un plan d'ensemble）来创造历史。他们的努力相互对抗，正是因为如此，才在所有此类社会都充斥着为‘巧合’（hasard）所补充和表达的‘必要性’（nécessité）。”（F. Engels，“Lettre à Hans Starkenburg，” 25 janvier 1984，*op. cit.*，p. 132.）

［71］C. Du Bois，*The People of Alor*，Minneapolis，University of Minnesota Press，1944.

［72］A. F. Wallace，*Culture and Personality*，New York，Random

House，1965，p. 86.

［73］如果说没有文字的社会有种对于吸引民族学家的结构游戏的特殊偏好，这有时仅仅是出于记忆术的目的，正如马尔塞尔·马杰（Marcel Maget）向我指出的那样，在卡比尔可以被观察到的村中家庭分布的结构与墓地中坟墓的分布结构之间值得注意的相似性显然有利于识别自古以来就匿名的坟墓（明确传承的标记可补足结构性原则）。

［74］当我们谈论实践理解时，可能指的是所有将这类获取方式与简单的通过试错进行的矫正相分离的东西，如果这没有在那些其愚昧足以让最极端的客观主义结构主义感到安慰的伪狄尔泰主义妄言中打开一个致命缺口的话。

［75］B. Berelson et G. A. Steiner，*Human Behavior*，New York，Harcourt，Barce and World，1964，p. 193.

［76］Leeper，Cité par B. Berelson and G. A. Steiner，*ibid*.

［77］A. B. Lord，*The Singer of the Tales*，Cambridge，Harvard University Press，1960，p. 30.

［78］同上，32 页。

［79］同上，24 页。

［80］事实上，无论在何处，我们能够根据其明确且清楚地为灌输而组织的程度区分的教育行动的不同类型是互补的，且实际上是不可分割的。一个社会由于把所有教育（尤其是对女孩和女人的教育）都看作矫正或至多看成一种对笨拙和扭曲的天性的纠正，而趋向于用许多经过社会性整理的经验取代世界的直接经验，要是把这么一种社会里的什么东西误认为是天然教育，那就是大错特错了："要在木头还是绿的的时候就矫正它；木头一旦干了，就不能修正它了。""就好比扭曲的木头，如果你不能纠正它，那就折断它。""你没有从一开始修剪的树最终会背叛你。""一个女孩子就得教育，否则就有你受的。"

［81］此外，小男孩从结构上被预设为男性世界和女性世界的中介，

他们要么把男人大会上商讨的事务报告给女人，要么在意外撞见某种女性的私密事时，自豪地将之告诉男人。

[82] 尽管对空间经验结构化的基本原则恐怕只能进行一种现象学类型的分析，但我们能通过从观察和谈话中获取的东西看到，在卡比尔，空间经验与一种运动觉或普通感觉经验之间维持的关系与在欧洲传统中普遍存在的关系相符合：用大大地分开双臂表示大，用握紧拳头表示小；拇指放在小指上表示少，而指甲碰一下牙齿表示没有；手掌表示平；升高表示困难；流水表示容易。而要建立起对某些人来说通过嘴张开的大小产生的运动觉感觉在语音象征性和诸如远近、你我、彼此、大小之类的空间表现之间可能建立起来的关系更难。

[83] S. Freud, Studien über Histerie, d. Fräulein Elisabeth V. R..., *Samtliche Werke*, p. 196 *sq*.

[84] E. H. Erikson, "Childhood and Tradition in Two American Indian Tribes," in *The Psychoanalytic Study of the Child*, New York, International Universities Press, 1945, t. I, pp. 319 - 350 [重审并重印于 *Personality*, Clyde Klukhohn and Henry A. Murray (ed), Alfred A. Knopf]; 同时参看 *Childhood and Society*, New York, W. W. Norton and Co, 1950, pp. 109 - 186。

[85] M. Klein, *Essais de psychanalyse* (trad. de M. Derrida), Paris, Payot, 1967, p. 133 n. 1 (géographie du corps maternel) p. 290 n. 1.

[86] E. H. Erikson, "Observations on the Yurok; Childhood and World Image," *University of California Publications in American Archaeology and Ethnology*, University of California Press, vol. 35, n°10, 1943, pp. 257 - 302.

[87] "每次到了表达家族哀丧的'仪式般的时刻'(heure rituelle)，在合唱团团长的信号提示下，家长们就依序大叫和跺脚。所有人'都让他们的家庭成员动起来'，所有人都在弄出响动来，'以便缓和痛苦，减轻焦

虑’。他们跳跃并以代表其与死者亲疏的节奏大叫特定的次数（只有男人袒露右臂并坚决地跳跃）；女人不露臂膀，脚尖也不离地，但要拍打胸脯；儿子要像新生儿般啼哭，哭声不能停。而其他远亲任凭前三种哀悼方式发出的声音延续和停止，他们只被允许发出呜咽声。”（M. Granet，*La Civilisation chinoise*，Paris，Albin Michel，1929，p. 392，由我本人标出以上引文。）同时参看“Le Langage de la douleur d'après le rituel funéraire de la Chine classique，” in *Journal de psychologie*，fév. 1922，p. 97 - 118。

［88］A. Matheron，*Individu et société chez Spinoza*，Paris，Éditions de Minuit，1969，p. 349.

［89］A. Schütz，*Collected Papers. I*，*The Problem of Social Reality*，*op. cit.*，p. 145.

［90］一个特定群体的习俗所包含的言语只是可能的判例体系（即便加上相同原则产生出来并被不同群体的习惯法汇编记载的言语，也只能起到稍作启发的作用）中很小的一部分。不同群体（村庄或部落）的习惯法的比较，有利于观察犯下相同错误者受到的惩罚的轻重程度的不同。由于是执行相同的暗含的原则，这是可以理解的，但当以多种方式执行同一个明示的、为了作为均质且稳定的（即可预见和可计算的）判例的基础而明确产生出来的标准时，这样的惩罚的轻重不同却又不生效了。

［91］A. Hanoteau et A. Letourneux，*op. cit.*，t. III，p. 338.

［92］E. Sapire，“L'influence des modèles inconscients sur le comportement social，” *Anthropologie*，Paris，Éditions de Minuit，1967，I，p. 41.

［93］É. Durkheim，*Éducation et Sociologie*，Paris，PUF，1968（1er édition 1922），p. 68 - 69.

［94］M. Merleau-Ponty，*op. cit.*，p. 131 - 135.

［95］Hegel，*La Raison dans l'histoire. Introduction à la philosophie de l'histoire*，（trad.，introd. et notes de K. Papaioannou），Paris，Plon，1965，p. 26.

［96］M. Heidegger，*L'Êtreetle Temps*，Paris，Gallimard，1965，p. 93.

［97］有关土著人把世系模式用作意识形态框架“以便对其社会关系有种常识性的理解”这个问题，我们可以参看彼得斯（E. L. Peters）的优秀文章“Some Structural Aspect of the Feud Among the Camel-Herding Bedouin of Cyrenaica,” *Africa*，vol. XXXVII，n°3，July，1967，pp. 261－282。

［98］根据德维勒戴尔神父（M. Dewulder）的说法，乌阿迪亚（Ouadhias）妇女可以透露她们在其壁画中使用的某些象征符号的意义。

［99］F. Boas，*Anthropology and Modern Life*，New York，W. W. Norton and Co，1962（1er éd.，1928），pp. 164－166.

［100］W. Pareto，*Manuel d'économie politique*，Genève，Droz，1966，p. 45.

［101］P. Bourdieu，“Le Marché des biens symboliques,” *L'Année sociologique*，vol. 22，1971，p. 49－126.

［102］A. B. Lord（*op. cit.*，p. 20、124－125、129、221）；G. S. Kirk，*The Songs of Homer*，Cambridge，University Press，1962，pp. 86－87.

［103］阿诺多（将军）和勒图尔讷（上诉法院法官）是按照《民法典》的体系陈述他们对于卡比尔习惯法的分析的，于是就这样赋予了村民大会法官的角色（A. Hanoteau and A. Letourneux，*La Kabylie et les Coutumes kabyles*，Paris，1873，t. III，p. 2），而莫朗（M. Morand）院长（M. Morand，*Étude de droit musulman algérien*，1910；Le statut de la femme kabyle et la réforme des coutumes berbères，*Revue des études islamiques*，1927 cahier I，p. 47－94）把“习俗”看作从公约和契约性协议中获得基础的规范性倾向性的总和。其实，村民大会并不是像一个依据预设的法典宣布判决的法院那样运作的，而是像一个努力调和双方观点并让他们接受一个解决办法的仲裁或家庭委员会。也就是说，系统运作的前提是“诸多惯习的协和”（orchestration des habitus），因为仲裁者的决定只有得到“被指责方”的同意才能被执行（否则申诉者只能诉诸强力），而且决

定只有符合“公平性”并以“名誉感”所承认的形式下达才有可能被接受。

［104］需要整章阅读“法律、公约与习俗”（Rechtsordnung，Konvention und Sitte），在该章中，马克斯·韦伯分析了习俗、公约和法律之间的区别和交叉（M. Weber，*Wirtschaft und Gesellschaft*，Cologne，Berlin，Kiepenhauer und Witsch，1964，I，p. 240 - 250，特别是其中 246 - 249 页）。

［105］因此有关平行从表亲间婚姻的两篇经典文章，即弗雷德里克·巴特的一篇文章和墨菲、卡斯丹合著的一篇文章，提出了截然相反的观点。前者认为，此类婚姻巩固了一个家族面对其他家族时的团结性，而后者认为此类婚姻趋于将家族孤立，让家族自我封闭。（F. Barth，“Principles of Social Organization in Southern Kurdistan，” *Universitets Etnografiske Museum Bulletin*，n° 7，Oslo；F. Murphy and L. Kasdan，“The Structure of Parallel Cousin Marriage，” *The American Anthropologist*，vol. 61，n°1，Feb. 1959，p. 17 - 29.）列维-斯特劳斯注意到，这两种解读一个强调融合的趋势，而另一个强调分裂的趋势，“两者即便表面上显得再怎么对立，也还是完全归于同一”。（F. Murphy and L. Kasdan，*op. cit.*，p. 27.）但这并不足够。两者都接受一种无区分的功能的概念，这个功能因此被简化为“为了群体”（pour le groupe）的功能。正因如此，墨菲和卡斯丹才写下如下这段话：“大部分对平行从表亲间婚姻的解释都是用原因和动机来进行的，在这些解释看来，理解这个制度要考虑个体主体的有意识的目的。我们并未试图解释该习俗的起源，而是在将其当作一个既定常量的前提下，试图分析其功能，也就是其在贝都因社会结构内部的角色，似乎平行从表亲婚姻造成了阿拉伯社会中父系家族的极端孤立状态，且通过族内婚凝聚各父系家族分支。”（F. Murphy and L. Kasdan，*op. cit.*，p. 27.）

［106］为了抨击法律化的模式，这个分析时不时地会走向其反面，为

免由此引起大简单化的弊端，我们需要参看上文关于婚姻战略的分析。

［107］“律法主义”（legalism）是一种令人感到安心的似是而非的观点，我们恐怕也可以把在这里介绍的大量的分析归为对律法主义的惯例式的抨击，这种抨击恐怕阻碍了所有对规则与实践之间关系的真正的追问，更确切地说是妨碍了对玩弄或双重玩弄游戏规则的战略的追问，正是这些战略赋予了规则真正的实际效力，但正如马林诺夫斯基所说［B. Malinowski，*Coral Gardens and Their Magic*，vol. I，Londres，George Allen and Unwin Ltd，1966（1er éd. 1935），p. 379］，这个效力的性质与“律法主义视角”（legalistic approach）幼稚地赋予效力的性质不同。

［108］事实上，正如萨特在对“右翼奇遇”所做的精彩分析中所说的那样，几何论证要想存在，就应该摧毁作为“gestalt”的形体的感性统一，并将其“塞回暗含知识的范畴”。更进一步来说，“几何学家对行为不感兴趣，而只对行为的痕迹感兴趣”。（J. -P. Sartre，*Critique de la raison dialectique*，*op. cit.*，p. 151 - 152. ）

［109］使用木棒或铁杆撬起一块石头的工人应用了平行和相同方向力的组成规则，他们也懂得根据目的的不同和重物的重量与体积改变支点的位置，“就好像他们不是不知道”（comme s'ils n'ignorent pas）他们无法清晰表达但可据之平衡作用力与反作用力的规则（杠杆两段间比例越小，作用力就越小），或者更广义地来说，我们在距离上的损失可以在力上得到弥补这一规则，但所有这些都不足以证明有神奇的无意识的物理学家，或是玄妙的自然的哲学，认为人脑的结构与物理世界的结构之间存在一种神奇的和谐关系。但有一个问题还是值得探索，那就是为什么以下事实如此令人着迷：对措辞的摆布的前提是这些操作的抽象结构和运用规则的获取（例如乔姆斯基所认为的倒装的不可重复性）。

［110］J. Nicod，*La Géométrie dans le monde sensible*，Paris，PUF，1962.

［111］被 G. Bachelard 引用于 *La Poétique de l'espace*，Paris，PUF，

1961，p. 201。

[112] 同上。

[113] “现代社会学家们和心理学家们通过求助于精神的无意识活动来解决这些问题；但在涂尔干写作的年代，心理学和现代语言学尚未研究出其主要成果。这也就是为什么涂尔干纠结于他认为是不可消解的二律背反的问题……：‘历史的盲目性与意识的目的论。在二者中间显然还有精神的无意识终极性。……正是在这些中间或次级层面（例如无意识思想的层面），个人与社会间表面上的对立消失了，有可能从一个视点过渡到另一个。’”（C. Lévi-Strauss，“La Sociologie française，” *La Sociologie au XXᵉ siècle*，Paris，PUF，1947，t. II，p. 527.）

[114] J. Favret，“La Segmentarité au Maghreb，” *L'Homme*，VI，2，1966，p. 105－111；J. Favret，“Relations de dépendance et manipulation de la violence en Kabylie，” *L'Homme*，Ⅷ，4，1968，p. 18－44.

[115] 同上，21 页。

[116] 更详细的论述参看 P. Bourdieu，*The Algerians*，Boston，Beacon Press，1962，p. 14－20。

[117] J. Nicob，*op. cit.*，p. 43－44.

[118] 有关类似分析，可参看格拉内的《中华文明》（巴黎，如前引版本，其中多处均可参看，尤其是 332 页）。通过能导致无神话-礼仪意义（Aman d laman，水就是信任）或过于确定的象征意义（azka d azqa，明日即坟墓）的半押韵来建立联系是另一种转调技术。在这个案例中，我们能看到，由于礼仪的实用逻辑以诗歌、声音的二元性和意义的方式起作用（在别的案例中是以相同发音的多重意义的方式起作用），根据半押韵的关系和根据意义的关系的竞争是两种相互竞争的道路之间的替代选项、十字路口，所以两种道路可以在不同时刻、不同背景下无矛盾地使用。

[119] 我们可以注意到，柏柏尔语是用指小词来表达阴性的。

[120] 当素材提供者把明显没有联系但受相同无意识模式支持的主题

联系起来时，这种“相似意义”在调查关系本身当中也能显现出来。例如，在某个具体案例中，引发大多数生育礼仪的膨胀模式能支持人们在某些场合制作的烤饼和奸商用来让其贩售的牛肉膨胀的肥皂草之间的联系。一切似乎都指出，这个“相似意义”的运作方式类似于语言学家有时候所说的根源意义，也就是类似于一种无意识的联系原则，而学术思维要建立这样的联系，就得掌握在说话主体的“意识”中完全不存在的一种“建筑”（constructum）。说得更宽泛一些，这里需要援引乔姆斯基派的语言学家所说的“符合语法性”或“可接受性”，承认这个概念无法被简单的标准（例如语义学或统计学标准）所定义，且唯一的标准就是“直觉”（intuition）。

［121］J. F. Le Ny，*Apprentissage et activités psychologiques*，Paris，PUF，1967，p. 137.

［122］格拉内就这些力求完满的奇幻建构举出了很妙的例子，引发这些建构的是，为解决来自给予相似逻辑客观系统产物一种在意图上具有系统性的力量的令人失望的雄心的矛盾的努力。如此才产生了五行理论，这是神话系统的博学的产物，该理论描述了五行的依次产生，并把方位（除“东、南、西、北”外还要加上“中”）、季节、物质（水、火、木、金、土）和音调联系起来。（M. Granet，*op. cit.*，p. 304 - 309.）

［123］E. Husserl，*Idées directives pour une phénoménologie*，Paris，Gallimard，1950，p. 402 - 407.

［124］在一种索绪尔第二原则式的评论（“词音在时间中展开并拥有了从时间中借取的性格”）中，古诺将以下两者对立了起来：前者是作为“主要是线性的系列”的口头或书面语言的属性，由于其“建构模式”，这一系列“迫使我们通过一系列线性的符号表达精神感知到的或本应同时地按照另一种顺序感知到的关系”；而后者是“纲要图、树状图、历史地图册、各种双入口的桌子，我们在其线条中能多多少少地利用其面积，以便显示在连续的言语中难以梳理的系统性的关系与联系”（Cournot，*op.*

cit., p. 364)。雅克·贝尔丹（Jacques Bertin）系统地阐述了这一对立，并以之作为自己的图像符号学的基础（J. Bertin, *Sémiologie graphique*, Paris, La Haye, Gauthier, Villars et Mouton éd., 1967）。

［125］这个对记录产生的效果的分析推导出了"话语保存"（conservation de la parole）技术的发明所能确定的效果的原则。（W. C. Greene, "The Spoken and the Written Word," *Harvard Studies in Classical Philology*, IX, 1951, pp. 24–59; J. Goody and I. Watt, "The Consequences of Literacy," *Comparative Studies in Society and History*, V, 1962–1963, pp. 304–311.）能逃脱矛盾的多题本身的先决条件就是没有过去的记录（record），也就是"去读写"（illiteracy），去读写让个体和集体的记忆脱离了所有固定的痕迹，记忆永远都可以在必要时被改写，以避免前后矛盾。书写所带来的过去与现在的同时化（例如一个神话或一部礼仪书的各个版本）让纲要式理解成为可能，也因此让构成文人思考起点的矛盾的统觉成为可能。

［126］礼仪或神话的逻辑属于自然逻辑的类别，措辞的哲学、逻辑学和语言学开始探讨自然逻辑时采用的前提和方法都非常不同。正因为如此，"生成语义学"（generative semantics）的创始人之一乔治·莱考夫（George Lakoff）不得不构建一个"模糊逻辑"（fuzzy logic）来说明通常措辞的合理性。此外的还有他的"模糊概念"（fuzzy concepts）和他的"藩篱"（hedges），例如"尤其"（par excellence）、"有几分"（sort of）、"相当"（pretty）、"非常"（much）、"颇"（rather）、"大体说来"（loosely speaking）等，它们在经典逻辑的界限内"以一种使其无法被恰当描述的方式"（in a way they cannot be described adequately）影响（affect）了真理的价值（truth values）。

［127］C. Lévi-Strauss, "Introduction à l'œuvre de Marcel Mauss," in *Sociologie et Anthropologie*, Paris, PUF, 1950, p. XXXVIII.

［128］同上，36页。

［129］能激发慷慨这一可敬的人的最高美德的谚语，与流露出计算精神的诱惑的格言是并存的。其中一个说“礼物是厄运”，而另一个就说“礼物是一只鸡而报酬是一只骆驼”。更甚的是文字游戏，lahna 既是礼物的意思，又是和平的意思，而 lahdia 意为礼物，于是就有了“哦，给我们带来和平（礼物）的你们，让我们静享和平吧”，或是“让我们与你们礼物（lahdia）和平（lahna）共处吧”，或是“最好的礼物，就是和平”。

［130］音乐理论（也就是组曲或奏鸣曲）中的“形式”（forme，这里形式是“一种生成物的结构”的意思）的措辞恐怕比逻辑结构的措辞更能表达一部音乐作品、舞蹈作品或任何被时间性地结构起来的艺术作品中被逻辑地和时间性地连缀起来的移位。值得注意的是，雅各布森和列维-斯特劳斯（L'Homme，t. II，n. 1，Janv. -April 1962，p. 5－21）只能靠援引“挫败的期待”（法语：fonction de déconcertement，英语：frustrated expectation）来建立从结构到形式以及到形式的经验的过渡，也就是到诗歌和音乐乐趣的过渡，而客观主义分析无法论证“挫败的期待”，因为后者瞬间以被逻辑转化关系联系起来的主题的总和的形式（也就是从隐喻的形式，即学者、爱人、猫，过渡到借代的形式，即猫）聚合了诗歌言语本质上是多题的结构，而这个结构“实际上”（pratiquement）只随着时间流逝而被呈现。事实上，作为时间结构的音乐（或诗歌）的形式只有在实现了不同种类的“表达功能”（fonctions expressives）时才能被理解，无论是类似建立在主题再度表现且结构严格对称的回旋曲的“重复形式”，还是类似组曲和奏鸣曲这样更重视“关系”的更复杂的形式。

［131］这就是（麦加拉学派的）卡里亚雅苏斯的狄奥多罗斯有关可能的悖论，见于阿蒙尼乌斯（Ammonius）对亚里士多德《解释篇》的评论：“如果你去收割，那么你也许将收割和你也许将不收割就都不是真的，你无论如何都将去收割；而如果你不去收割，那么同样的，你也许将收割和你也许将不收割也都不是真的，你无论如何都不会去收割。随后可以肯定的是，要么你会去收割，要么你不会去收割。‘也许’二字如果既在去还

是不去收割的对立中找不到位置（因为其中之一肯定会发生），也在这两种情况之一的后果中找不到位置，就要被删除。何况‘也许’就是引入了可能的元素。因此是可能消失了。”西塞罗在《论命运》（De fato）第六卷第12章中写道：“狄奥多罗斯……说只有真实的和会变为真实的事物才是可能的；所有将发生的事，他都宣称其为必然的，而所有不会发生的事，他都称之为不可能。”在第九卷第17章中又说：“……未曾必然者不发生；一切都可能，要么已经可能，要么将会可能。”

［132］“你们不要为这个捐赠发火。……我很清楚在你们眼里我一文不值，你们甚至可以接受从我这里拿钱。我的礼物不会引发什么后果。”（F. Dostoïevski，*Un joueur*，Paris，Gallimard，coll. Les classiques russes，1958，p. 47.）

［133］N. Chomsky，“General Properties of Language，” *Brain Mechanism Underlying Speech and Language*，1，L. Darley（ed.），New York，Grune and Straton，1967，p. 73－88.

［134］有关作为被集体恶意维持和支持的个人恶意的信仰这个问题，参看 P. Bourdieu，Genèse et structure du champ religieux，如前引著作，318页。

［135］要相信这一点，只要提一个传统就够了。由于这个传统，医生这一职业保持了“同业情谊”。由于排除了医生间的酬金支付，因此在既不知道这位同行的品味也不知道他的需求的情况下，必须每次为他找一件既不过分超出也不过分低于诊费的礼物，同时又不能有太过精准的价格，这显然是因为这样做就又是在挑明这次诊疗的价格，就是揭穿了免费的假象。

［136］“你把我从出售中拯救了出来。”在类似情况下人们会对出资人说这样的话。后者通过虚拟的出售（他付了钱却仍让业主享用其财产），避免了土地落入异乡人之手。

［137］M. Mauss，“Essai sur le don，” *Sociologie et Anthropologie*，

Paris，PUF，1950，p. 239. 艾米勒·邦福尼斯特（Émile Benveniste）重现的印欧语系词汇的历史“本身”（eo ipso）就是一部分割与分隔进程的历史，简而言之是抽象的历史工作的历史，正是通过这个历史工作，经济学与利权的基本概念才形成（É. Benveniste，*Le Vocabulaire des institutions indo-européennes*，Paris，Éditions de Minuit，1969）。

[138] 宴请的神圣性是通过宣誓所用的句式来表达的：“通过眼前的食物和盐”或“通过我们分享的食物和盐”。对于背信者而言，同桌共席之谊所凝结成的公约就可能成为诅咒：“我不诅咒他，粥和盐会诅咒他。”如果要客人再吃一些，人们会说：“发誓是无用的，是食物（替你）发誓。”“如果你抛下食物，它会跟你算账，会让你补偿”。共同进餐也是一种促使人们放弃复仇的和解仪式。同样，向一位神圣的保护者或是集团的祖先献祭食物也包含了联盟条约的意思。没有最后的宴饮，thiwizi 就无法形成。因此，通常来说，宴席只会邀请相同 adrum 或 thakharubth 的人。

[139] K. Marx，*Le Capital*，II，deuxième section，chap. Ⅶ，Temps de travail et temps de production，Paris，Gallimard，coll. Bibliothèque de la Pléiade，t. II，p. 655.

[140] 人们为他们的家庭和集团指责那些无用的人，正如常常为此而引用的《古兰经》的诗句所言，这些人是“真主从活人中抽出的死人”，而他们也无法“求雨或求得好天气”。尤其是对于属于一个大家族的人来说，游手好闲，就是逃避义务和使命，而归属于一个集团就意味着义务和使命。因此，对于一段时间内远离了农业生产的人，例如从前出走他乡的人或是处于康复期的病人，就要赶紧让他们回到劳作的周期中，回到相互帮忙的系统中。集团有权要求每个人都干活，哪怕其产出再怎么少，所以集团也得保证所有人都有活干，哪怕是纯粹象征性的：给闲人在自己土地上劳作的机会的农民会得到所有人的认可，因为他让这些边缘人有了通过履行其作为人的使命而重新融入集体的可能。

[141] 随着生产率的提高（也就是说，一方面供消费的物品很丰盛，

另一方面购买力也很强，且消费也因此而增加了，而消费也是需要时间的），时间的价格也不断提高，时间就成了最稀有的东西，而物品的稀缺性降低。甚至，浪费物品成了可以节约比其——通过维护、修理工作等——可能节约的产品还要宝贵的时间的唯一方法（G. S. Becker，"A Theory of the Allocation of Time," *The Economic Journal*，n° 299，vol. LXXV，Sept. 1965，p. 493－517）。这恐怕就是对待时间的相反的态度的客观基础（参看本书附件）。

[142] 我们恐怕不难说明，就柏柏尔的（更广泛地说，古朴的）"民主"问题的辩论，以相同方式把第一级天真和第二级天真对立了起来，后者可能更有害，因为虚假的清醒引起的满足感致使无法获得恰当的知识，恰当的知识能超越这两种天真但又将其保留。"家族民主"的特殊性在于它让自由主义"民主"可以且应该明言的原则（正统观念，orthodoxie）处在暗含和不受讨论（信念，doxa）的状态，因为这些原则到了实践层面就不能再规范行为。

[143] 对于"只知道把欠别人的时间奉还给别人"的人，人们会指责说："才刚来，你就要走了。""你要离开我们了？我们大家才刚坐下……我们完全还没说话呢。"由于人际关系和人与土地关系的相似性，人们会指责在劳动中毫无顾忌地赶时间的人，正如刚来就要走的客人，这样的人不懂得对土地付出辛劳和时间，也就是不懂得付出对土地应有的尊敬。

[144] René Maunier，*Mélange de sociologie nord-africaine*，Paris，Alcan，1930，p. 68.

[145] 人们说，在战斗中，妇女（和年老的男人）用这样的话鼓励男人"冲锋在前"："要么杀敌要么阵亡，但别在身后留下讥笑（thasalqubth）。"

附件：经济实践与时间倾向性

对于前资本主义经济而言，最古怪的就是把未来当作可以通过计算来开发和掌握的一块可能性的领域；我们却不能像我们通常做的那样，得出结论，认为传统农民无法筹划遥远的未来，因为尽管他并不相信任何想要掌控未来的企图，但他另一方面却进行必要的筹划，以便对一次好收成进行时间上的分配，有时要分配到几年的时间里。事实上，储存就是从［能够随时提供一种即时满足的，例如法拉欣（fellah）周围围绕的且能带来看得见摸得着的安全保障的］直接财物中提出一部分以便未来享用，储存的前提是面向一个虚拟地被圈定在能被直接感知的现时里的"未来"；相反，如果没有一个由计算建立起来的未来，那么聚集不能带来满足感的非直接财物产生并有利于直接财物产生的生产就没有意义。卡瓦耶斯（Cavaillès）曾说："预先准备，并不是提前看到。"预见（pré-voyance，提前看到）与预测（pré-vision）的区别在于，预见所领会的未来直接融入局势本身，这个局势可以通过被存在的物质条件反复灌输的技术—礼仪感知和评估模式被感知，

378 而存在的物质条件本身也能通过思想的相同模式的类别被领会：经济决策的方式并不是考虑一个明确被认为是未来的目标，例如一个计划框架内的计算所建立起来的目标；经济行动趋向于一个直接在经验中被捕捉或被所有构成传统的聚集起来的经验建立起来的“未来”。因此，总体来说，农民根据此前的工作的收入来确定支出，而非根据预期的收入确定支出；此外，一旦出现额外收成，他就趋向于把多出的小麦或大麦看作直接财物，将其储存起来以供消费，而不是将其播种以增加未来产量，并因此为了未来的消费而牺牲了未来的生产。预见式的行为方式远非取决于被计划的未来的远景，这种方式遵循遗忘传承下来的模式。因此，名誉的原则要求，即使没有石榴树，人们也要储存石榴籽，而在耕牛首次干活时，供给佃农（khammès①）或邻居的古斯米里要放石榴籽；人们也需要储存腌肉以备节日之需。家里的女主人则自豪地建立起称为 thiji 的特别储备，其中有最好的产品，如最好的果品（无花果、葡萄干、石榴、干果等）、最好的橄榄榨的油、最好的黄油等。[1]无论在什么领域，伦理标准都同时是礼仪义务，而家庭的人丁兴旺和土地的多产之间的类比关系，使得保障家庭完整（la‘mmara ukham）的储藏行为既成了用于乞求神佑的礼仪，也成了经济行为。同样，很多可能看似投资的行为遵循着不同于理性
379 经济计算的逻辑。正因为如此，随着旧社会经济基础的崩溃，货币交易盛行，农民精神面临危机，不断增加的土地买卖直到不久以前还是为了避免自家土地落入外家之手。同样，人们会在农忙时买第二对牛，并号称是打谷的需要（以让人认为收成不错），但

① 特指收取收成的五分之一的佃农。——译者注

这其实是为了在夏末这个谈婚论嫁的关键时刻增加家里的象征资本（capital symbolique），而由于本来只够喂养一对牛的草料告罄，“拥有两对牛和骡子的那家”往往不得不在秋季农忙前卖掉第二对牛，而理论上秋季是需要耕牛的。同样是名誉感导致了最近50多年来在农业和家用装备方面的赶时髦行为，多数村庄内部或两大家族之间的声望竞争也往往导致购买相同的设备，比如榨油机、机动磨、卡车等，而不考虑收益。

在生产循环一目了然的农业经济中，产品在一年中周而复始，农民不会把他的劳动和他“拥有的”“未来的”产品分开，也不会在一年中区分劳动时段和生产时段，后者即其活动几乎中断的时段。与此相反，由于生产循环时间要长得多，资本主义经济需要 380
建立起间接和抽象的未来概念，以理性计算弥补生产流程中的直觉性错误。但要进行这样的计算，劳动时段和生产时段之间的差距要缩小，对有机过程的依赖度也要降低。换句话说，要打破劳动的现状和劳动的“将来”之间的有机统一，这个有机统一其实就是无法分割也无法分析的生产循环的统一，或是生产自身的统一，生产完整产品的手工业技术和建立在专业化和细致分工基础上的工业化技术之间的对比就显示了这一点。我们可以理解，旨在改变传统农业周期的时间长度并要求人们牺牲实在利益而追求抽象利益的措施（比如免费为农民在本可以种树的地方安装长椅）引起了阿尔及利亚农民的反抗，但这种（其实非常局部性的）反抗是在欧洲移居者在土地上进行的工程成功之后才出现的，移居者们迫不及待地要享受新体制的优势。总体来说，如果说各种计划带来的往往只是不理解或是怀疑，那是因为，这些计划建立在抽象计算基础上，且意味着告别熟悉的事物，因此充满了想象的非现实性：

就好像理性规划之于习惯性的预见，正如理性论证之于用剪纸和折叠来“论证”，计划只有在有了具体和立即可感知的结果，或者有德高望重的“保证人”（例如从前的教师 chikh el lakul）的担保时才能有说服力。

381 同样，如果说阿尔及利亚农民在很长时间内都不信任货币，那是因为，从时间结构上来说，货币交换之于以物易物，就好比资本主义积累之于传统仓储。[2] 如果说直觉能直接感受到交换来的物品的功用，并且功用同时还伴随着重量、颜色和味道，而货币就没那么直接了，它没法满足任何需要（正如法拉欣的寓言所说的那样，他发现了装满金币的羊皮袋，但由于身处在沙漠中，金币毫无用处，所以他很快死去），并且其未来的用途茫远、充满臆想且不确定。所有的传统智慧都重申，人们拥有信用货币时就不再拥有物品，而是拥有它们的符号的符号。俗话说，“一件产品的价值超过等量货币”，“获取产品而不要获取金钱”。而货币可以为任何人所用，可以在任何地点使用，为任何交换而使用，“除了用于一切外再无其他用途”，货币首要的功能就是预见不确定的用途，计算其能兑换的无穷的劳动力的数量，并由此真正对希望进行计量。[3]

其次，由于特定数额的金钱一旦被用于某些用途，其无穷尽的使用可能性也就不复存在，所以理性地使用有限金额的货币就意味着计算，这一计算首先趋于确定可使用数额限度内可能的未来用途，并在这些用途中确定哪些用途可以并存，然后趋于根据用途的轻重顺序确定“合理的”选择。与此相反，以传统等价关系为基础的物物交换中的商品立即就被确定了潜在的用途，与货
382 币不同，它们的价值也不取决于外部条件。同样，“合理地”管理

消费品库存要比在一个月时间跨度里分配一笔钱或是合理地确定需求和支出的轻重缓急要容易多了：把一切都消费掉的冲动显然远没有一下子把拥有的钱都兑现的倾向来得强烈。卡比尔人把小麦或大麦储存在大土罐子中，罐子上凿有不同高度的孔，而负责管理库存的主妇明白，当谷物降到称作 thimith（意为肚脐）的中央孔以下时，就要开始节省了。我们看到，计算是自然地进行的，罐子就好比一个沙漏，能实时观察到消费多少，还剩多少。简而言之，使用货币就意味着一种转换，我们在解析几何当中进行的是类似的转换：来源于对象征的支配的“看不到的显然”取代了来自直觉的明确看得到的显然。人们思维的基础不再是以几乎实际可触知的方式展示用途和可以满足的需求的物体，而是本身不能带来任何满足的符号。在经济主体和其期待的商品或服务之间，存在着货币这一中介。而另一种经济逻辑教育出来的经济行为者就不得不学习如何把货币的理性使用当作经济关系的普遍中介：把刚刚收到的工资转化为食品、纺织品、家具之类实际物品的冲动是强烈的，50 多年前，还不难看到工人们几天就花掉一个月劳动收入的现象；直到近年来，当南部的牧民从获得实物报酬转变为收取货币工资时，还能看到类似现象。[4]

在殖民进程带来的经济制度和技术中，与前资本主义经济的 383
逻辑格格不入的恐怕是信贷：信贷意味着一个由成文的合同确定、由一整套制裁制度保障并通过利息的概念引入时间的会计价值的抽象的未来。[5]信贷希望通过确保借贷人的偿还能力来保证安全，而友好协议（名誉道德唯一承认的协议形式）唯一的保障就是诚意，对未来的保险不是由财富来提供，而是由拥有财富的人来提供。借贷者拜访一位亲人或是一个朋友：“我知道你有这么一笔钱，而且你不需要用；你可以当作这笔钱还在你家里。”借贷期并不明确（“到夏天”或是“到收获时”）。由于合同只在熟人之间缔结，例如亲人、友人或盟友之间，所以协议关系的未来得到了保障，当下也得到了保障。提供保障的不仅是一方清楚另一方有守信的名声，也更是把各方联系起来且会延续到合同之后的客观关系，这种对交易的保障比信贷中的明确和正式的法律保障更加强有力，因为前者意味着缔约方关系的完全非人格性。与真实或虚拟的血缘关系联系起来的个体的互助对立最为彻底的，就是根据特定事业计算出的未来目标选择的个体间的合作：在前一种情况里，集团原先就存在，在共同事业被共同完成后还会继续存在；在后一种情况里，集团存在的理由并不在于集团自身，而在于合同确定的未来了目标，一旦合同确定了目标，集团就不复存在。[6]

384 被可直接感知的当下的潜力所瞄准的“预先感知的提前”（anticipation préperceptive，借用胡塞尔的说法）与计划相反，计划被明确当作未来的可能的想象性的投射，也就是说，随着客观条件的变化，可能发生也可能不发生：作为可置换话题的抽象可能之地的未来和作为客观潜力的可能性的实践的未来的区别，并不像我们所想的那样，在于与当下之间的距离远近，因为当下会把在客观时间中或远或近的且在某一实践的立即的单元中与客观时间相联系的潜力现时化（例如确确实实地提前到接近于当下的时间）。[7]

民间意识能体会并实践这种区别，但又不明确表达，或者是以自嘲的方式表达。“你去哪儿？”人们问德杰赫（Djeha）。德杰赫是个想象的人物，卡比尔人很喜欢自认为是德杰赫。“我去市场。”“咋的！你不说‘如果这取悦于神’？”德杰赫前行，但到达了树林，他被强盗痛打，并被剥光了衣服。人们又问他：“你去哪儿，德杰赫?”“我回家……如果这取悦于神的话。”“如果这取悦于神”，这就同时意味着他可能没有取悦于神，也可能取悦了。这个说法标志着人们过渡到了一个由不同逻辑支配的世界，这是未来与可能性的世界，其主要属性就是可能不发生。[8] Azkq d‘azqa（“明天是坟墓”）：未来是种虚无，试图掌控它恐怕是徒劳的，这是不属于我们的虚空。[9]对于过度担心未来、忘记未来无法掌控的人，人们会说“他以为自己是神的盟友”，并且，为了提醒他节制些，人们会对他说“身外之物，不要去担心”，或者说“交易所以外的钱不必被看作资本”。[10]

德杰赫的寓言足以质疑某种种族中心主义，这种种族中心主 385
义让很多人种学家认为，前资本主义经济衍生出的关于时间的制度体系与货币经济的实践制度体系之间存在性质上的差别：前资本主义经济支持的时间体验是任何时间性体验都能涵盖的模式中的一种，包括产生人种学家的社会里最“理性”的经济行为者的经验；这种时间体验的特殊性仅仅在于，它被一种无法保障可能局势的可能性条件的经济强制确立为唯一可能性，这也就是一种仅仅是客观上被纳入由不安全和随机支配的存在的物质条件的可能性和不可能性的系统的内化和理性化的精神和伦理：就好像通过明确地不鼓励所有资本主义经济要求和支持的倾向性（企业精神、对生产率和回报率的要求、计算精神等），并且通过以“未来是神的领地”为名把预见精神看作中了邪的妄想，人们满足于“忍辱负重”，让希望屈从于客观机会。

注 释

［1］市场经济的统治导致从支持到反对在这种传统中表达出来的价值等级的转变，其手段是一方面为了市场强行保留最优产品，另一方面引入有利于摆脱 thiji 传统、寻求货币收入的消费习惯：如果我们自打喝咖啡就不再吃无花果了，那为什么还要储备无花果呢？

［2］从前，交换是根据传统所确定的等价关系以实物的方式进行的。“在阿尔及利亚北部（Tell，该国多数肥沃土地的所在地。——译者注），游牧民用一个单位的椰枣交换三个单位的大麦，或用半个单位的小麦交换三个单位的椰枣。”（A. Bernard and N. Lacroix，*L'Évolution du nomadisme en Algérie*，Alger，A. Jourdan，1906，p. 207.）根据奥古斯丁·贝尔克（Augustin Berque）的记载，1939 年的交换等价关系如下：1 担（法国旧计量单位，等于 100 千克，目前仍用于计量农产品产量。——译者注）小麦＝一头绵羊＝20 升油＝2 担葡萄或杏子＝1 担无花果＝300 千克煤＝$1\frac{1}{3}$担大麦。在卡比尔地区的大部分村庄，直到第二次世界大战，佃农（Khammès）、同盟者的付款或是贷款的支付都用实物。铁匠的劳动是用粮食作酬劳；直到离现在很近的时候，陶器还能用来交换其所能装下的无花果或谷物。有时候，维持物物交换的方法是按照货币交换的逻辑来换算。由于比起收获季节，春季小麦价格要高出两倍，因此，借贷者就要还比他借的多两倍的谷物。50 多年前，各地的市场还主要进行物物交换，而非需要借贷或是使用货币的商业交换。当时，当货币参与交换时，它主要起交换标准的作用。因此，在很长时间内，产品的货币定价仍然是在复制物物交换时代订立的交换等价关系。

［3］西米昂（Simiand）注意到：“虽说我不知道我能用货币买到多少小麦，我却知道我将来能买到小麦；即便小麦不是我所需的，我知道我能用金钱吃饭、穿衣、做有用的事情。”他还说：“尤其是在进步中的社会，货币的主要功能就是这种代表甚至是对一种未来价值提前予以实现的力

量。”（F. Simiand，“La Monnaie，réalité sociale，” *Annales sociologiques*，série D，1934，p. 80，81.）

［4］我们也知道，农村人对货币操作的不适应和对法律规则的不适应大大加速了其失去土地的进程。因此，在讨伐了导致阿尔及利亚人畜牧权被剥夺的政策后，维欧莱特（M. Viollette）说道：“我们真的过度征用财产了。……无论如何，当征用发生时，损失应该以公平的方式得到补偿，特别是政府应该恪守重新安置被征用者尤其是土著的义务。……对于 fellah 而言，货币补偿没有意义。Fellah 会立刻把钱花掉，无法将之资本化并使用安置工程给它带来的微薄收入。”（M. Violette，*L'Algérie vivrat-elle ? Notes d'un ancien gouverneur général*，Paris，Alcan，1931，83－91.）随着支持停止共有产权的 1873 年 7 月 26 日和 1897 年 4 月 23 日法律的颁布，很多人成了法律认可的业主，且可轻松将这头衔让与他人，可这些为生活所迫的小业主被钱诱惑，将土地卖出；由于不熟悉货币的使用，他们很快就挥霍完了微薄的资本，并不得不作为农业工人出卖劳动力或是逃往城市。

［5］高利贷的利率在 1830 年前平均为 50％到 60％，1867 年平均为 25％到 30％（A. Hanoteau，*Poésies populaires de la Kabylie*，Paris，Imprimerie impériale，1867，n°1，p. 193），它可能通常是一种经济结构的一部分，尽管尽可能少地给货币流通留下空间，但由于不稳定的可用技术无法抵御气候的不确定性，所以这种结构无法免受经济危机的侵袭。但这种迫不得已且完全只用于消费的紧急借贷与用于投资的借贷毫无共性：人们只在家庭互助体系的所有资源耗尽时才求助于放高利贷者，而有帮助别人的能力却让自己的兄弟或表亲去借高利贷的人将会颜面扫地。禁止进行有利息的贷款不过是团结义务的反面，而共同体规则（有时会写在习惯法汇编中）要求人们帮助残疾人、寡妇、孤儿和穷人，要求人们帮助灾难的受害者（例如，当一头受伤的牲畜要被屠宰时，共同体会补偿牲畜的所有者，而其肉会由共同体的各家庭分享）。

［6］这就是说，与所有民粹主义的幻象相反，父系亲属团结的传统并未能让农民们适应合作组织或集体主义组织，而失去土地和传统的被深入殖民化的地区的农业工人比相对传统地区的小地主更能适应这类结构。

［7］人们曾讲述过这样一位卡比尔老人的故事，他首次登上他村庄尽头的山之巅，于是感叹道："哦，真主啊！你的世界真大！"而在当下的疆界之外是想象的世界，这个世界无法与经验的世界相联系，那里存在着另一种逻辑。在经验的世界里看似荒唐或不可能的事，在其他遥远的时空中却可能发生：基督教圣徒实现的奇迹就是如此，西迪·亚哈（Sidi Yahia）也是如此，他让一头被割喉的牛重新站了起来，其他还有变身成狮子的西迪·卡利（Sidi Kali），把一处泉水一分为二从而平息了两个敌对氏族的纠纷的西迪·穆奥（Sidi Mouhoub），让一根柱子喷涌出油来的西迪·穆萨（Sidi Moussa）等。一件事发生在熟悉的地域之内和发生在熟悉世界之外的传奇国度，适用的标准是不同的。在前一种情况下，只需要感知经验，如果没有的话，就需要一个德高望重者的权威。在后一种情况下，由于是在一个本来就一切皆有可能的地方，所以客观要求就没那么高，大家相信所有舆论传达的信息。

［8］或许可以从中看到跟所有计数形式有关的禁忌的根源之一：不可以清点参加一个大会的男人的人数，不能测量留作种粮的谷物的重量；人们不会清点一窝蛋的数量，但会清点初生小鸡的数量。难道这是因为清点一窝蛋的数量或是测量种粮就意味着推测未来，于是会因此危及未来？Fellah 计算其收成时极端谨慎，"以便不计算真主的慷慨"。在某些地区，禁止在打谷场上说数量词。在其他一些地方，人们用委婉表达的数字来计算收成。我们也知道，类似人口普查这样旨在建立准确民事档案的行政操作一开始曾遭遇过强烈的抵制。德巴尔梅（J. Desparmet）记载的卡杜尔·本·克里发（Qaddoûr ben Klîfa）的一首诗（Les Réactions nationalitaires en Algérie，*Bulletin de la Société de géographie d'Alger*，1933；另参看 La turcophilie en Algérie，如前引刊物，1916，p. 20）写道："所有财

物都用秤称过了。有多少公顷土地被丈量，被一米一米地标定！每年，他们都清点我们的人数，记录到普查簿！他们就这样登记了所有牲畜、男人和女人!”这些诗中，这种对精确和计算精神的抗拒还给法国人带来了种种绰号：“智巧的种族”、（知识分子的）“哲学家的种族”、“签字和盖章的民族”（J. Desparmet，“L'Œuvre de la France jugée par les indigènes,”如前引刊物，1910）。

［9］“一天中有七个时刻。”“根据时刻来决定你的举止。”“我不知道我的幸福是提前了还是延后了。”“因为是白天，牧人在放牧。”（Akken yella wass，yeks-it umeksa.）

［10］确切地说，并没有词汇用来表达未来。人们使用三种表达法：（1）aka thasawanth，从此往上，就这样往上；（2）agh rezzat，往前；（3）qabel，明年。

索　　引

（所注页码为法文原书页码，即本书边码）

［索引由爱莉安娜·杜布依（Éliane Dupuy）更新］

本书作者其他著作

由 Les Editions du Seuil 出版著作

《回答：为了一种反思的人类学》

Réponses：Pour une anthropologie réflexive

（与 Loïc J. D. Wacquant 合著）

“自由审视”（Libre Examen）丛书，1992 年

《艺术的法则：文学场的生成和结构》

Les Règles de l'artl：Genèse et structure du champ littéraire

“自由审视”丛书，1992 年

“观点”（Points）丛书随笔系列第 370 号，1998 年

《世界的苦难》

La Misère du monde

“自由审视”丛书，1993 年

“观点”丛书第 466 号，1998 年

《自由交流》

Libre-échange

（与 Hans Haacke 合著）

［与真实出版社（Prèsses du réel）联合出版］

“自由审视”丛书，1994 年

《实践理性：关于行为的理论》

Raisons pratiques：sur la théorie de l'action

“观点”丛书随笔系列第 331 号，1996 年

《帕斯卡尔式的沉思》

Médiations pascaliennes

“文献”（Liber）杂志，1997 年

“观点”丛书随笔系列第 507 号，2003 年

《男性统治》

La Domination masculine

“文献”杂志，1998 年

“观点”丛书随笔系列第 483 号，2002 年

《经济的社会结构》

Les Structures sociales de l'économie

“文献”杂志，2000 年

《措辞和象征权力》

Langage et Pouvoir symbolique

“观点”丛书随笔系列第 461 号，2001 年

《单身者舞会：贝阿恩地区农民社会的危机》

Le Bal des célibataires：Crise de la société paysanne en Béarn

“观点”丛书随笔系列第 477 号，2002 年

《阿尔及利亚提纲》
Esquisses algériennes
（由 Tassadit Yacine 出版和介绍）
“文献”杂志，2008 年

由其他出版社出版著作

《阿尔及利亚的社会学》
Sociologie de l'Algérie
法兰西大学出版社（PUF），1958 年；1961 年第二版，2001 年第八版

《实践理论纲要》（前附《卡比尔民族学研究三种》）
Esquisse d'une théorie de la pratique：Précédée de Trois Études d'ethnologie Kabyle
日内瓦德罗兹出版社（Droz），1972 年
瑟伊出版社（Seuil）
“观点”丛书随笔系列第 405 号，2000 年（作者重审新版）

《阿尔及利亚 60：经济结构与时间结构》
Algérie 60：Structures économiques et structures temporelles
子夜出版社（Minuit），1977 年

《区别：判断力的社会批判》
La Distinction：Critique sociale du jugement
子夜出版社，1979 年

《实践感》
Le Sens pratique
子夜出版社，1980 年

《社会学的问题》

Questions de sociologie

子夜出版社，1980 年

《关于课程的课程》

Leεon sur la leεon

子夜出版社，1982 年

《言语意味着什么：语言交换的经济》

Ce que parler veut dire：L'économie des échanges linguistiques

法亚尔出版社（Fayard），1982 年

《学院人》

Homo academicus

子夜出版社，1984 年、1992 年

《已出之言》

Choses dites

子夜出版社，1987 年

《海德格尔的政治存在论》

L'Ontologie politique de Martin Heidegger

子夜出版社，1988 年

《国家精英：名牌大学与群体精神》

La Noblesse d'État：Grandes écoles et esprit de corps

子夜出版社，1989 年

《语言与象征力量》

Language and Symbolic Power

政治出版社（Polity Press），1991 年

《关于电视》（后附《新闻的印记》）

Sur la télévision：suivi de L'Emprise du journalisme

行动缘由出版社（Raisons d'agir），1996 年

《科学的社会用途：写给科学场的临床社会学》

Les Usages sociaux de la science：Pour une sociologie clinique du champ scientifique

国家农业研究院（INRA），1997 年

《遏止野火：抵抗新自由主义入侵的言论》

Contre-Feux：Propos pour servir *à* la résistance contre l'invasion néo-libérale

行动缘由出版社，1998 年

《有关政治领域的言论》

Propos sur le champ politique

里昂大学出版社（Presses universitaires de Lyon），2000 年

《遏制野火 2》

Contre-Feux 2

行动缘由出版社，2001 年

《科学之科学和反观性：法兰西公学院专题讲座（2000—2001)》

Science de la science et réflexivité：Cours au Collège de France 2000 - 2001

行动缘由出版社，2001 年

《阿尔及利亚影像：一种选择性的类同》

Images d'Algérie：Une affinité élective

阿克特·苏德出版社（Actes Sud），2003 年

《自我分析纲要》

Esquisse pour une auto-analyse

行动缘由出版社，2004 年

合著著作

《阿尔及利亚的工作和工人》

（与 A. Darbel，J.-P. Rivet 和 C. Seibel 合著）

社会科学高等学院—穆东出版社（EHESS-Mouton），1963 年

《失根：阿尔及利亚传统农业的危机》

Le Déracinement：La crise de l'agriculture traditionnelle en Algérie

（与 A. Sayad 合著）

子夜出版社，1964 年、1977 年

《学生及其学习》

Les Étudiants et leurs études

（与 J.-C. Passeron 和 Michel Eliard 合著）

社会科学高等学院—穆东出版社，1964 年

《继承人：学生与文化》

Les Héritiers：Les étudiants et la culture

（与 J.-C. Passeron 合著）

子夜出版社，1964 年、1966 年

《中等艺术：试论适应的社会习俗》

Un art moyen：Essai sur les usages sociaux de la photographie

（与 L. Boltanski，R. Castel 和 J.-C. Chamboredon 合著）

子夜出版社，1965 年

《教学报告与传媒》

Rapport pédagogique et communication

（与 J.-C. Passeron 和 M. de Saint-Martin 合著）

社会科学高等学院—穆东出版社，1968 年

《对艺术的热爱：欧洲的艺术博物馆及其受众》

L'Amour de l'art：Les Musées d'art européens et leur public

（与 A. Darbel 和 D. Schnapper 合著）

子夜出版社，1966 年、1969 年

《社会学家的手艺》

Le Métier de sociologue

（与 J. -C. Passeron 和 J. -C. Chamboredon 合著）

穆东出版社、博达斯出版社（Bordas），1968 年；2005 年（第五版）

《再生产：一种教育系统理论的要点》

La Reproduction：Éléments pour une théorie du système d'enseignement

（与 J. -C. Passeron 合著）

子夜出版社，1970 年、1989 年

《主导意识形态的生产》

La Production de l'idéologie dominante

（与 Luc Boltanski 合著）

行动缘由出版社、民众城邦出版社（Demopolis），2008 年

译后记

《实践理论大纲》是布尔迪厄学术生涯早期的一部著作，其中收录的卡比尔民族学研究三种，更是其“原始积累”阶段的结晶。在整个翻译过程中，除了原作者佶屈聱牙的措辞和繁复的句式对我们提出了挑战外，最大的压力来自这本著作在布尔迪厄整个学术生涯中的重要地位。虽说这本书不是布尔迪厄最经典的作品，但它却是可以回答这位“20 世纪最伟大的思想家之一”从何而来这一问题的重要著作。其重要地位主要是由本书在布尔迪厄学术生涯中的特殊位置决定的。具体来看，原因如下。

第一，这一著作产生的时间是布尔迪厄人生和学术生涯的重要转折期。1956 年，26 岁的布尔迪厄第一次踏上阿尔及利亚的土地，一年的兵役加上两年多的研究让这片土地成为他人生和学术生涯中不可忽视的一个地域。走出国门的布尔迪厄不仅从此抛弃了作为巴黎高等师范学校毕业生的“统治阶级”视角，并且放弃了在法国学科地位最高的哲学博士的研读，继而转向民族学和人类学的调研。一个在巴黎古老的图书馆中研读经典的年轻学生形象从此被打碎，而另一个穿梭于山间地头、与阿尔及利亚农民同甘苦的田野调查者形象逐渐树立起来。

第二，《实践理论大纲》（1972）见证了布尔迪厄在建立完备的理论帝国之前的修炼和“原始积累”。本书的两个部分——更多以经验研究为主导的卡比尔民族学研究三种和其后主要是理论阐发的实践理论大纲，从一切社科研究中的两个出发点（经验材料和理论储备）出发，展示了他将两者相结合，在行文中穿插编织的初步景象。经典的著作总是能让人震撼于作者的睿智和深邃，而“前经典”著作更能使读者看出作者的思考与研究过程。来源于同一段经历的一系列作品，如《阿尔及利亚的社会学》（1958）、《阿尔及利亚的工作与工人》（1963）、《阿尔及利亚 60：经济结构与时间结构》（1977）、《失根：阿尔及利亚传统农业的危机》（1977）都仅限于关注阿尔及利亚社会。而本书却展示了经验研究和理论建构两方面的内容，是第一部关于阿尔及利亚这段经历的综合性研究成果。在理解布尔迪厄这段学术经历上，它有着其他著作难以取代的作用。

第三，这本书记录了布尔迪厄理论体系中一个核心理论的最初形态。如果说《实践感》是理解布尔迪厄核心理论的经典著作，那么《实践理论大纲》则可以说是帮助理解《实践感》的教辅，或者是帮助读者了解《实践感》来源的一本说明书。关于实践理论的三本大部头著作——《实践理论大纲》（1972）、《实践感》（1980）、《实践理性：关于行为的理论》（1994），一方面体现出实践理论在布尔迪厄理论体系中的重要性，另一方面也从侧面显露出该理论对于读者来说不易理解的困境。三部著作中，《实践理论大纲》所展示的，是理论抽象程度和完整性还未达到作者理想状态，理论思考与经验材料之间的距离还不是那么远的一个临时版本。可能正因如此，对于读者来说，这一版本更容易使人理解其经验来源，也更容易为人所接受。

最后，不得不提的便是这一著作构建的布尔迪厄的核心概念之一：惯习（habitus）。惯习、资本（capital）和场域（champ）被认为是支撑布尔迪厄整个理论体系的三大支柱。而惯习更是他最得力的武器，他以此向他批判的主观主义和客观主义二分法发起挑战。对于这一概念的表述也成为“布尔迪厄式语言”的经典范例：惯习“是结构化的结构作为具有结构生产特性的结构来发挥作用”。每当学者们引用这个乍一看逻辑缠绕、佶屈聱牙的“咒语”时，都相视而笑，心领神会。该句结构上的对称美很难翻译出来，我们给出的译法也值得商榷，但这种句式上的美感和此概念在学术上的实用性使得这一概念成为经典。这一在《实践感》中被正式提出的句子的前身正藏在《实践理论大纲》这本书的核心内容和精华之中，从这里我们能看到一个经典概念的打磨过程。

这一对布尔迪厄学术生涯和其著作的简短描述，不无布尔迪厄口中“传记性幻象”（illusion biographique）的色彩，也就是在描述人的一生时，从终点出发，来证明其整个人生道路的直线性和正当性的认知错误。但阿尔及利亚的经历、实践理论和惯习概念的重要性不仅仅是作为读者的我们建构出来的“布尔迪厄的人生转折”“布尔迪厄的理论精髓”，也是他自己在不停出版关于这一经历、这一理论和这一概念的著作的同时，自主地在自己人生道路和学术生涯中标识出的里程碑。作为先于大多数中国读者阅读该作品的译者，揭示并解释这一作品的重要性是我们应该履行的义务。

为本书作序的热拉尔·莫热先生，作为布尔迪厄的合作者，对其著作和为人都有着长期而深入的了解。《环球百科全书》在法国被视作最权威、最学术的法语百科全书，其中皮埃尔·布尔迪厄词条的作者便是莫热先生。在巴黎高等师范学院长期任教期间，他为传播和帮助理解布尔迪厄的理论做出了巨大的贡献。莫热老师在学校里虽然不直接教授布尔迪厄的社会学理论，却在如“社会学调查”这样的基础课上时刻贯穿在实践理论指导下经验研究者应该采取的态度和方法。笔者在巴黎高等师范学院这一深受布尔迪厄影响的环境中，不仅加深了对其理论的理解，更逐渐内化了“实践化”理解其理论的重要性。

除了对布尔迪厄理论的深刻理解，对后辈热情的帮助也是继承自布尔迪厄的传统。莫热老师曾提起他与布尔迪厄的相遇。在刚刚看到《区隔》(*La Distinction*) 一书出版时，他就被布尔迪厄提供的理论工具震撼，在完全不认识布尔迪厄的情况下，把自己即将出版的论文发给了布尔迪厄。就这样，他在法兰西学院布尔迪厄的办公室第一次见到这位已经被视作大师的学者。在莫热先生自己的教学中，他面对后辈亦是充满热情和责任感。我曾师从于莫热老师，每每想起他对布尔迪厄理论阐释的深入和令人信服，以及他对于学生一视同仁的热情帮助，我都觉得这本书不仅是我翻译工作上的第一次历练，更是我在吸收了各位老师智识上和精神上的丰富营养后理应做出的回馈。在本书中，各位读者也可以看到，莫热老师凭借着自己对布尔迪厄理论的娴熟掌握和深刻见解，在序言中向中国读者介绍并解释了本书理解上的难点和书中的精髓。

这次的翻译工作是社会学专业和法语专业两名译者的第一次

合作。虽然从搭配的角度来看较为合理，但在具体工作和分工中还是遇到了很多两个人都觉得难办的情况，本书的翻译出版要归功于承担了本书主体工作的高振华学长长期不懈的努力。作为两个年轻的译者，我们翻译这本书时的年纪大概分别是布尔迪厄进行这些研究时和出版这本书时的年纪。由于年纪和经验所限，读者不难看出翻译手法上的生涩和对布尔迪厄理论理解上的不成熟。加之《实践理论大纲》本身作为一个“草稿”的理论地位，拿起这本书的读者可能很难大快朵颐，痛快淋漓顺顺当当地满足自己心底求知的渴望。对此，我们首先要向读者们致歉。书中翻译上的失误或理解上的偏差，还望有机会可以和有心的读者们讨论。在具体文本上，我们文责自负，虚心对待读者们提出的所有意见和建议。

李思宇

2016年5月于北京

图书在版编目（CIP）数据

实践理论大纲/（法）皮埃尔·布尔迪厄（Pierre Bourdieu）著；高振华，李思宇译．—北京：中国人民大学出版社，2017.1
（布尔迪厄作品）
ISBN 978-7-300-23646-9

Ⅰ.①实… Ⅱ.①皮…②高…③李… Ⅲ.①社会学—科学实践 Ⅳ.①C91-03

中国版本图书馆CIP数据核字（2016）第279479号

布尔迪厄作品
实践理论大纲
［法］皮埃尔·布尔迪厄 著
高振华 李思宇 译
Shijian Lilun Dagang

出版发行	中国人民大学出版社		
社　　址	北京中关村大街31号	**邮政编码**	100080
电　　话	010－62511242（总编室）		010－62511770（质管部）
	010－82501766（邮购部）		010－62514148（门市部）
	010－62515195（发行公司）		010－62515275（盗版举报）
网　　址	http://www.crup.com.cn		
经　　销	新华书店		
印　　刷	北京联兴盛业印刷股份有限公司		
规　　格	148mm×210mm　32开本	**版　　次**	2017年1月第1版
印　　张	13.125 插页2	**印　　次**	2024年9月第6次印刷
字　　数	287 000	**定　　价**	68.00元